Abitur-Box
Biologie

Prüfungs- und Basiswissen der Oberstufe

Impressum

www.tandem-verlag.de
© Tandem Verlag GmbH, Königswinter
Alle Rechte vorbehalten.

Die Verwertung der Texte und Bilder, auch auszugsweise, ist ohne die Zustimmung des Verlags urheberrechtswidrig und strafbar. Dies gilt auch für Vervielfältigungen, Übersetzungen, Mikroverfilmung und für die Verarbeitung mit elektronischen Systemen.

Autoren: Karlheinz Uhlenbrock, Michael Walory
Projektkoordination: Silke Gerlach, Königswinter
Umschlaggestaltung: Marlies Müller, Königswinter

Printed in Germany

Inhaltsverzeichnis

1 Einiges vorweg ...

2 Allgemeine Grundlagen der Biologie
2.1 Biochemische Grundlagen ... 14
    2.1.1 Kohlenhydrate ... 14
    2.1.2 Lipide ... 15
    2.1.3 Proteine ... 16
    2.1.4 Nucleinsäuren ... 18
2.2 Aufbau der Zelle ... 20
    2.2.1 Bakterien ... 20
    2.2.2 Viren und Bakteriophagen ... 20
    2.2.3 Die eukaryotische Zelle ... 21

3 Stoffwechsel
3.1 Enzyme ... 22
    3.1.1 Bau und Funktion von Enzymen ... 22
    3.1.2 Beeinflussung der Enzymreaktion ... 23
    3.1.3 Cosubstrate – Cofaktoren ... 25
3.2 Biomembranen und Stofftransport ... 26
    3.2.1 Membranaufbau und Membranmodell ... 26
    3.2.2 Stofftransport durch Biomembranen ... 26
3.3 Abbau von Nahrungsstoffen ... 28
    3.3.1 Überblick ... 28
    3.3.2 Abbau der Glucose ... 28
3.4 Fotosynthese ... 33
    3.4.1 Bedeutung der Fotosynthese ... 33
    3.4.2 Außenfaktoren der Fotosynthese ... 34
    3.4.3 Lichtabsorption ... 36
    3.4.4 Fotosysteme ... 37
    3.4.5 Primär- und Sekundärreaktionen ... 38

4 Genetik
4.1 Chromosomen und Zellteilungen ... 41
    4.1.1 Chromosomenbegriff und -struktur ... 41
    4.1.2 Zellteilung ... 41
    4.1.3 Meiose ... 42
4.2 Klassische Genetik ... 45
    4.2.1 Die Mendel'schen Regeln ... 45
    4.2.2 Drosophila-Genetik ... 48
    4.2.3 Rück- oder Testkreuzung ... 49
    4.2.4 X-chromosomale Vererbung ... 49
    4.2.5 Genkopplung ... 50
    4.2.6 Kopplungsbruch ... 51
    4.2.7 Genkartierung ... 52

4.3		Molekulare Genetik	54
	4.3.1	DNA als Träger der Erbinformation	54
	4.3.2	Die Replikation der DNA	55
	4.3.3	Molekularer Ablauf der Replikation	57
	4.3.4	Die PCR-Methode	58
	4.3.5	Vom Gen zum Phän	59
	4.3.6	Die Proteinbiosynthese	61
	4.3.7	Transkription	62
	4.3.8	Der genetische Code	63
	4.3.9	Translation	64
	4.3.10	Proteinbiosynthese bei Eukaryoten	66
	4.3.11	Genmutationen	66
	4.3.12	Genregulation	67
4.4		Gentechnik	69
	4.4.1	Werkzeuge der Gentechnik	69
	4.4.2	Genklonierung	70
	4.4.3	Anwendung der Gentechnik bei Pflanze und Tier	72
4.5		Humangenetik	73
	4.5.1	Stammbaumanalysen	73
	4.5.2	Vererbung von Blutgruppen	77
	4.5.3	Genetischer Fingerabdruck	77
	4.5.4	Chromosomenanomalien	78
	4.5.5	Genetische Beratung	81
4.6		Immunbiologie	83
	4.6.1	Überblick	83
	4.6.2	Antigene und Antikörper	83
	4.6.3	Zellen des Immunsystems	86
	4.6.4	Die Immunantwort	87
	4.6.5	Das Komplementsystem	88
	4.6.6	MHC-Antigene	89
	4.6.7	AIDS	90
5		**Fortpflanzung und Entwicklung**	
5.1		Tod und Fortpflanzung	92
5.2		Ungeschlechtliche Fortpflanzung	92
5.3		Geschlechtliche Fortpflanzung	93
5.4		Embryogenese	97
5.5		Steuerung der Entwicklung	102
5.6		Hormone	109
5.7		Reproduktionsbiologie	112

Inhaltsverzeichnis

6 Informationsverarbeitung
- 6.1 Reiz und Reaktion 114
- 6.2 Reizreaktionen bei Pflanzen 115
- 6.3 Die Nervenzelle 120
  - 6.3.1 Bau der Nervenzelle 120
  - 6.3.2 Erregungsleitung an Nervenzellen 121
  - 6.3.3 Erregungsübertragung von Zelle zu Zelle 126
- 6.4 Gedächtnis 132
- 6.5 Muskelkontraktion 133
  - 6.5.1 Bau des Muskels 133
  - 6.5.2 Muskelkontraktion 135
- 6.6 Sinnesorgane 137
  - 6.6.1 Sinneszellen und Sinnesorgane 137
  - 6.6.2 Vom Reiz zur Erregung 138
  - 6.6.3 Lichtsinnesorgane im Überblick 140
  - 6.6.4 Bau des menschlichen Auges 141
- 6.7 Nervensysteme 143

7 Verhaltensbiologie
- 7.1 Untersuchungsebenen 146
- 7.2 Vorwiegend angeborenes Verhalten 146
  - 7.2.1 Das Erbe-Umwelt-Problem 149
  - 7.2.2 Unbedingte Reflexe 151
  - 7.2.3 Instinkthandlungen 153
- 7.3 Vorwiegend erlerntes Verhalten 159
  - 7.3.1 Lernen 159
  - 7.3.2 Klassische Konditionierung (Bedingte Reaktion) 160
  - 7.3.3 Operante Konditionierung (Bedingte Aktion) 162
  - 7.3.4 Weitere Lernformen 163
- 7.4 Verhaltensökologie und Soziobiologie 165

8 Ökologie
- 8.1 Übersicht 173
- 8.2 Abiotische Faktoren 174
  - 8.2.1 Temperatur und Tiere 174
  - 8.2.2 Wasser und Tiere 176
  - 8.2.3 Wasser und Pflanzen 177
  - 8.2.4 Licht und Tiere 178
  - 8.2.5 Licht und Pflanzen 179
- 8.3 Biotische Faktoren 180
  - 8.3.1 Intraspezifische Faktoren 180
  - 8.3.2 Interspezifische Beziehungen 180
- 8.4 Populationsökologie 184
  - 8.4.1 Populationswachstum 184

	8.4.2	Regulation der Populationsdichte	185
8.5		Ökologische Nische	187
8.6		Ökosysteme	188
	8.6.1	Kennzeichen von Ökosystemen	188
	8.6.2	Struktur eines Ökosystems	189
	8.6.3	Energiefluss und Produktivität in Ökosystemen	190
	8.6.4	Stoffkreisläufe in Ökosystemen	191
	8.6.5	Gefährdung von Ökosystemen	192

9 Evolution

9.1		Evolutionstheorien	193
	9.1.1	Die Lehre von der Artkonstanz	193
	9.1.2	Lamarck und die Vererbung erworbener Eigenschaften	193
	9.1.3	Darwin und die Theorie der natürlichen Zuchtwahl	194
	9.1.4	Vergleich beider Theorien	195
	9.1.5	Synthetische Theorie	196
	9.1.6	Systemtheorie der Evolution	196
9.2		Evolutionsfaktoren	198
	9.2.1	Rekombination	198
	9.2.2	Mutation	198
	9.2.3	Gendrift	199
	9.2.4	Selektion	200
	9.2.5	Hardy-Weinberg-Gleichgewicht	202
	9.2.6	Isolation und Artbildung	204
	9.2.7	Allopatrische Artbildung	206
	9.2.8	Sympatrische Artbildung	208
	9.2.9	Ökologische Isolation und adaptive Radiation	209
9.3		Indizien und Belege für die Evolution	211
	9.3.1	Analogie und Homologie	211
	9.3.2	Rudimente und Atavismen	212
	9.3.3	Homologie von Embryonalstadien	213
	9.3.4	Biochemische Homologie	214
	9.3.5	Paläontologie und Fossilien	215
9.4		Evolution des Menschen	217
	9.4.1	Stellung im zoologischen System	217
	9.4.2	Vergleich von Menschen und Menschenaffen	218
	9.4.3	Stammbaum des Menschen	220

Stichwortverzeichnis ... 222

1 Einiges vorweg ...

Die Zielsetzung dieses Buches

Dieses Buch soll Ihnen ...
- einen schnellen Überblick über die zentralen Abläufe, Sachzusammenhänge und Fachbegriffe der abiturrelevanten Themengebiete der Biologie liefern.
- prägnante, kurzgefasste Informationen bieten. Dieser Zielsetzung wird durch den Aufzählungscharakter der Darstellung an zahlreichen Stellen des Buches Rechnung getragen.
- zentrale, erfahrungsgemäß als schwierig empfundene Abläufe in der Biologie ausführlicher vorstellen. In der Darstellung dieser Abläufe kommt es oftmals auf eine präzise Formulierung der Sachverhalte an. Um Ihnen eine solche beispielhaft vorzustellen, wurden entgegen dem Trend dieses Buches zu einer eher knappen Darstellung, einige Teilkapitel ausführlicher gestaltet.
- an ausgewählten Beispielen die Auswertung von Versuchsergebnissen bzw. Klausurmaterialien vorstellen. Dieses ist ein Kernpunkt Ihrer Arbeit im Abitur. Deshalb werden an verschiedenen Stellen exemplarisch Wege und Techniken zur Auswertung biologischer Materialien vorgestellt. Angesichts der Fülle möglicher Abituraufgaben kann und will dieser Band jedoch nicht als Aufgabensammlung verstanden werden.
- Möglichkeiten aufzeigen, größere, über den Rahmen einzelner Themengebiete hinausgehende Zusammenhänge zu erkennen. Im Rahmen der mündlichen Abiturprüfung ist dieses häufig Gegenstand des zweiten Prüfungsteiles (→ Seite 13). Im Text werden durch Querverweise solche Zusammenhänge hergestellt.
- Anregungen geben, biologische Theorien, Modelle und Entwicklungen zu hinterfragen und zu bewerten. Nicht allein biologisches Faktenwissen und dessen Anwendung sind Gegenstand der Abiturprüfung, sondern auch der kritische Umgang mit diesem Wissen.

Die Arbeit mit diesem Buch

- Das Buch enthält sieben in sich abgeschlossene Hauptkapitel, welche die sieben Themengebiete der Oberstufenbiologie behandeln. Alle Kapitel können unabhängig voneinander bearbeitet werden. Eventuelle Bezüge zu verwandten Nachbarkapiteln werden durch Querverweise hergestellt.
- Ein Einführungskapitel stellt in knapper Form die zentralen biochemischen und cytologischen Grundlagen vor. Auf diese wird in den folgenden Kapiteln zurückgegriffen.

- Im laufenden Text erleichtern **Halbfettdruck** oder **farbiger Druck** das schnelle Auffinden zentraler Aussagen und Fachbegriffe.
- Wesentliche Definitionen sind durch Einrahmung hervorgehoben.
- Die im Text erläuterten biologischen Inhalte werden durch zahlreiche Abbildungen, Tabellen und Diagramme visualisiert und vertieft.
- Das Inhaltsverzeichnis sowie das ausführliche Register am Ende des Buches ermöglichen eine schnelle Orientierung.
- Dieses Buch kann nur ein Baustein einer erfolgreichen Abiturvorbereitung sein. Daneben sind insbesondere die Unterrichtsmitschriften sowie das eingeführte Biologielehrbuch weitere wichtige Bausteine.
- Dieses Buch lehnt sich, insbesondere im Bereich der Abbildungen, an die vom Schroedel Verlag herausgegebenen Oberstufenbiologiebücher an. Es wurde jedoch unter anderem durch Aufnahme alternativer Fachbegriffe so gestaltet, dass es auch in Verbindung mit den gängigen sonstigen Oberstufenbänden problemlos zur Abiturvorbereitung verwendet werden kann.
- Das Buch ist so konzipiert, dass der Darstellungsschwerpunkt im Bereich des Basiswissens liegt. Manches Einzeldetail wie auch manchen individuellen Schwerpunkt, den Ihr Fachlehrer in seinem Unterricht gesetzt hat, werden Sie in diesem Band daher nicht finden.

Die Vorbereitung auf die schriftliche Abiturprüfung

- Stellen Sie zunächst möglichst frühzeitig mit dem Fachlehrer den konkreten, verbindlichen Themenkatalog für die Abiturprüfung zusammen. Listen Sie dabei auch alle relevanten Unterthemen auf.
- Erfragen Sie beim Lehrer den vorgesehenen Terminplan für die Wiederholung abiturrelevanter Themen im Unterricht.
- Erstellen Sie ausgehend vom Themenkatalog und vom Terminplan der unterrichtlichen Wiederholung Ihren persönlichen Zeit- und Themenplan für die Abiturvorbereitung. Achten Sie darauf, die Wiederholung im Unterricht und zu Hause zu synchronisieren.
- Denken Sie bei der Erstellung Ihres persönlichen Lernplanes daran, dass Lernprozesse erst durch mehrfaches Üben sichergestellt werden. Planen Sie daher für schwierige Sachverhalte eine Mehrfachwiederholung ein.
- Planen Sie Ihren Zeitrahmen großzügig. Kontinuierliches Arbeiten über mehrere Wochen ist sinnvoller als die Radikalmethode »Abivorbereitung in 24 Stunden«.
- Arbeiten Sie entsprechend den Erkenntnissen der Lernpsychologie: Belohnen Sie sich durch Lernpausen oder durch Freizeitveranstaltungen (z. B. einen Kinobesuch).

1 Einiges vorweg ...

- Nehmen Sie Ihre Oberstufenklausuren zur Hand. Lesen Sie die Kommentare des Lehrers in den Randspalten und am Schluss der Klausur sorgfältig durch. Erstellen Sie eine »Hitliste« Ihrer häufigsten Fehler. Lernen Sie aus diesen: Entwickeln Sie für die häufigsten Fehler Strategien, mit deren Hilfe Sie genau diese Fehler in der Abiturklausur nicht mehr machen.
- Informieren Sie sich bei Absolventen vorhergehender Abiturprüfungen über deren Erfahrungen im Abitur. Die Erfahrung lehrt, dass sich die Abituranforderungen im Verlauf der letzten Jahre nicht prinzipiell geändert haben.
- Pauken Sie alleine – aber üben Sie zusammen mit Ihren Mitschülern/innen. Stellen Sie sich in der Übungsgruppe gegenseitig Fragen und Aufgaben – auch solche, deren Bearbeitung Ihnen schwer fallen würde. Suchen Sie gemeinsam nach optimalen Lösungswegen.
- Erklären Sie sich gegenseitig schwierige Sachverhalte. Erst wenn man einen Sachverhalt einer zweiten Person erklären kann, hat man ihn wirklich verstanden. Diskutieren Sie strittige Fragen, Theorien, Modelle. Entwickeln Sie Stellungnahmen zu aktuellen biologischen Themen (z. B. Gentechnologie, Klonen oder Umweltschutz).
- Sie benötigen für das Abitur nicht nur biologisches Faktenwissen, sondern auch die Fähigkeit, Materialien aufgabenorientiert auszuwerten. Üben Sie dieses an alten Klausuren. Formulieren Sie Ihre Bearbeitungsergebnisse schriftlich. Vergleichen Sie sie mit früheren Lösungen. Korrigieren Sie in Ihrer Übungsgruppe die schriftlichen Übungen gegenseitig. Achten Sie bei diesen Korrekturen auch auf die Darstellung und die äußere Form. Feilen Sie an zentralen Formulierungen.
- Nutzen Sie zur Abiturvorbereitung neben diesem Buch vor allem Ihre Unterrichtsmitschriften (inklusive aller Hinweise der Lehrerin/des Lehrers), die im Unterricht verteilten Arbeitsblätter und Ihr Schulbuch. Weitere Literatur sollten Sie nur in Ausnahmefällen hinzuziehen. Denken Sie daran: Im Abitur sollen Sie keine Doktorarbeit erstellen, sondern den Nachweis erbringen, dass Sie über biologisches Basiswissen verfügen und dieses anwenden können. Die Verwendung zusätzlicher Fachbücher führt häufiger zu Verwirrungen als zu einer tatsächlichen Verbesserung Ihrer Abiturchancen (z. B. weil diese eine abweichende Fachterminologie verwenden).
- Nach neuesten Erkenntnissen der Hirnforschung spielt der Schlaf eine wichtige Rolle bei der Speicherung von Gedächtnisinhalten. Sie sollten daher Ihre Vorbereitung am Tag vor der Prüfung abgeschlossen haben.

Die schriftliche Abiturprüfung

Die schriftliche Abiturprüfung unterscheidet sich von den vorhergehenden Klausuren nur graduell. So ist der Umfang des geprüften Themengebietes größer als in den vorausgehenden Oberstufenklausuren. Aufgabenstellung und Material werden jedoch durchaus vergleichbar sein. Die gestellten Abituraufgaben müssen mit Ihren im Unterricht erworbenen Kenntnissen und Fähigkeiten bearbeitet und gelöst werden können.

In der Abiturprüfung wie auch in den vorausgehenden Klausuren werden drei Fähigkeiten geprüft:

- die Fähigkeit zur wiederholenden Darstellung gelernter Sachverhalte (**Reproduktion**).
  Beispiel: »Beschreiben Sie den Ablauf der Proteinbiosynthese.«
- die Fähigkeit, die im Unterricht an Einzelbeispielen gewonnenen Erkenntnisse von diesen konkreten Beispielen zu lösen und auf andere, ähnliche Beispiele anzuwenden (**Anwendung**).
  Beispiel: »Erläutern Sie ausgehend vom Ihnen bekannten Lorenz'schen Instinktmodell das im Material dargestellte Verhalten der Graugans.«
- die Fähigkeit zu eigenständigem problemlösenden Denken bzw. zur Bewertung. Hierzu gehören: Das Erfassen und Erkennen eines vorgestellten Problemaspektes, dessen Erörterung und Bewertung und gegebenenfalls die Entwicklung von Problemlösungsstrategien (**Transfer**).
  Beispiel: »Entwickeln Sie einen Versuchsansatz, mit dem man die Homozygotie einer Pflanzenrasse nachweisen könnte.«

Der Bereich *Anwendung* wird dabei den größten Anteil des Prüfungsumfanges ausmachen.

Bei der **Bewertung** Ihrer Abiturklausur werden folgende Gesichtspunkte eine Rolle spielen:

- sachliche Richtigkeit der Darstellung
- korrekte Anwendung der Fachsprache
- korrekte Anwendung fachspezifischer Auswertungsverfahren im Rahmen der Materialanalyse
- Aufgabenbezug der Darstellung
- Materialbezug der Darstellung
- Aufbau und äußere Form der Darstellung (Gliederung, Übersichtlichkeit, Ordnung insbesondere bei Streichungen und Ergänzungseinschüben)
- Verständlichkeit und sprachliche Gestaltung der Darstellung

1 Einiges vorweg ...

Aus diesen Bewertungskriterien ergibt sich ein **allgemeines Ablaufschema** des Vorgehens in der schriftlichen Abiturprüfung:

1. **Lesen Sie die Aufgaben genau durch.** Erst wenn Ihnen völlig klar ist, was die Aufgabenlösung von Ihnen fordert, gehen Sie zu Schritt 2 über.
2. **Verschaffen Sie sich einen Überblick über die beigefügten Materialien.** Ordnen Sie die Materialien den einzelnen Aufgaben zu. Werten Sie die Materialien unter Anwendung gelernter Auswertungsverfahren aus. Markieren Sie wichtige Materialaspekte farbig. Notieren Sie erste Auswertungsergebnisse am Rande des jeweiligen Materials.
3. **Beginnen Sie nicht direkt mit der Reinschrift.** Entwerfen Sie, für jede Aufgabe auf einem separaten Blatt, ein Konzept Ihrer Aufgabenlösung. Notieren Sie hierbei alle wichtigen Fachbegriffe, die Sie verwenden wollen. Vermerken Sie wichtige Materialauswertungsergebnisse. Sortieren Sie Fachbegriffe, Vorwissen, das Sie einbringen möchten, und Materialaspekte zu einem sinnvollen Lösungskonzept. Dieses dient Ihnen dann als roter Faden für die endgültige Niederschrift der Aufgabenlösung. Im Konzeptpapier können Sie nach Herzenslust streichen und Einschübe einfügen – hier spielt die äußere Form keine Rolle. Schreiben Sie jedoch den Reinschrifttext nicht vor. Behalten Sie die Zeit im Auge! Die Konzepterstellung sollte nicht mehr als ein Fünftel der Gesamtarbeitszeit in Anspruch nehmen.
4. **Erstellen Sie einen groben Zeitplan für die Abfassung der Reinschrift.** Planen Sie dabei zum Schluss der Klausur 15 Minuten für das nochmalige Durchlesen ein.
5. **Beginnen Sie nun mit der Reinschrift.** Richten Sie Ihren Text konsequent auf die gestellte Aufgabe aus. Vermeiden Sie längere reproduktive Textpassagen, die nichts mit der Aufgabe zu tun haben. Solche Textpassagen führen in der Klausurbewertung eher zu Punktabzügen. Auf jeden Fall kosten sie unnötige Zeit.
Beziehen Sie das Material konsequent in die Darstellung ein.
Achten Sie darauf, Ihren Text klar zu gliedern (z. B. durch Absätze oder Spiegelstriche). Stellen Sie die Bezüge zwischen den einzelnen Aspekten Ihrer Darstellung deutlich heraus.
Achten Sie auch auf die äußere Form Ihres Textes (leserliche Schrift, Grammatik usw.). Formulieren Sie Ihre Sätze nicht zu lang. Bei kurzen, prägnanten Sätzen behalten Sie und der Leser die Übersicht. Einschübe sollten klar gekennzeichnet und am besten unten auf der jeweiligen Seite (nicht auf dem Korrekturrand) vermerkt werden.
6. **Bearbeiten Sie die Aufgaben am besten in der vorgegebenen Reihenfolge.** Teilweise bauen Teilaufgaben aufeinander auf.

Hier nun noch eine Liste wichtiger Arbeitsanweisungen in Abiturklausuren und ihrer Bedeutung:

- **beschreiben:** über einen Sachverhalt in Form eines zusammenhängenden Textes berichten

- **vergleichen:** unter verschiedenen (eventuell in der Aufgabe genannten) Gesichtspunkten Gemeinsamkeiten und Unterschiede herausstellen

- **erläutern:** einen Sachverhalt beschreiben und mithilfe der Fachsprache, vergleichbarer Beispiele oder Strukturen verdeutlichen

- **erklären:** durch Darstellung der Ursachen bzw. Zusammenhänge das Verstehen von Erscheinungen/Entwicklungen ermöglichen

- **(über-)prüfen:** eine Hypothese an neuen Beobachtungen oder Versuchsergebnissen bzw. an ihrer inneren Logik messen

- **erörtern:** das Für und Wider/die positiven und negativen Seiten eines Sachverhaltes oder einer Entwicklung darstellen und bewerten

- **bewerten, beurteilen:** Aussagen über die Richtigkeit/Angemessenheit/Anwendbarkeit eines Sachverhaltes oder einer Behauptung machen und zu diesem/dieser wertend Stellung nehmen.

1 Einiges vorweg ...

Die mündliche Abiturprüfung

Die mündliche Prüfung besteht aus zwei Teilen: Im ersten Teil erhalten Sie eine materialgebundene Aufgabe. Diese ist einer verkürzten Klausuraufgabe vergleichbar. Je nach Bundesland haben Sie 20–30 Minuten Zeit, diese Aufgabe selbstständig zu bearbeiten. Sie dürfen sich Notizen machen, sollten jedoch aus Zeitgründen darauf verzichten, Ihre Aufgabenlösung auszuformulieren. Danach tragen Sie Ihre Lösung der Prüfungskommission vor. Ihr Vortrag sollte 10–15 Minuten dauern. Im zweiten Prüfungsteil, der in der Regel ebenfalls 10–15 Minuten dauert, wird zwischen Ihnen und Ihrer/Ihrem Prüfer/in ein Gespräch geführt, in dessen Verlauf größere fachliche Zusammenhänge abgefragt werden. Eine neue materialgebundene Aufgabe wird Ihnen nicht gestellt.

Bereiten Sie sich auf Ihre mündliche Prüfung ähnlich vor wie auf eine schriftliche Prüfung (→ Seite 8). Ein Element kommt allerdings hinzu: Trainieren Sie den Vortrag. Stellen Sie sich in Ihrer Übungsgruppe gegenseitig Aufgaben, zu denen Sie dann 10 Minuten referieren müssen. Denken Sie daran: Reden übt man nur durch reden.

In der Prüfung sollten Sie

- **selbstsicher auftreten.** »Verkaufen« Sie sich so gut wie möglich. Zeigen Sie Ihr Können. Reden Sie. Wenn Sie nichts sagen, erkennt niemand Ihr Wissen. Reden Sie flüssig und deutlich.

- **geschickt auftreten.** Weisen Sie die Kommission nicht von sich aus auf Ihre Defizite hin. Schneiden Sie nicht von sich aus Themen an, die Sie nicht beherrschen. Können Sie eine gestellte Frage nicht beantworten, bitten Sie die/den Prüfer/in, diese anders zu formulieren.

- **sich nicht durch gemachte Fehler verunsichern lassen.** Werfen Sie nicht zu früh das Handtuch. Lassen Sie sich Hilfestellung durch die/den Prüfer/in geben. Vielleicht können Sie dann den Fehler ausbügeln oder die zunächst unlösbar scheinende Aufgabe doch lösen.

- **gegebenenfalls die Tafel nutzen.** Eine Skizze erklärt oft mehr als viele Worte. Denken Sie jedoch daran, die Skizze nach dem Erstellen zu erläutern.

2 Allgemeine Grundlagen der Biologie

2.1 Biochemische Grundlagen

2.1.1 Kohlenhydrate

Kohlenhydrate enthalten als kleinste Baueinheit die Einfachzucker (Monosaccharide). Die Verknüpfung dieser Monomere kann über Oligosaccharide (zwei bis zehn Monosaccharide) bis zu Polysacchariden führen.

Monosaccharide: Ihre Summenformel lautet $(CH_2O)_n$ wobei $n \geq 3$ ist. An jedem Kohlenstoff-Atom befindet sich eine Hydroxyl-Gruppe (–OH-Gruppe), mit Ausnahme eines Kohlenstoff-Atoms, das eine Carbonylgruppe (–C=O-Gruppe) trägt. Strukturformeln einiger Monosaccharide:

Ein wichtiger Vertreter der Monosaccharide ist *Glucose* (Traubenzucker). Die Summenformel lautet $C_6H_{12}O_6$. Fünf der sechs Kohlenstoff-Atome bilden zusammen mit einem Sauerstoff-Atom einen sechsgliedrigen Ring. Die Position der Kohlenstoff-Atome wird durch Ziffern markiert. Nach der Stellung der Hydroxyl-Gruppe am C-1-Atom unterscheidet man α- und β-Glucose.

Zu den Zuckern mit fünf Kohlenstoff-Atomen gehören *Ribose* sowie *Desoxyribose*. Beide Zucker unterscheiden sich lediglich am C-2-Atom: Desoxyribose besitzt hier keine Hydroxyl-Gruppe. Ribose ist Bestandteil der Ribonucleinsäure (RNA), Desoxyribose findet sich in der DNA.

Disaccharide: Die Verknüpfung zweier Monosaccharide führt zum Disaccharid. Saccharose ist das Disaccharid aus α-Glucose und β-Fructose. Die Verknüpfung erfolgt über das C-1-Atom der Glucose mit dem C-2-Atom der Fructose.

2 Allgemeine Grundlagen der Biologie

Polysaccharide bestehen aus bis zu mehreren tausend Glucose-Molekülen, die in unterschiedlicher Weise miteinander verknüpft sind. Typische Vertreter sind *Stärke* (links ein Ausschnitt aus einem Stärkemolekül), *Cellulose* und *Glykogen*.

Stärke besteht zu 20 % aus Amylose (unverzweigte, schraubige Glucoseketten) und zu 80 % aus Amylopektin (verzweigte Kettenmoleküle).

2.1.2 Lipide

Zu den Lipiden zählen chemisch sehr verschieden gebaute Stoffe wie **Fette** und **Phospholipide**. Gemeinsam ist in ihnen jedoch eine physikalische Eigenschaft: in unpolaren Lösungsmitteln wie Benzin sind sie gut löslich, in polaren Lösungsmitteln (Wasser) hingegen unlöslich. Diese Eigenschaft erlaubt Rückschlüsse auf die Struktur der Lipide: Moleküle, in denen stark polarisierte Gruppen (–OH und –C=O) vorherrschen, sind wasserlöslich (**hydrophil**), solche mit unpolaren Gruppen wie Kohlenwasserstoffketten wasserabstoßend (**hydrophob**). Ein zentrales Strukturmerkmal aller Lipide sind folglich die Kohlenwasserstoffketten.

Fette sind energiereiche Speichersubstanzen für Stoffwechselenergie. Fett-Moleküle bestehen aus einem Glycerin-Rest und drei meist verschiedenen Fettsäure-Resten. Glycerin ist ein Alkohol mit drei Hydroxyl-Gruppen. Die Fettsäuren enthalten eine Carboxylgruppe (–COOH) sowie lange Kohlenwasserstoffketten. Fettsäuren mit Doppelbindungen im Molekül nennt man ungesättigte Fettsäuren.

Phospholipide (z. B. Lecithin) sind wichtige Bausteine der Biomembran. Im Lecithin sind zwei hydrophobe Fettsäuren mit einem hydrophilen Molekülabschnitt verbunden. Das Gesamt-Molekül ist also bipolar, es besitzt einen hydrophilen und einen hydrophoben Teil. Diese Eigenschaft ist von zentraler Bedeutung für den Feinbau von Biomembranen (→ Seite 16 f.).

2.1.3 Proteine

Proteine (Eiweiße) haben vielfältige Funktionen:
- Katalyse chemischer Reaktionen (Enzyme, z. B. α-Amylase)
- Bewegung (z. B. Aktin- und Myosinfilamente im Muskel)
- Gerüstsubstanz (in Haut, Haaren, Horn und Federn, z. B. Keratin und Kollagen)
- Transport (z. B. von Atemgasen im Blut durch Hämoglobin)
- Immunität (Antikörper)
- Nährstoff (z. B. Hühnereiweiß, Bohnen)

Die genaue Kenntnis des Proteinaufbaus ist daher für Aufgaben aus den Bereichen Stoffwechsel (Enzymatik; → Seite 22), Genetik (Proteinbiosynthese; → Seite 61) und Evolution (biochemische Homologie; → Seite 214) wichtig und häufig prüfungsrelevant.

Aufbau der Proteine

Aminosäuren: Proteine bestehen aus 20 verschiedenen Aminosäuren. Diese sind stets nach dem gleichen Grundschema aufgebaut: An ein zentrales Kohlenstoff-Atom (α-C-Atom) ist ein Wasserstoff-Atom, eine

Allg. Formel einer Aminosäure	Seitengruppe R (Beispiel)	Name (Abkürzung)
$H_2N-\underset{R}{\underset{|}{C}}-C\underset{OH}{\overset{O}{\diagup}}$ mit H oben	– H	Glycin (Gly)
	– CH_3	Alanin (Ala)
	– CH_2OH	Serin (Ser)
	– $CH(CH_3)_2$	Valin (Val)
	– CH_2SH	Cystein (Cys)

Aminogruppe (– NH_2) und eine Carboxylgruppe (– COOH) gebunden. Mit dem Buchstaben R wird der organische Rest bezeichnet. Nur in diesem Rest unterscheiden sich die 20 Aminosäuren.

Peptidbindung: Die Verknüpfung zweier Aminosäuren führt zum **Dipeptid**. Dabei reagiert die OH-Gruppe der Carboxyl-Gruppe einer Aminosäure mit dem H-Atom der Aminogruppe der anderen Aminosäure unter Wasseraustritt. Diese Peptidbindung ist das grundlegende Bauprinzip aller Proteine. Werden viele Aminosäuren über Peptidbindungen miteinander verbunden, so entsteht ein **Polypeptid**. Ab etwa 100 Aminosäuren spricht man dann von **Proteinen**.

Primärstruktur: Die Vielfalt der Proteine wird durch die verschiedenen Reste der einzelnen Aminosäuren und ihre Abfolge bedingt. Diese lineare Abfolge der einzelnen Aminosäuren, die Aminosäuresequenz, wird als **Primärstruktur** bezeichnet. Sie ist von entscheidender Bedeutung für die Funktion eines Proteins. Der Austausch nur einer Aminosäure

2 Allgemeine Grundlagen der Biologie

innerhalb eines Proteins kann bereits gravierende Folgen haben (→ Sichelzellenanämie; → Seite 60).

Der räumliche Bau der Proteine: Die Polypeptidkette kann nun in charakteristischer Weise räumlich angeordnet sein.

- **Sekundärstruktur:** symmetrische, dreidimensionale Anordnung der Polypeptidkette.
  Beispiele:
  - α-Helix (schraubig gewundene Kette; Stabilisierung durch Wasserstoffbrückenbindungen)
  - β-Faltblatt (mehrere verschiedene Polypeptidketten sind faltblattartig angeordnet, Stabilisierung zwischen den Ketten durch Wasserstoffbrückenbindungen).
- **Tertiärstruktur:** asymmetrische dreidimensionale Anordnung, die zum Teil α-Helix- und β-Faltblattstrukturen enthält. Die Stabilisierung erfolgt über Wasserstoffbrückenbindungen, **Van-der-Waals**-Bindungen und Elektronenpaarbindungen.
  Beispiel: Myoglobin
- **Quartärstruktur:** geordnete, dreidimensionale Anordnung, die aus *mehreren* Polypeptidketten besteht.
  Beispiel: Hämoglobin

Strukturen der Proteine

2.1.4 Nucleinsäuren

Nucleinsäuren bilden die wesentlichen biochemischen Moleküle der molekularen Genetik. Man unterscheidet zwei verschiedene Nucleinsäuren:
- **DNA** (Desoxyribonucleinacid) und
- **RNA** (Ribonucleinacid).

DNA kommt bei eukaryotischen Zellen im Zellkern (Nucleus), in Mitochondrien sowie in Chloroplasten vor. Sie enthält in verschlüsselter Form die Erbinformation (→ genetischer Code; Seite 63).

RNA findet sich im Kernplasma, in Ribosomen sowie im Cytoplasma. Sie spielt eine zentrale Rolle bei der Informationsvermittlung (→ Proteinbiosynthese; Seite 61).

Bausteine der DNA

Die DNA enthält verschiedene Bausteine:
- Phosphorsäure-Moleküle
- Zucker-Moleküle (Desoxyribose)
- stickstoffhaltige, organische Basen:
  Adenin (A) und Guanin (G)
  Cytosin (C) und Thymin (T)

Die Basen Adenin und Guanin werden als **Purinbasen** bezeichnet, da sie die Grundstruktur der Purine (Doppelringsystem mit vier Stickstoff-Atomen) enthalten. Cytosin und Thymin sind **Pyrimidinbasen** (ein Sechsring mit zwei Stickstoff-Atomen).

Verknüpfung der Bausteine

Die Verbindung eines Zucker-Moleküls mit einer Base nennt man Nucleosid, die Verknüpfung der drei DNA-Grundbausteine führt zum Nucleotid.

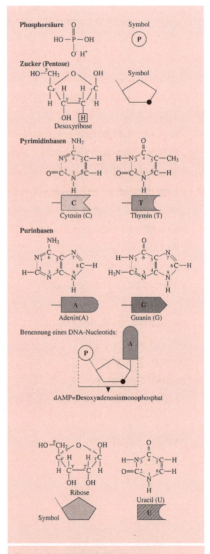

Bausteine der Nucleinsäuren

2 Allgemeine Grundlagen der Biologie

- **Nucleosid** = Base + Zucker
- **Nucleotid** = Base + Zucker + Phosphorsäure

Geht man vom Kohlenstoffgerüst des Zuckers aus, so erfolgt die Verknüpfung mit der Base über das erste Kohlenstoff-Atom (C-1). Die Phosphorsäure wird über das dritte bzw. fünfte Kohlenstoff-Atom (C-3 bzw. C-5) des Zuckers gebunden.

Die eigentliche Nucleinsäure entsteht durch Reaktion vieler Nucleotide zum **Polynucelotidstrang**: Ein C-5-Atom des vorangegangenen Nucleotids wird über die Phosphorsäure mit dem C-3-Atom des nächsten Nucleotids verbunden. Die Verbindung erfolgt vom 5'-Ende zum 3'-Ende.

Räumliche Struktur der DNA

DNA-Proben verschiedener Lebewesen zeigen eine Gemeinsamkeit: Das Zahlenverhältnis der Basen Adenin zu Thymin und das von Cytosin zu Guanin ist stets annähernd 1 : 1 (**Chargaff'sche Regel**). Auf der Basis dieser und anderer experimenteller Daten schlugen **Watson und Crick** (1953) ein Modell der DNA vor. Die Merkmale dieses Strukturvorschlages sind:

- zwei gegenläufige, antiparallele Polynucleotidstränge (ein Strang mit 5' → 3'-Richtung, der andere Strang mit 3' → 5'-Richtung)
- Zucker-Phosphat-Bänder außen, Basen innen (Strickleitermodell)
- komplementäre Basenpaarung durch Wasserstoffbrückenbindungen: Adenin mit Thymin (2 H-Brücken) Cytosin mit Guanin (3 H-Brücken)
- strickleiterartige Verdrehung der beiden Polynucleotidstränge führt zur **Doppelhelix**
- Die Basensequenz bestimmt die genetische Information.

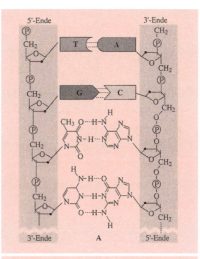

Aufbau der DNA

2.2 Aufbau der Zelle

In knapper Form werden wesentliche Eigenschaften der **prokaryotischen** Zelle (Bakterien und Blaualgen) sowie der Viren behandelt. Es folgt die **eukaryotische** Zelle (Mensch, Tier, Pflanze) mit ihren wesentlichen Zellorganellen.

2.2.1 Bakterien

- kein echter, membranumschlossener Zellkern (»nackte DNA«), Merkmal aller Prokaryoten
- bei manchen Bakterien zusätzlich zur bakteriellen DNA ringförmige DNA (Plasmide); bedeutsam für die Gentechnik
- Organellen (Chloroplasten, Mitochondrien, Endroplasmatisches Retiklum) fehlen; nur Ribosomen
- ungeschlechtliche Vermehrung durch Zweiteilung
- schnelles, exponentielles Wachstum möglich
- geringe Nahrungsansprüche (Minimalnährböden).

2.2.2 Viren und Bakteriophagen

- keine Lebewesen im engeren Sinne, da kein eigener Stoffwechsel
- Aufbau aus Protein-Hülle und DNA oder RNA
- Vermehrung in Bakterien (Bakteriophagen), tierischen, menschlichen und/oder pflanzlichen Zellen. Zwei unterschiedliche Vermehrungszyklen:
  a) lytischer Zyklus:
  krankheitserregende (= virulente) Phagen bilden nach erfolgter Adsorption und Injektion ihrer Erbinformation umgehend neue Phagen im Bakterium. Die anschließende Phagenfreisetzung führt zum Tod des Bakteriums.
  b) lysogener Zyklus:
  Phagen bauen die virale Erbinformation nach erfolgter Adsorption und Injektion vorübergehend in die Wirts-DNA ein (Prophage bzw. Provirus). Bei jeder Zellteilung werden bakterielle und virale DNA gemeinsam verdoppelt und an die Tochterzellen weitergegeben. Durch Außenfaktoren (UV-Licht, Temperaturschock) kann ein Wechsel in den lytischen Zyklus erfolgen.

2 Allgemeine Grundlagen der Biologie

2.2.3 Die eukaryotische Zelle

Im Elektronenmikroskop werden die folgenden Bestandteile sichtbar:

Zellorganell	Bau/Bestandteil	Funktion
Zellkern (a)	Chromatin (DNA + Protein) Kernplasma Kernkörperchen (Nucleolus) Kernhülle mit Kernporen	Steuerzentrale der Zelle
Endoplasmatisches Retikulum (ER)	membranumschlossenes Hohlraumsystem raues ER (ER mit Ribosomen auf der Oberfläche)	Transport
	glattes ER (ER ohne Ribosomen)	Stoffumwandlung/Entgiftung
Ribosomen	große und kleine Untereinheit bestehend aus Protein und rRNA Polysom = viele Ribosomen hintereinander	Ort der Proteinbiosynthese
Dictyosomen/ Golgi-Apparat	Golgi-Zisternen (membranumschlossene Scheibchen) Golgi-Vesikel (membranumschlossene Bläschen) Golgi-Apparat (Summe aller Dictyosomen einer Zelle)	Bildung der Zellmembran und Zellwand Verpackung von Lipiden und Proteinen aus dem ER
Mitochondrien (b)	glatte äußere und stark gefaltete, innere Membran Matrix-Raum (Plasma) DNA, RNA, Ribosomen	Kraftwerke der Zelle Orte der oxidativen Phosphorylierung, des Citronensäurezyklus, des Fettsäure- und Aminosäureabbaus
Chloroplasten (c)	äußere Membran innere Membran mit zahlreichen, lamellenartigen Membransäckchen (=Granathylakoide) Stromathylakoide Stroma (Plasma) DNA, RNA, Ribosomen	Ort der Photosynthese

(a)

(b)
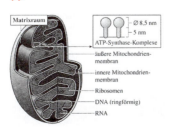

(c)
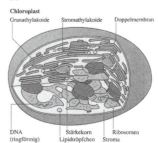

3 Stoffwechsel

3.1 Enzyme

Das Wissen um den Bau, die Wirkungsweise und die Beeinflussbarkeit von Enzymen ist nicht nur für Aufgaben aus dem Gebiet der Stoffwechselphysiologie relevant. Am Beispiel der Enzyme lassen sich Eigenschaften biologischer Modelle diskutieren, chemische Grundkenntnisse hinterfragen und molekulargenetische Zusammenhänge erörtern. Die Enzymatik stellt damit ein fast schon klassisches Abiturthema dar.

3.1.1 Bau und Funktion von Enzymen

Enzyme (Fermente) sind Proteine, die für biochemische Reaktionen unentbehrlich sind. Sie

- erniedrigen die Aktivierungsenergie, das heißt sie ermöglichen damit biochemische Reaktionen, die sonst nicht oder nur äußerst langsam in der Zelle ablaufen würden (→ Grafik rechts).
- gehen aus der Reaktion unverändert hervor.
- sind **substratspezifisch,** das heißt sie reagieren häufig nur mit einem bestimmten Substrat.
- sind **reaktionsspezifisch,** das heißt sie reagieren mit Substraten auf eine ganz bestimmte Art und Weise (z. B. oxidiert die Alkoholdehydrogenase Alkohole stets zu Aldehyden).
- sind für Auf- und Abbauvorgänge in der Zelle von entscheidender Bedeutung.

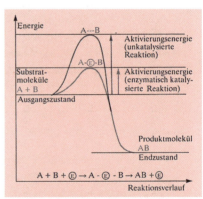

Energetische Betrachtung der Enzymreaktion

Stoffe mit diesen Eigenschaften nennt man **(Bio-) Katalysatoren.**

3 Stoffwechsel

Ablauf der Enzym-Reaktion

Die enzymatische Reaktion lässt sich mithilfe des **Schlüssel-Schloss-Prinzips** modellhaft verdeutlichen:

- Das Substratmolekül (Schlüssel) verbindet sich mit dem Enzym (Schloss) und bildet einen Enzym-Substrat-Komplex.
- Dabei bindet das Substrat (S) nur an einen bestimmten Abschnitt des Enzyms (E), dem **Aktiven Zentrum**. Das Substrat muss also eine zum Enzym passende Form haben.
- Anschließend zerfällt der Enzym-Substrat-Komplex, Produkt (P) und Enzym werden freigesetzt.

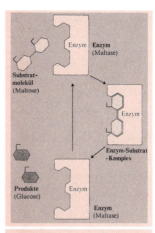

Modellhafte Darstellung der Enzymreaktion

 E + S → E-S-Komplex → E + P

3.1.2 Beeinflussung der Enzymreaktion

Die Enzymreaktion ist durch Temperatur, pH-Wert und Hemmstoffe (Inhibitoren) beeinflussbar.

Temperatur

Trägt man in einer Grafik die Enzymaktivität gegen die Temperatur auf, so erhält man eine charakteristische Optimumkurve: Mit steigender Temperatur wächst auch die Teilchenbewegung **(Brown'sche Bewegung)**. Das Zusammentreffen von Enzym und Substrat wird so begünstigt, die Enzymreaktion beschleunigt. Ab einer bestimmten Temperatur (Temperaturoptimum) führt eine weitere Temperaturerhöhung zur Zerstörung (Denaturierung) des Enzyms.

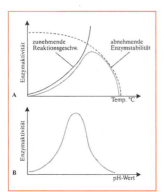

pH-Wert: Variiert man in einem ähnlichen Versuch den pH-Wert (= Maß für den Säure-Base-Charakter einer Lösung), so erhält man ebenfalls eine Optimumkurve mit den drei Kardinalpunkten:

- pH-Minimum = pH-Wert, bei dem noch eine minimale Enzymaktivität messbar ist,
- pH-Optimum = pH-Wert, bei dem die Enzymreaktion optimal abläuft und
- pH-Maximum = maximaler pH-Wert, bei dem noch eine Enzymreaktion möglich ist.

Hemmstoffe

Die Enzymaktivität wird von der Zelle durch Hemmstoffe reguliert. Dabei werden zwei Typen reversibler Hemmung unterschieden:

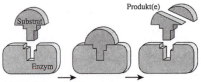

A Normale Enzymreaktion

Kompetitive Hemmung:
- Der Hemmstoff ähnelt in seiner chemischen Struktur dem Substrat.
- Substrat und Hemmstoff konkurrieren um das aktive Zentrum des Enzyms.
- Eine Erhöhung der Substratkonzentration führt zur Verdrängung des Hemmstoffs, seine Wirkung wird aufgehoben.

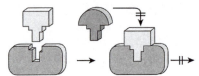

B Kompetitive Hemmung der Enzymreaktion

Nichtkompetitive Hemmung:
- Der Hemmstoff lagert sich außerhalb des aktiven Zentrums an das Enzym, dies führt zu einer Veränderung der dreidimensionalen Struktur des Enzyms; die Form des aktiven Zentrums verändert sich, Substrat-Moleküle können nicht mehr binden.
- Eine Erhöhung der Substratkonzentration kann die Hemmwirkung nicht beeinflussen.

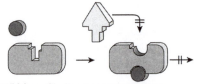

C Nichtkompetitive Hemmung der Enzymreaktion

3 Stoffwechsel

3.1.3 Cosubstrate – Cofaktoren

Für die Katalyse benötigen bestimmte Enzyme neben dem eigentlichen Substrat noch zusätzliche Komponenten. Derartige Cosubstrate oder Cofaktoren, die nicht aus Proteinen bestehen, sind z. B. ATP und NAD^+. Die ältere Bezeichnung Coenzym für Cosubstrate ist eigentlich falsch, da (Co-) Substrate im Gegensatz zu Enzymen aus der Reaktion verändert hervorgehen. Die Cosubstrate ATP und NAD^+ spielen eine zentrale Rolle im Stoffwechsel.

Energietransport durch ATP

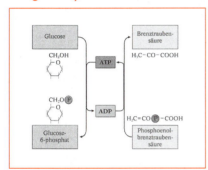

Das **Cosubstrat Adenosintriphosphat (ATP)** hat die Aufgabe, chemische Energie zu speichern und zu transportieren. ATP besitzt drei Phosphatgruppen. Bei der Abspaltung einer Phosphatgruppe wird Energie frei, es entsteht Adenosindiphosphat (ADP). Nochmalige Abspaltung einer Phosphatgruppe führt zu Adenosinmonophosphat (AMP). Durch energieliefernde Reaktionen können AMP und ADP wieder zu ATP regeneriert werden. Die gleiche Funktion als Energieüberträger hat Guanosintriphosphat (GTP).

$$ATP \Leftrightarrow ADP + P + Energie; \quad ADP \Leftrightarrow AMP + P + Energie$$

Wasserstofftransport und Elektronentransport durch NAD

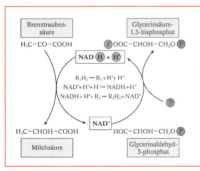

Bei Oxidations- und Reduktionsvorgängen in der Zelle erfolgt der Wasserstofftransport über Cosubstrate. Zur Erinnerung:
Oxidation = Elektronenabgabe
Reduktion = Elektronenaufnahme
Das Cosubstrat **Nicotinamid-adenin-dinucleotid (NAD)** kann als NAD^+ oder $NADH + H^+$ vorliegen: NAD^+ bindet reversibel ein Wasserstoff-Atom eines H_2-Moleküls und zwei Elektronen und wird so zu NADH reduziert. In einer Folgereaktion gibt es das Wasserstoff-Atom und die Elektronen wieder ab und wird so zu NAD^+ oxidiert.

$$NAD^+_{ox} + H-H \rightarrow NADH_{red} + H^+$$

Die gleiche Funktion übernehmen an anderer Stelle im Stoffwechsel die Cofaktoren $NADP^+/NADPH + H^+$ und $FAD/FADH_2$.

3.2 Biomembranen und Stofftransport

Membranen grenzen Zellen bzw. Zellorganellen nach außen hin ab. Ein unkontrollierter Stoffaustausch wird verhindert. Es entstehen voneinander abgegrenzte Reaktionsräume (**Kompartimente**).

3.2.1 Membranaufbau und Membranmodell

Membranen bestehen aus Lipiden, Proteinen und Kohlenhydraten. Nach dem derzeit anerkannten **fluid-mosaic-Modell** (Singer und Nicolson, 1972) bilden Lipide eine Doppelschicht, in die Proteine mosaikartig eingelagert sind. Die Fettsäureketten im Lipidfilm sind nicht starr und gestreckt, sondern in einem flüssig-kristallinen Zustand. Da die Membran »flüssig wie ein Fettauge« ist, können die Proteine in ihr herumtreiben. Periphere Proteine sind dabei lose an die Membranoberfläche gebunden, integrale Proteine durchziehen die Doppelschicht. Die **Membranasymmetrie** ergibt sich unter anderem durch die Kohlenhydratketten: Nur auf der Membranaußenseite sind Kohlenhydrate an Lipide und Proteine gebunden (Glycolipide und Glycoproteine).

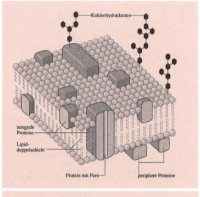

Membranmodell nach Singer und Nicolson

3.2.2 Stofftransport durch Biomembranen

Der Transport durch Membranen kann aktiv oder passiv, spezifisch oder unspezifisch erfolgen, je nachdem, ob Energie eingesetzt bzw. spezielle Membranproteine beteiligt sind. Es werden verschiedene Transportvorgänge unterschieden:

Diffusion (Permeation)

Charakteristisch für die freie, das heißt ungehinderte Diffusion ist:
- Transport ohne Energieaufwand in Richtung des Konzentrationsgefälles
- Transfer durch die Lipid-Doppelschicht
- unspezifischer, das heißt nicht selektiver Transport

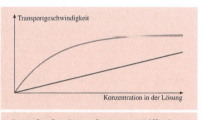

Quantitative Betrachtung von Diffusion und passivem Transport

3 Stoffwechsel

- große und kleine hydrophobe Moleküle (z. B. O_2, CO_2, Benzol) und kleine hydrophile Moleküle (z. B. Wasser) werden befördert.
- linearer Zusammenhang zwischen der Transportgeschwindigkeit und dem Konzentrationsunterschied

Passiver Transport (erleichterte Diffusion)

Dieser Stofftransport erfolgt über Tunnelproteine oder spezifische Proteincarrier **(Translokatoren)**. Die **Carrier** führen bei Substratbindung eine reversible Änderung ihrer dreidimensionalen Gestalt (Konformationsänderung) durch. Weiterhin charakteristisch für diese Transportform ist:

- Transfer nur in Richtung des Konzentrationsgefälles ohne Energieaufwand
- spezifischer Transfer; nur bestimmte, ausgewählte Stoffe können permeieren
- schneller als die freie Diffusion
- Transfer auch großer, polarer Stoffe (Beispiel: Glucose)
- Sättigungskurve bei der grafischen Darstellung der Transportgeschwindigkeit gegen die Konzentration der Lösung; begrenzte Transportkapazität der Carrier als Ursache.

Aktiver Transport

Für diese Transportform wird Energie benötigt. Nach der Art der Bereitstellung der Energie unterscheidet man den primär aktiven und den sekundär aktiven Transport. Beim primär aktiven Transport werden unter ATP-Verbrauch Stoffe direkt transportiert. Es wird dadurch ein Stoff- bzw. Ionengradient erzeugt. Bei der Rückdiffusion dieser Stoffe werden andere Moleküle gegen deren Konzentrationsgefälle mittransportiert (sekundär aktiver Transport). Weiterhin charakteristisch für diese Transportform ist:

- Transfer gegen das Konzentrationsgefälle unter Energieverbrauch
- spezifischer Transfer durch Carrierproteine, diese führen dabei eine Konformationsänderung durch
- Transport polarer Stoffe (Beispiel: Na^+- bzw. K^+-Ionen)

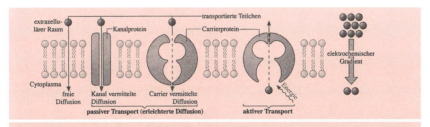

Modellhafte Darstellung verschiedener Transportformen

3.3 Abbau von Nahrungsstoffen

3.3.1 Überblick

Mit der Nahrung nehmen wir Fette, Polysaccharide und Proteine auf. Der Abbau dieser Stoffe erfolgt in mehreren Schritten. Dabei wird chemische Energie in Form von ATP gewonnen, die der Körper z. B. für Muskelarbeit benötigt. Der Abbau lässt sich in drei Abschnitte unterteilen:

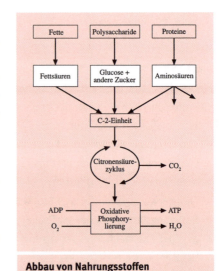

Abbau von Nahrungsstoffen im Überblick

1. Große Moleküle werden in kleinere Einheiten zerlegt. Fette werden in Glycerin und Fettsäuren, Polysaccharide in Monosaccharide (z. B. Glucose) und Proteine in Aminosäuren gespalten.
2. Die kleinen Moleküle werden zu einfacheren Einheiten abgebaut. Glycerin, Fettsäuren, Monosaccharide und einige Aminosäuren werden in Einheiten mit zwei Kohlenstoff-Atomen (C_2-Einheiten) umgewandelt.
3. Die C_2-Einheiten werden im Citronensäurezyklus vollständig zu Kohlenstoffdioxid (CO_2) oxidiert. Elektronen und Wasserstoff-Atome gelangen über Cofaktoren zum Sauerstoff. Hier wird das meiste ATP gebildet. Dieser Vorgang wird als **oxidative Phosphorylierung** oder **Zellatmung** bezeichnet.

3.3.2 Abbau der Glucose

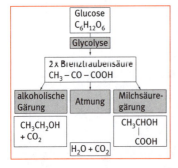

Der Abbau der energiereichen Verbindung Glucose führt bei Anwesenheit von Sauerstoff zu Kohlenstoffdioxid (CO_2) und Wasser:

$$C_6H_{12}O_6 + 6\,O_2 \rightarrow 6\,CO_2 + 6\,H_2O + \text{Energie}$$

Die Energie der Glucose wird in mehreren Teilschritten abgegeben und in Form von ATP gespeichert.

3 Stoffwechsel

Die Teilschritte des Glucoseabbaus sind:
- Glycolyse
- Citronensäurezyklus
- oxidative Phosphorylierung/Atmungskette

Bei **Abwesenheit** von Sauerstoff können bestimmte Organismen Glucose zu Milchsäure oder Ethanol und CO_2 vergären (Milchsäure- bzw. alkoholische Gärung). Der Energiegewinn fällt dabei deutlich geringer aus.

Glycolyse

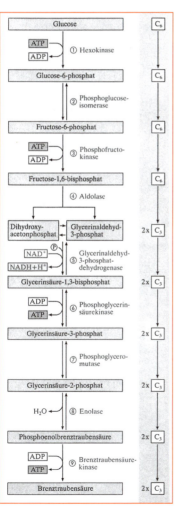

In mehreren, enzymkatalysierten Reaktionen werden aus einem Glucose-Molekül schrittweise zwei Moleküle **Brenztraubensäure** (C_3-Körper) gebildet.

Zwei Teilreaktionen benötigen Energie in Form von ATP: die Bildung von Glucose-6-phoshpat aus Glucose und die Reaktion von Fructose-6-Phosphat zu Fructose-1,6-bisphoshat. Diesem ATP-Verbrauch steht ein Gewinn von 2 ATP-Molekülen pro C_3-Körper in zwei späteren Reaktionsschritten gegenüber.

Pro C_6-Körper werden also 2 ATP verbraucht, aber 2·2 ATP-Moleküle gewonnen. Die Oxidation des C_3-Körpers Glycerinaldehyd-3-phosphat zu Glycerinsäure-1,3 bisphosphat ist daneben mit der Reduktion von NAD^+ zu $NADH + H^+$ gekoppelt.

Zusammenfassung

- Ort der Glycolyse ist das Cytoplasma der Zelle.
- Zerlegung eines C_6-Körpers (Glucose) führt zu zwei C_3-Körpern.
- Energiegewinn von 2 ATP-Molekülen pro Glucose-Molekül
- Bildung von 2 $NADH + H^+$-Molekülen pro Glucose-Molekül

Gärungen

Bei Abwesenheit von Sauerstoff wird Brenztraubensäure von Milchsäurebakterien zu Milchsäure und von Hefen zu Ethanol und CO_2 vergoren.
Gesamtreaktionsgleichungen:

Alkoholische Gärung: $C_6H_{12}O_6 \rightarrow 2\ CH_3CH_2OH + 2\ CO_2$ + Energie
Milchsäuregärung: $C_6H_{12}O_6 \rightarrow 2\ CH_3CH_2OCOOH$ + Energie

Die Reduktion der Brenztraubensäure zu Milchsäure bzw. Ethanol ist mit der Oxidation von $NADH + H^+$ zu NAD^+ gekoppelt. In der Glycolyse verbrauchtes NAD^+ wird auf diesem Wege regeneriert. Zusammenfassung:
- Der C_3-Körper wird zu Milchsäure bzw. Ethanol (Alkohol) und CO_2 oxidiert.
- Der Gewinn von 2 Molekülen ATP entspricht dem in der Glycolyse.
- Regenerierung von NAD^+ Molekülen.

Citronensäurezyklus

Bei Anwesenheit von Sauerstoff wird der C_3-Körper Brenztraubensäure unter Abspaltung eines CO_2-Moleküls an Coenzym A angelagert. Die entstehende C_2-Einheit Acetyl-CoA, wird als aktivierte Essigsäure bezeichnet. Nun beginnt der eigentliche Citronensäurezyklus: Der C_2-Körper reagiert zusammen mit einem Akzeptormolekül, dem C_4-Körper (Oxalessigsäure). Es entsteht ein C_6-Körper (Citronensäure). In Folgereaktionen können nun zwei Kohlenstoff-Atome in Form von CO_2-Molekülen den Zyklus verlassen. Die weiteren Schritte dienen der Regeneration des entstehenden C_4-Körpers zum Akzeptormolekül Oxalessigsäure. Der Kreislauf schließt sich.

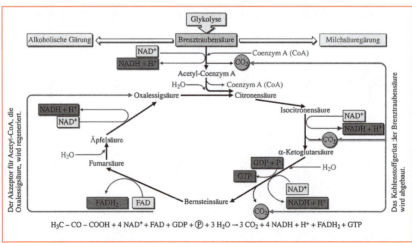

3 Stoffwechsel

Auch das zweite bei der Glycolyse entstandene Molekül Brenztraubensäure durchläuft anschließend den Citronensäurezyklus.

Damit wurden die 6 Kohlenstoff-Atome eines Glucose-Moleküls vollständig zu 6 Kohlenstoffdioxid-Molekülen oxidiert. Die Oxidation ist mit der Bildung reduzierter Cofaktoren gekoppelt: insgesamt werden 8 Moleküle NADH + H$^+$ und 2 Moleküle FADH$_2$ gebildet. Weiterhin werden 2 GTP-Moleküle frei.

Zusammenfassung
- Der Citronensäurezyklus findet im Matrix-Raum der Mitochondrien statt.
- Die zwei aus der Glycolyse stammenden C$_3$-Körper Brenztraubensäure werden schrittweise zu 2·3 Molekülen CO$_2$ oxidiert.
- Der Energiegewinn beträgt 2 Moleküle GTP (= ATP) pro Molekül Glucose.
- Es findet die Bildung von 8 Molekülen des Cofaktors NADH+H$^+$ und 2 Molekülen des Cofaktors FADH$_2$ pro Glucose-Molekül statt.

Oxidative Phosphorylierung

Die in der Glycolyse und im Citronensäurezyklus gebildeten Cofaktoren NADH+H$^+$ und FADH$_2$ übertragen ihre Elektronen und H-Atome auf Sauerstoff. Dabei bildet sich Wasser und die Cofaktoren werden regeneriert: NADH + H$^+$ + $\frac{1}{2}$O$_2$ → NAD$^+$ + H$_2$O$^+$
Der Elektronentransfer erfolgt über spezielle Carrierproteine in der inneren Mitochondrienmembran. Er ist mit dem Transfer von H$^+$-Ionen (Protonen) durch die innere Mitochondrienmembran in den Intermembranraum gekoppelt. Hierdurch entsteht ein Protonengradient, der für die Bildung von ATP genutzt wird: Protonen fließen zurück in den Innenraum des Mitochondriums und passieren dabei ein Membranprotein, die ATP-Synthetase. Dabei entsteht ATP.

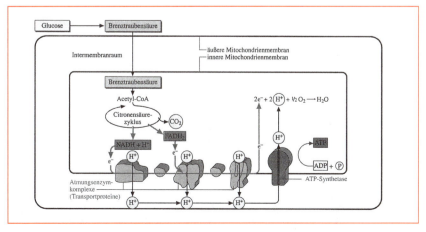

Ergebnis

- Regenerierung der Cofaktoren
- Bildung von Wasser
- Bildung von 3 ATP-Molekülen pro NADH + H^+-Molekül
- Bildung von 2 ATP-Molekülen pro $FADH_2$-Molekül

Reaktionsgleichung der Glycolyse

$C_6H_{12}O_6 + 2\,NAD^+ + 2\,ADP + 2\,P \rightarrow 2\,CH_3COCOOH + 2\,NADH + H^+ + 2\,ATP$

Reaktionsgleichung des Citronensäurezyklus

$2\,CH_3COCOOH + 8\,NAD+ + 2\,FAD + 2\,GDP + 2\,P + 6\,H_2O$
$\rightarrow 6\,CO_2 + 8\,NADH + H^+ + 2\,FADH_2 + 2\,GT$

Reaktionsgleichung der oxidativen Phosphorylierung

$10\,NADH + H^+ + 2\,FADH_2 + 32\,ADP + 32\,P + 6\,O_2$
$\rightarrow 12\,H_2O + 10\,NAD^+ + 2\,FAD + 32\,ATP$

Energiebilanz

Glycolyse	2 ATP
Citronensäurezyklus	2 GTP = 2 ATP
Oxidative Phosphorylierung	34 ATP
Summe:	38 ATP

3 Stoffwechsel

3.4 Fotosynthese

Dieses Thema setzt Grundkenntnisse aus dem Bereich der Physik (z. B. Lichtabsorption) und Chemie (Glucoseaufbau, Cofaktoren, Redox-Begriff) voraus. Abituraufgaben können die Auswertung experimenteller Daten (z. B. **Engelmann'scher Bakterienversuch**, Außenfaktoren der Fotosynthese), aber auch die reine Wiedergabe der zum Teil recht komplexen biochemischen Abläufe zum Inhalt haben.

3.4.1 Bedeutung der Fotosynthese

Die Fotosynthese ist der zentrale Stoffwechselvorgang der Erde: Aus den energiearmen, anorganischen Stoffen Kohlenstoffdioxid und Wasser bauen Pflanzen die energiereiche, organische Verbindung Glucose sowie Sauerstoff auf. Die Energie für diese endergone Reaktion stammt vom Sonnenlicht. Bei der Fotosynthese wird also letztlich Strahlungsenergie in chemische Energie umgewandelt. Bruttogleichung der Fotosynthese:

$$6 CO_2 + 12\ H_2O + \text{Licht} + \text{Chlorophyll} \rightarrow C_6H_{12}O_6\ (\text{Glucose}) + 6\ O_2 + 6\ H_2O$$

Durch den Vorgang der **Atmung** wird die energiereiche Glucose dann wieder zu anorganischem Kohlenstoffdioxid und Wasser abgebaut (Abbau von Nahrungsstoffen; → Seite 28). Die freiwerdende Energie wird für die Stoffwechselvorgänge aller Lebewesen benötigt. Der Kreislauf schließt sich. Die Fotosynthese schafft also die Voraussetzung für das Leben auf unserer Erde.

3.4.2 Außenfaktoren der Fotosynthese

Außenfaktoren der Fotosynthese sind Licht, Temperatur, Wasser und Kohlenstoffdioxid. Dabei bestimmt nur der Außenfaktor die Fotosyntheseleistung, der am weitesten von seinem Optimum entfernt ist (**Gesetz des Minimums**):

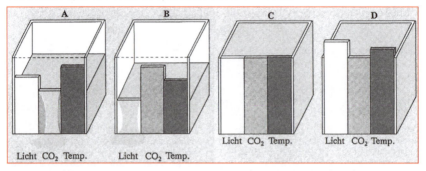

Bei unzureichendem Kohlenstoffdioxid-Gehalt können z. B. auch optimale Licht-, Wasser- und Temperaturverhältnisse keine optimale Fotosyntheseleistung bewirken.

Licht

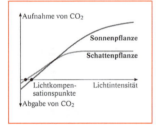

Die Fotosyntheseleistung einer Pflanze kann über die CO_2-Aufnahme experimentell verfolgt werden. Pflanzen bauen Nährstoffe jedoch durch Atmung ab, sodass stets auch CO_2 produziert wird. Dieses CO_2 kann direkt in der Fotosynthese verwendet oder aber auch an die Umgebung abgegeben werden. Die gemessene CO_2-Aufnahme gibt also nur die scheinbare (apparente) Fotosyntheseleistung wieder. Untersucht man die Abhängigkeit der Fotosyntheseleistung von der Lichtintensität, so erhält man eine charakteristische Sättigungskurve. Bei geringen Lichtintensitäten überwiegt die CO_2-Abgabe durch Atmung die fotosynthetische CO_2-Aufnahme. Der **Lichtkompensationspunkt** charakterisiert die Lichtintensität, bei der sich CO_2-Abgabe und CO_2-Aufnahme einander entsprechen. Die apparente Fotosyntheseleistung steigt danach proportional zur Lichtintensität. Ab einer bestimmten Lichtintensität führt auch eine weitere Zunahme der Lichtintensität zu keiner Erhöhung der Fotosyntheseleistung (**Lichtsättigung**). Bei sehr hohen Beleuchtungsstärken wird der Fotosyntheseapparat geschädigt, die Leistung sinkt ab. Schattenpflanzen besitzen im Gegensatz zu Sonnenpflanzen:
- geringere Lichtkompensationspunkte und
- niedrigere Lichtsättigungen.

3 Stoffwechsel

Temperatur

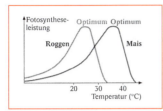

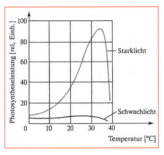

Die Fotosynthese zeigt die für enzymkatalysierte Reaktionen typische Temperaturabhängigkeit. Trägt man die Fotosyntheseleistung gegen die Temperatur auf, so ergeben sich charakteristische Optimumkurven (Grafik links). Die Lage der drei Kardinalpunkte Minimum, Optimum und Maximum ist abhängig vom Standort und der jeweiligen Pflanzenart. Eine strenge Temperaturabhängigkeit ergibt sich nur dort, wo enzymatische Reaktionen bestimmend sind. Wirken fotochemische Reaktionen limitierend (z. B. bei Schwachlicht), so ist der Temperatureinfluss gering (Grafik links). Die Fotosynthese besteht also aus einer **temperaturabhängigen** und einer **temperaturunabhängigen** Reaktionsfolge.

Wasser

Die fotosynthetisch benötigten Wassermengen sind derart gering, dass sich ein Wassermangel nur indirekt etwa über den Schluss der Spaltöffnungen in den Blättern auswirkt.

Kohlenstoffdioxid

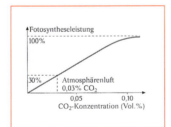

Der CO_2-Gehalt der Luft beträgt 0,03 Vol.-%. Er liegt damit deutlich unter dem Optimum-Wert der Pflanzen von etwa 0,1 Vol.-%. Die Fotosyntheseleistung lässt sich daher, bei sonst optimalen Bedingungen, durch künstliche Begasung mit CO_2 beträchtlich steigern. Höhere Konzentrationen wirken schädigend.

3.4.3 Lichtabsorption

Absorptionsspektrum

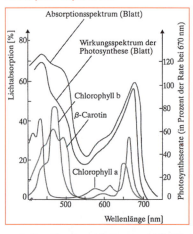

In den Chloroplasten der Pflanzen befinden sich verschiedene Blattfarbstoffe (Chromatophorenpigmente). Diese absorbieren in unterschiedlichem Maße Lichtquanten. Trägt man die Lichtabsorption dieser Pigmente gegen die Wellenlänge des Lichts auf, so erhält man das Absorptionsspektrum:

- Chorophlyll a absorbiert vorwiegend im blauen und roten Bereich.
- Chlorophyll b besitzt Absorptionsmaxima, die zu mittleren Wellenlängen verschoben sind.
- β-Carotin absorbiert aussschließlich im roten und orangefarbenen Bereich.
- Sämtliche Pigmente zeigen nur geringe Absorption im grünen Bereich (Grünlücke).

Wirkungsspektrum

Dieses gibt die Abhängigkeit der Fotosyntheseleistung von der Wellenlänge des Lichts wieder. Der Vergleich beider Spektren zeigt:
- Nur absorbiertes Licht ist wirksam.
- Chlorophyll a ist das zentrale Fotosynthese-Pigment, hier stimmen die Maxima beider Spektren überein.
- Chlorophyll b und β-Carotin verringern die Grünlücke, indem sie Lichtquanten dort absorbieren, wo Chlorophyll a nicht absorbiert. Sie dienen als **Antennen- oder Hilfspigmente** (akzessorische Pigmente).

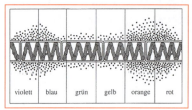

Der Engelmann'sche Bakterienversuch gibt in einfacher Form ein Wirkungsspektrum wieder: Eine Grünalge wird mit Licht unterschiedlicher Wellenlängen bestrahlt. Sauerstoffliebende Bakterien lagern sich bei Belichtung bevorzugt da an, wo die Fotosynthese der Grünalge ihre Leistungsmaxima aufweist: im roten und blauen Bereich des sichtbaren Lichts.

3 Stoffwechsel

3.4.4 Fotosysteme

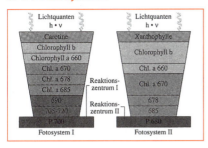

Die verschiedenen Pigmente sind in der Pflanze in zwei Pigmentkollektiven (**Fotosystem I** und **Fotosystem II**, → Abbildung links) zusammengefasst.
Sie enthalten Pigmente unterschiedlicher Zusammensetzung und Funktion:

- **Antennenpigmente** (z. B. Chlorophyll b) absorbieren Lichtquanten unterschiedlicher Wellenlänge und leiten sie innerhalb des Fotosystems zum Reaktionszentrum.
- Das **Reaktionszentrum** ist ein besonderes Chlorophyll a-Molekül, das die eingestrahlte Energie in chemische Energie umwandelt, indem es nach erfolgter Absorption ein energiereiches Elektron abgibt.
- **Fotosystem I** enthält als Reaktionszentrum ein Chlorophyll a-Molekül mit Absorption bei 700 nm (P 700).
- **Fotosystem II** besitzt ein Reaktionszentrum mit einem Chlorophyll a-Molekül, das bei 680 nm (P 680) absorbiert.

Fotosysteme fungieren als **Lichtsammelfallen**: Licht unterschiedlicher Wellenlängen wird von Antennenpigmenten absorbiert. Der Energietransfer erfolgt nur in eine Richtung, stets zu den Pigmenten mit geringerem Energiegehalt, also mit Absorption im zunehmend längerwelligen Bereich. Dies führt dazu, dass die Energie schließlich auf das Pigmentmolekül übertragen wird, dessen Absorptionsmaximum am weitesten im längerwelligen Bereich liegt. Dies ist das Reaktionszentrum P 680 bzw. P 700.

Emerson-Effekt

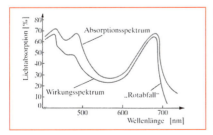

Dieser nach seinem Entdecker benannte Effekt belegt die Existenz beider Fotosysteme. Die Fotosyntheseleistung ist bei gleichzeitiger Bestrahlung mit Licht von 680 nm und 700 nm größer als bei getrennter Bestrahlung mit Licht von 680 nm *oder* 700 nm. Dieser Steigerungseffekt lässt sich durch die Annahme zweier zusammenhängender Lichtreaktionen erklären, die an den beiden Fotosystemen ablaufen. Das eine absorbiert bei 700 nm, das andere bei kürzeren Wellenlängen.

3.4.5 Primär- und Sekundärreaktionen

Belichtete Chloroplasten bilden bei Anwesenheit von $NADP^+$ aus Wasser $NADPH + H^+$ und Sauerstoff (**Hill-Reaktion**). Dieser Vorgang findet bei Abwesenheit von CO_2 statt. Die **Hill**-Reaktion belegt die Tatsache, dass die Fotosynthese aus zwei Teilvorgängen besteht: der Bildung von Sauerstoff und NADPH einerseits (Primärreaktion) und der Reduktion von CO_2 zu Glucose (Sekundärreaktion) andererseits.

1. Die Primärreaktion
Diese Reaktion
- ist eine fotochemische, lichtabhängige Reaktionsfolge (Lichtreaktion).
- dient der Bildung von ATP und $NADPH + H^+$.
- benötigt Wasser, das die Elektronen für die Reduktion von $NADP^+$ zu $NADPH + H^+$ liefert und dabei Sauerstoff freisetzt ($\rightarrow$ Fotolyse des Wassers).
- ist temperaturunabhängig.
- findet in der Thylakoidmembran statt.

2. Die Sekundärreaktion
Diese Reaktion
- ist nicht direkt lichtabhängig und wird daher fälschlich als Dunkelreaktion bezeichnet.
- führt zur Bildung von Glucose, indem die Produkte der Primärreaktion $NADPH + H^+$ und ATP zur Reduktion von CO_2 verwendet werden.
- ist temperaturabhängig, da sie enzymkatalysierte Reaktionen umfasst.
- findet im Stroma der Chloroplasten statt.

Ablauf der Primärreaktion
- Lichtquanten werden von den Antennenpigmenten des Fotosystems II absorbiert und zum Reaktionszentrum P 680 (siehe Ziffer 1 in der Grafik auf der nächsten Seite) weitergeleitet.
- Das Chlorophyll a-Molekül gelangt dadurch in einen stark angeregten Zustand (siehe Ziffer 2). Es gibt ein energiereiches Elektron ab. Im Chlorophyll a-Molekül entsteht dadurch ein Elektronenmangel.
- Diese Lücke wird wieder mit Elektronen gefüllt, die von Wassermolekülen stammen (3). Wassermoleküle werden dadurch unter Mitwirkung von Enzymkomplexen gespalten (**Fotolyse des Wassers**).
- Jeweils ein Wassermolekül wird in zwei H^+-Ionen, zwei Elektronen und ein Sauerstoff-Atom zerlegt. Der Sauerstoff wird an die Umgebung abgegeben.

3 Stoffwechsel

- Die vom Chlorophyll a (P 680) abgegebenen Elektronen werden über verschiedene Redoxsysteme weitergeleitet (4). Diese besitzen untereinander abgestufte Energieniveaus. Der Elektronentransfer läuft bergab, das heißt von Redoxsystemen mit hohem Energieniveau auf solche mit niedrigerem Energieniveau.
- Die freiwerdende Energie wird zur ATP-Bildung genutzt (**Fotophosphorylierung**).
- Die Elektronen gelangen schließlich zum Chlorophyll a des Fotosystems I (P 700). Dieses hatte ebenfalls zuvor durch Lichteinwirkung ein energiereiches Elektron abgegeben und besitzt so eine Elektronenlücke.
- Sie wird durch das vom P 680 stammende Elektron gefüllt. Das vom P 700 abgegebene Elektron wird nun von einem zweiten Transportsystem übernommen (5).
- Zwei Elektronen vereinigen sich letztlich mit zwei H^+-Ionen aus der Fotolyse und dem Cofaktor $NADP^+$ zu $NADPH+H^+$.

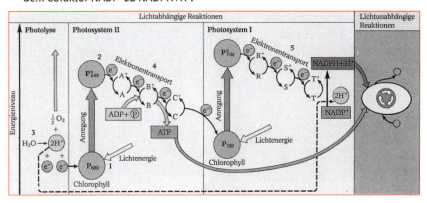

Ablauf der Sekundärreaktion

Die Sekundärreaktion lässt sich in drei Abschnitte unterteilen:

1. Fixierung von CO_2. Primärakzeptor für CO_2 ist ein C_5-Körper (Ribulose-1,5-bisphosphat). Das entstehende Produkt, ein C_6-Körper, ist instabil und zerfällt in zwei C_3-Körper (3-Phosphoglycerinsäure).
2. Reduktion des C_3-Körpers. Die Produkte der Primärreaktion, ATP und $NADPH + H^+$, werden zur Reduktion des C_3-Körpers eingesetzt. Zwei entstehende C_3-Körper (Phosphoglycerinaldehyd) werden in mehreren Reaktionsschritten zum C_6-Körper Glucose umgesetzt.
3. Regenerierung des Primärakzeptors. 10 C_3-Körper werden in mehreren enzymkatalysierten Schritten zu 6 C_5-Körpern umgebaut.

Nach seinem Entdecker heißt der Kreisprozess **Calvin-Zyklus**.

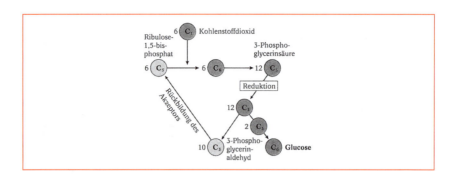

Gesamtbilanz der Fotosynthese

Fotolyse	$12\,H_2O \xrightarrow{\text{Lichtenergie}} 6\,O_2\uparrow + 24\,H^\cdot + 24\,e^-$
Bildung des Reduktionsmittels	$12\,NADP^\oplus + 24\,H^\cdot + 24\,e^- \xrightarrow{\text{Lichtenergie}} 12\,NADPH + 12\,H^\cdot$
Fotophosphorylierungen	$18\,ADP + 18\,\text{\textcircled{P}} \xrightarrow{\text{Lichtenergie}} 18\,ATP$
Lichtabhängige Reaktionen (gesamt)	$12\,H_2O + 12\,NADP^\oplus + 18\,ADP + 18\,\text{\textcircled{P}}$ $\xrightarrow{\text{Lichtenergie}} 6\,O_2\uparrow + 12\,NADPH + 12\,H^\cdot + 18\,ATP$
Lichtunabhängige Reaktionen (gesamt)	$6\,CO_2 + 12\,NADPH + 12\,H^\cdot + 18\,ATP$ $\longrightarrow C_6H_{12}O_6 + 12\,NADP^\oplus + 18\,ADP + 18\,\text{\textcircled{P}} + 6\,H_2O$
Gesamtreaktion	$12\,H_2O + 6\,CO_2 \xrightarrow{\text{Lichtenergie}} C_6H_{12}O_6 + 6\,O_2\uparrow + 6\,H_2O$

4 Genetik

4.1 Chromosomen und Zellteilungen

4.1.1 Chromosomenbegriff und -struktur

Chromosomen sind bei Eukaryoten die Träger der Erbinformation. Sie bestehen aus einem linearen DNA-Molekül und basisch reagierenden Proteinen (Histone). Diese stabilisieren die lange, fadenförmige DNA. Chromosomen können in unterschiedlicher Form vorliegen. Je nach Gestalt und Funktion werden sie verschieden bezeichnet:

- **Arbeitsform:** Soll die Erbinformation abgelesen oder verdoppelt werden, so muss die DNA entspiralisiert vorliegen. In dieser Phase sind Chromosomen nicht sichtbar.
- **Transportform:** Für die geordnete Kernteilung werden die langen Chromosomen in kompaktere Gebilde überführt. Dies geschieht unter anderem durch Aufwindung und Faltung der DNA. Das **Centromer** ist die charakteristische Einschnürungsstelle des Chromosoms. Hier setzen die Spindelfasern an, die für die Trennung der Schwesterchromatiden verantwortlich sind.
- **Ein-Chromatid-/Zwei-Chromatiden-Chromosom:** Vor einer Zellteilung muss das DNA-Molekül exakt verdoppelt werden. Aus einem Ein-Chromatid-Chromosom wird so das Zwei-Chromatid-Chromosom. Diese beiden Chromatiden werden als **Schwesterchromatiden** bezeichnet. Sie sind genetisch identisch.
- **Homologe Chromosomen:** Jeweils zwei Chromosomen einer Körperzelle zeigen einander entsprechende, ähnliche Gestalt. Je eins der beiden homologen Chromosomen stammt ursprünglich von der Mutter, das andere vom Vater. Die Chromatiden homologer Chromosomen sind daher nicht genetisch identisch. Sie werden als **Nichtschwesterchromatiden** bezeichnet.
- **Gonosomen und Autosomen:** Die Chromosomen X und Y (Gonosomen, Geschlechtschromosomen) bestimmen beim Menschen das Geschlecht. Die übrigen Chromosomen nennt man Autosomen.

4.1.2 Zellteilung

Zellzyklus

Ziel einer jeden Zellteilung ist die Bildung genetisch identischer Tochterzellen. Dies wird durch Verdopplung vorhandener Erbinformation und anschließende, exakte Teilung erreicht. Den sich wiederholenden Vorgang aus Verdopplung (Interphase) und Teilung von Erbinformation (Mitose) einschließlich der zufälligen Aufteilung der übrigen Zellbestandteile (Cytokinese) nennt man Zellzyklus:

Interphase: Man unterscheidet drei Abschnitte:
- **G_1-Phase:** Chromosomen liegen als entspiralisierte DNA-Moleküle vor (Arbeitsform, Ein-Chromatid-Chromosom). Wachstumsphase, mit starker Proteinbiosynthese
- **S-Phase:** Verdopplung der DNA
- **G_2-Phase:** Jedes Chromosom besteht aus zwei DNA-Molekülen (2-Chromatid-Chromosom).

Zellen, die ihre Teilungsfähigkeit verloren haben (z. B. Nervenzellen) bzw. sich längere Zeit nicht teilen, befinden sich in der G_0-Phase.

Mitose: Im Folgenden werden nur die genetisch relevanten Veränderungen wiedergegeben. Aufgrund sichtbarer Gestaltveränderung der Chromosomen unterscheidet man vier Phasen:
- **Prophase:** Spiralisierung und Verkürzung der Chromosomen. Chromosomen bestehen aus Schwesterchromatiden, die durch das Centromer miteinander verbunden sind. Der Spindelapparat bildet die Spindelfasern.
- **Metaphase:** Maximale Verkürzung der Chromosomen. Anordnung in der Äquatorialebene. Spindelfasern verbinden das Centromer eines jeden Chromatids mit den Zellpolen.
- **Anaphase:** Trennung des Centromers und Bildung der Ein-Chromatid-Chromosomen
- **Telophase:** Entspiralisierung der Chromosomen. Übergang von der Transportform zur Arbeitsform. Bildung der Kernmembran.

Cytokinese: Die Zelle wird in der Äquatorialebene durchschnürt, nachdem die Tochterzellen je einen Zellkern erhalten haben.

4.1.3 Meiose

Funktion der Meiose

Die Meiose verfolgt zwei zentrale Ziele:
- **Reduktionsteilung.** Die Chromosomenanzahl ist artspezifisch. Um diese Chromosomenanzahl auch in nachfolgenden Generationen dauerhaft zu erhalten, muss ihre Zahl bei der Bildung der Keimzellen halbiert werden. Es findet die Reduktion des Chromosomensatzes von der doppelten Chromosomenanzahl (**diploider Chromosomensatz**, *Abkürzung: 2n*) zur einfachen Anzahl (**haploider Satz**, *Abkürzung: 1n*) statt.
- **Rekombination.** Die Meiose führt zur Durchmischung des ursprünglich väterlichen und mütterlichen Erbmaterials. Die Rekombination darf in ihrer Wirkung nicht unterschätzt werden, stellt sie doch die Grundlage für die genetische Verschiedenheit der Individuen dar (Evolutionsfaktor Rekombination; → Seite 198).

4 Genetik

Ablauf der Meiose

Die Meiose verläuft in zwei hintereinander folgenden Teilungen. Nach einer Interphase liegen die Chromosomen zunächst als Zwei-Chromatid-Chromosomen vor. Es folgt die **1. Reifeteilung:**

- **Prophase I:** Paarung homologer Chromosomen, das heißt die homologen Chromosomen lagern sich parallel nebeneinander an.
  Beim Mensch bilden sich so aus 46 Chromosomen 23 Chromosomenpaare (**Bivalente**). Nach weiterer Spiralisierung werden nun die vier Chromatiden eines jeden homologen Chromosomenpaares sichtbar (**Tetrade**).
- **Metaphase I:** Anordnung der Bivalente in der Äquatorialebene.
- **Anaphase I:** Trennung der homologen Chromosomen eines jeden Bivalents.
- **Telophase I:** An den Zellpolen befindet sich je ein haploider Chromosomensatz. Die Chromosomen liegen als Zwei-Chromatid-Chromosomen vor.

2. Reifeteilung: Diese Teilung gleicht in ihrem Verlauf einer Mitose. Es werden die Schwesterchromatiden eines jeden Chromosoms getrennt. Ergebnis: Vier haploide Keimzellen mit Ein-Chromatid-Chromosomen.

Konsequenzen aus der Meiose

Bereits während der ersten Reifeteilung der Meiose werden folglich die beiden wichtigen Ziele der Meiose erreicht: 1. Reduktion der Chromosomenzahl (2 n → 1 n), 2. Durchmischung des Erbmaterials (Rekombination).

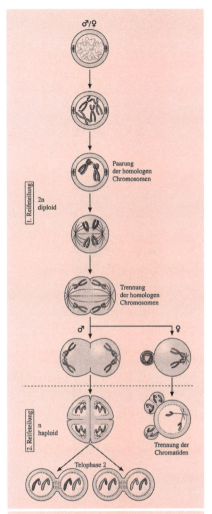

Meioseablauf. Bei der Bildung der menschlichen Eizelle verläuft die Aufteilung des Plasmas ungleich. Die Eizelle erhält fast alle Zellbestandteile, die übrigen Tochterzellen erhalten nur den Kern und gehen später zugrunde.

Man unterscheidet zwei Formen der Rekombination:

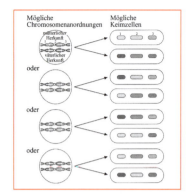

Interchromosomale Rekombination, das heißt die Durchmischung des Erbmaterials durch die zufallsbedingte Verteilung mütterlicher und väterlicher Chromosomen im Verlauf der 1. Reifeteilung. Die Anordnung homologer Chromosomen während der Metaphase I (nicht jedoch ihre Paarung!) geschieht so, dass in unregelmäßiger Abfolge mal ein Chromosom väterlicher, mal eines mütterlicher Herkunft oberhalb der Äquatorialebene liegt.

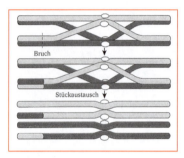

Intrachromosomale Rekombination, das heißt die Durchmischung von Erbmaterial durch Stückaustausch zwischen homologen Chromosomen. Während der Prophase I kann es zwischen den Nichtschwesterchromatiden eines homologen Chromosomenpaares zum Bruch von Chromosomenstücken und anschließendem Verheilen über Kreuz kommen **(Crossing-over)**. Bei diesem Vorgang wird genetisches Material zwischen den beiden Nichtschwester-Chromatiden ausgetauscht. Die Überkreuzungspunkte sind später lichtmikroskopisch als so genannte Chiasmata sichtbar. Crossing-over spielt eine bedeutende Rolle bei der formalen Genetik (Kopplungsbruch; → Seite 51).

Abweichungen vom normalen Meiosegeschehen

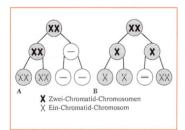

Meiosestörungen können zu veränderten Chromosomenanzahlen führen. Man unterscheidet

♦ **Nondisjunktion während der 1. Reifeteilung** (»A« in der Abbildung unten): fehlende Trennung homologer Chromosomen während der 1. Reifeteilung. Es entstehen Keimzellen mit überzähligem Chromosom und solche mit verminderter Anzahl. Sie können Ursache gravierender Krankheitsbilder sein (Chromosomenanomalien beim Menschen; → Seite 78 ff.).

♦ **Nondisjunktion während der 2. Reifeteilung** (»B«): fehlende Trennung der Schwesterchromatiden mit vergleichbaren Konsequenzen wie oben.

4 Genetik

4.2 Klassische Genetik

4.2.1 Die Mendel'schen Regeln

Gregor Mendel führte im 19. Jahrhundert Kreuzungsversuche mit der Gartenerbse durch. Das Versuchsobjekt erwies sich dabei als besonders geeignet. Die Gartenerbse bietet

- einen **kurzen Generationszyklus,** das heißt bereits nach kurzer Zeit liegen die Nachkommen (Samen) einer Kreuzung vor.
- **hohe Nachkommenzahl,** das heißt es liegt ausreichend großes Zahlenmaterial vor, um die Ergebnisse statistisch abzusichern.
- **zahlreiche, einfach zu unterscheidende Merkmale** wie zum Beispiel Samenfarbe- und Form.
- die Möglichkeit der **Selbstbestäubung,** sodass Reinerbigkeit (Homozygotie) gewährleistet ist.
- die Möglichkeit der **Fremdbestäubung** mit der Folge der Mischerbigkeit (Heterozygotie).

Monohybrider Erbgang

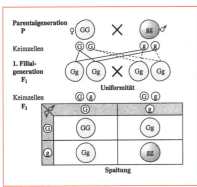

Betrachtet man nur die Vererbung eines Merkmals (Beispiel: Samenfarbe), so lässt dieser Erbgang folgende Regelmäßigkeiten erkennen:

1. Mendel'sche Regel: Kreuzt man zwei Individuen einer Art, die sich in einem Merkmal reinerbig unterscheiden, so sind die Nachkommen in der Tochtergeneration (1. Filialgeneration, F_1) untereinander gleich (Uniformitätsregel). Dabei ist es gleichgültig, welcher der beiden Rassen Vater oder Mutter angehören.

2. Mendel'sche Regel: Kreuzt man die F_1-Individuen untereinander, so spaltet die F_2-Generation im Zahlenverhältnis 3:1 auf (Spaltungsregel).

Dihybrider Erbgang

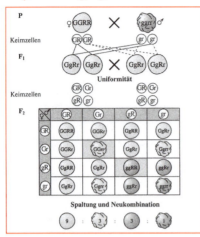

Betrachtet man die Vererbung zweier Merkmale (z. B. Samenfarbe und Samenform), so gelangt man zur

3. Mendel'sche Regel: Kreuzt man Individuen einer Art, die sich in mehreren Merkmalen unterscheiden, so werden die Anlagen getrennt und unabhängig voneinander vererbt. Es gilt also die 1. und 2. Mendel'sche Regel für jedes Merkmal (Unabhängigkeitsregel, Regel von der Neukombination).

Erklärung der Mendel'schen Regeln

Mendel gelang es, die Gesetzmäßigkeiten der Vererbung zu entschlüsseln, da er nicht nur das Auftreten bestimmter Merkmale erfasste, sondern auch deren zahlenmäßige Verteilung. Die Aufspaltung der F_2-Generation im Zahlenverhältnis 3 : 1 lässt sich nur unter folgenden Annahmen erklären:

- Die Anlagen für die Merkmalsausbildung müssen in jedem Individuum doppelt vorliegen. Heute wissen wir, dass es sich bei den Anlagen um die DNA-Abschnitte (Gene) homologer Chromosomen handelt, sie werden als **Allele** bezeichnet. Liegen gleiche Allele eines Gens vor, so spricht man von Homozygotie. Verschiedene Allele eines Gens führen zur Heterozygotie.
- Ein Allel kann das andere Allel in seiner Wirkung auf das äußere Erscheinungsbild (Phänotyp) überdecken, es ist dann dominant. Das überdeckte Allel ist rezessiv. Die Gesamtheit der Erbfaktoren, hier also die Allelkombinationen, bezeichnet man als Genotyp. Dominante Allele werden mit Großbuchstaben versehen. Rezessive Allele erhalten denselben Buchstaben, jedoch kleingeschrieben.
Beispiel: Das für die gelbe Samenfarbe verantwortliche Allel ist dominant (Abkürzung »G«), das Allel für grüne Farbe ist rezessiv (Abkürzung: »g«).
- Dominante Allele werden im homozygoten und im heterozygoten Zustand phänotypisch sichtbar, rezessive Allele nur dann, wenn sie homozygot vorliegen.
Beispiel: Die Genotypen GG und Gg führen zur gelben, der Genotyp gg zur grünen Samenfarbe.

4 Genetik

- Bei der Befruchtung werden die homologen Chromosomen und damit die verschiedenen Allele neu kombiniert. Diese zufällige Neuverteilung der Allele ist auch der Schlüssel zur Erklärung der 3. Mendel'schen Regel. Geht man davon aus, dass die Allele für das eine Merkmal auf dem einen Chromosomenpaar, die Allele für das zweite Merkmal jedoch auf einem anderen Chromosomenpaar liegen, so ergeben sich vier verschiedene Keimzellen, deren Kombination zu den beobachteten 9 verschiedenen Genotypen in der F_2-Generation führt (→ Abbildung bei »Dihybrider Erbgang, Seite 46).

Intermediärer Erbgang

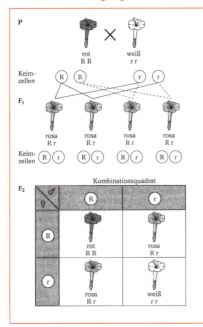

Ist keines der beiden Allele eines Gens dominant, so liegt ein intermediärer Erbgang vor. Die Merkmalsausbildung in der F_1-Generation liegt zwischen der beiden Eltern. Ein klassisches Beispiel dafür ist die Vererbung der Blütenfarbe der Wunderblume. Elternpflanzen mit roter bzw. weißer Blütenfarbe erzeugen F_1-Pflanzen mit rosafarbener Blütenfarbe. Während die F_1-Generation uniform ist, spaltet die F_2-Generation im Geno- und Phänotypenverhältnis von 1:2:1 auf. Typisch für intermediäre Erbgänge ist also die Tatsache, dass Genotyp und Phänotyp stets übereinstimmen.

4.2.2 Drosophila-Genetik

Das Versuchsobjekt

Der amerikanische Biologe Morgan führte mit der Fruchtfliege *Drosophila melanogaster* Kreuzungsexperimente durch, die zu neuen Erkenntnissen in der Genetik führten (X-chromosomale Vererbung, Genkartierung etc.). Die Wahl des Versuchsobjektes erwies sich – ähnlich wie bei Mendel – als ideale Voraussetzung für erfolgreiches Arbeiten. Drosophila zeigt:

- eine kurze Generationsfolge (bei 20 °C dauert der Lebenszyklus vom Befruchten des Eis bis zum Schlüpfen der Fliege 14 Tage)
- hohe Nachkommenzahl mit bis zu 300 Fliegen pro Paar
- einfache Handhabung bei der Zucht und Kontrolle der Merkmale
- zahlreiche, einfach zu unterscheidende Merkmale
- geringe Chromosomenanzahl (2 n = 8)

Drosophila-Schreibweise

Die für Drosophila benutzte Symbolik weicht von der sonst für Erbschemata benutzten ab.

- Die Allele des normalen Phänotyps (**Wildtyp**) werden stets mit dem »+«-Symbol gekennzeichnet,
- die hiervon abweichenden Formen (**Mutanten**) mit den Buchstaben der entsprechenden **englischen Bezeichnungen** (z. B. vg für *vestigial*, Stummelflügel).
- Die **Kleinschreibweise** zeigt an, dass das entsprechende Allel gegenüber dem Wildtypallel rezessiv ist (z. B. vg),
- die **Großschreibweise** bedeutet Dominanz gegenüber dem Wildtypallel. Im Kreuzungsschema wird stets zuerst das Weibchen aufgeführt.

So bedeutet $\frac{vg}{vg} \times \frac{+}{+}$: ein homozygot stummelflügeliges Weibchen wird mit einem homozygot normalflügeligem Männchen gekreuzt.

- Bei Kreuzungen von Mehrfachmutanten mit dem Wildtyp stehen die **Symbole nebeneinander**.
- Bei **durchgezogenem Bruchstrich** liegen die Gene auf demselben Chromosom (gekoppelte Vererbung).

Beispiele:

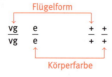

4 Genetik

4.2.3 Rück- oder Testkreuzung

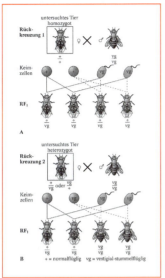

Dominante Allele können homozygot oder heterozygot vorliegen. Phänotypisch ist zwischen beiden Fällen nicht zu unterscheiden. Eine Klärung bringt die Rückkreuzung. Hierbei wird der unbekannte Phänotyp mit einem homozygot rezessiven Elter gekreuzt. Nur bei letzterem ist die Genotypenzuordnung eindeutig:

◆ Zeigt die F_1-Generation bei einer solchen Testkreuzung Uniformität, so lag der zu untersuchende Genotyp homozygot vor.

◆ Bei Aufspaltung der F_1-Generation im Zahlenverhältnis 1:1 musste der unbekannte Genotyp heterozygot vorliegen.

In der Abbildung ist bei Beispiel A das untersuchte Tier homozygot, da sämtliche Fliegen der F_1-Generation das Wildtypaussehen zeigen. Kreuzung B lässt den Schluss zu, dass das untersuchte Tier heterozygot ist, da in der F_1-Generation normalflügelige und stummelflügelige Tiere im Verhältnis 1:1 auftreten.

4.2.4 X-chromosomale Vererbung

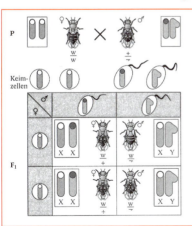

Charakteristisch für diesen Erbgang ist:

◆ Das Gen für das untersuchte Merkmal liegt auf dem X-Chromosom, das Y-Chromosom trägt kein entsprechendes Gen (Symbol: ⇁).

◆ **Hemizygotie**, das heißt rezessive Allele auf dem X-Chromosom werden bei Männchen im Phänotyp stets sichtbar, da ihnen auf dem Y-Chromosom kein entsprechendes Wildtyp-Allel gegenübersteht.

◆ Fehlende **Reziprozität**, das heißt das Kreuzungsergebnis ist abhängig davon, ob das Weibchen oder das Männchen der Parentalgeneration Merkmalsträger ist.

Beispiel: Homozygot, rotäugige Weibchen werden mit weißäugigen Männchen gekreuzt (rot dominiert über weiß). Die F_1-Generation bringt uniform rotäugige Weibchen und Männchen hervor. Der reziproke Ansatz (weißäugige Weibchen und rotäugige Männchen) führt jedoch ausschließlich zu rotäugigen Weibchen und weißäugigen Männchen im Zahlenverhältnis 1:1.

4.2.5 Genkopplung

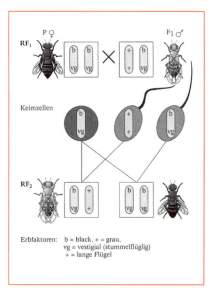

Untersucht man die Vererbung *mehrerer* Merkmale, so lassen sich zwei Fälle unterscheiden:

- Die unterschiedlichen Gene und entsprechenden Merkmale werden unabhängig voneinander nach der 3. Mendel'schen Regel vererbt. Die Gene liegen dann auf verschiedenen Chromosomen und werden daher im Verlauf der Meiose frei kombiniert.

- Die unterschiedlichen Gene werden stets gemeinsam, gekoppelt vererbt. Die verschiedenen Gene müssen folglich auf einem Chromosom *(Kopplungsgruppe)* liegen.

Eine gekoppelte Vererbung erkennt man unter anderem daran, dass die Anzahl unterschiedlicher Phänotypen deutlich geringer ist als bei ungekoppelter Vererbung.

Beispiel: Homozygot rezessive Weibchen (Merkmale: Körperfarbe und Flügelform) werden mit heterozygoten Wildtypmännchen gekreuzt. Bei dieser gekoppelten Vererbung entstehen lediglich zwei unterschiedliche Phänotypen und nicht – wie bei ungekoppelter Vererbung zu erwarten wäre – vier verschiedene Phänotypen.

4.2.6 Kopplungsbruch

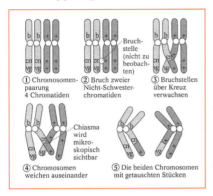

① Chromosomenpaarung 4 Chromatiden
② Bruch zweier Nicht-Schwesterchromatiden
③ Bruchstellen über Kreuz verwachsen
Chiasma wird mikroskopisch sichtbar
④ Chromosomen weichen auseinander
⑤ Die beiden Chromosomen mit getauschten Stücken

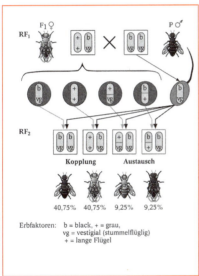

Erbfaktoren: b = black, + = grau,
vg = vestigial (stummelflüglig)
+ = lange Flügel

Liegen verschiedene Gene auf einem Chromosom, so werden sie gemeinsam, gekoppelt vererbt. Durch den Vorgang des **Crossing-over** wird diese Kopplung durchbrochen:

◆ Crossing-over ist ein seltenes Ereignis, das in der Prophase I der Meiose stattfindet.

◆ Von den vier Chromatiden eines homologen Chromosomenpaares sind zwei Nichtschwesterchromatiden am Crossing-over beteiligt.

◆ Liegen beiderseits der Bruchstelle unterschiedliche Gene, so werden diese ausgetauscht (Faktorenaustausch).

◆ Die maximale Austauschhäufigkeit beträgt 50 %, da jeweils nur zwei der vier Chromatiden beteiligt sind.

◆ Crossing-over findet bei Drosophila nur im weiblichen Geschlecht statt.

In Kreuzungsexperimenten ist der Faktorenaustausch daran zu erkennen, dass die entsprechenden Phänotypen prozentual relativ selten auftreten.

Beispiel: Die Vererbung zweier gekoppelter Merkmale wird bei einer Rückkreuzung untersucht. Neben den erwarteten Phänotypen findet man auch zwei relativ seltene Phänotypen, die durch Crossing-over entstanden sein müssen.

> **Allgemeine Vorgehensweise bei der Kreuzungsanalyse**
> **Die folgenden Fragen sind bei Kreuzungsanalysen zu klären:**
>
> 1. **Welche Genwirkung (dominant/rezessiv) liegt vor?**
>   Uniformität der F_1-Generation und gehäuftes Auftreten in der F_2-Generation sprechen für dominante Vererbung.
>
> 2. **Liegt das Gen homozygot oder heterozygot vor?**
>   Die 1:1-Ausspaltung einer Rückkreuzung spricht für heterozygote Allelkombination.
>
> 3. **Liegt das Gen auf einem Autosom oder dem X-Chromosom?**
>   Fehlende Reziprozität spricht für X-chromosomale Vererbung.
>
> 4. **Werden mehrere Gene gekoppelt oder ungekoppelt vererbt?**
>   Eine geringe Phänotypenanzahl deutet auf gekoppelte Vererbung hin.
>
> 5. **Liegt Faktorenaustausch bei gekoppelter Vererbung vor?**
>   Ungleiches prozentuales Auftreten verschiedener Phänotypen bei großen Zahlen spricht für Faktorenaustausch.

4.2.7 Genkartierung

Der **relative Abstand** und die **Reihenfolge** der Gene auf einem Chromosom lassen sich mithilfe der prozentualen Austauschhäufigkeiten bestimmen.

Relativer Abstand

Dieser ergibt sich aus folgender modellhaften Überlegung:
- Crossing-over ist ein Zufallsereignis, das an allen Punkten des Chromosoms gleich häufig erwartet wird.
- Zwischen weit voneinander entfernten Genen ist die Wahrscheinlichkeit für das Auftreten eines Austausches größer als zwischen dicht beieinander liegenden. Je größer die Austauschhäufigkeit, desto größer der relative Abstand. Der relative Abstand wird in **Morgan-Einheiten** (ME) angegeben. Eine Austauschhäufigkeit von 1 % entspricht dabei einem Abstand von 1 ME.

4 Genetik

R_2:	$\frac{b\ cn\ vg}{+\ +\ +} \times \frac{b\ cn\ vg}{b\ cn\ vg}$			
R_2F_1:	Phänotypen		Anzahl	
	+ + +		522	
	b cn vg		361	883 gekoppelt
	+ + vg		25	
	+ cn +		15	
	b + +		32	
	+ cn vg		42	153 nicht gekoppelt
	b + vg		8	
	b cn +		31	

Beispiel: Die Austauschhäufigkeit zwischen den Genen *b* und *cn* wurde mit 9 %, die zwischen *cn* und *vg* mit 9,5 % bestimmt (vergleiche nebenstehendes Auszählungsergebnis). Die Gene *cn* und *vg* sind mit 9,5 ME weiter voneinander entfernt als *b* und *cn*. Die mögliche Reihenfolge der drei Gene kann *b cn vg* oder *vg b cn* lauten.

Dreipunktanalyse

Die Reihenfolge mehrerer Gene auf einem Chromosom lässt sich ebenfalls anhand der Austauschhäufigkeiten durch die Dreipunktanalyse ermitteln. Allgemein gilt: Die Reihenfolge dreier Gene ABC lautet
- ABC, wenn die Austauschhäufigkeit A/C der Summe aus A/B und B/C entspricht.
- CAB, wenn die Austauschhäufigkeit AC der Differenz aus A/B und B/C entspricht.

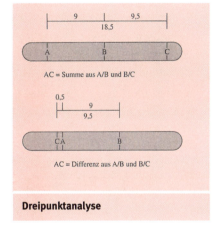

Dreipunktanalyse

Beispiel: Die Austauschhäufigkeit zwischen den Genen *b* und *vg* wurde durch Kreuzungsexperimente mit 17,5 % bestimmt. Die gesuchte Reihenfolge der drei Gene aus obigem Beispiel muss daher folglich *b cn vg* lauten.

Der Aussagewert derartiger, relativer Genkarten ist eingeschränkt: Zwischen weit voneinander entfernten Genorten sind zwei oder mehrere Crossing-over möglich. Durch Doppelaustausch werden zunächst getrennte Gene wieder zusammengeführt. Die Tatsache, dass ein Teil der möglichen Doppelaustausche phänotypisch nicht erkannt werden, führt zu Fehlern bei der Abstandsmessung, das heißt die ermittelten Werte sind zu niedrig. Man umgeht dieses Problem, indem man den Abstand durch Addition kleiner, eng beieinander liegender Gene bestimmt, zwischen denen ein Doppelaustausch unwahrscheinlich ist.

4.3 Molekulare Genetik

4.3.1 DNA als Träger der Erbinformation

Transformationsexperimente

Lange Zeit war man sich über die chemische Natur der Erbinformation im Unklaren. Die Proteine schienen die geeigneten Träger der Erbinformation zu sein. Erst die Experimente von Griffith (1928) und Avery (1944) brachten den Beleg, dass die DNA Träger der Erbinformation ist. Beide Forscher arbeiteten mit zwei verschiedenen Bakterienstämmen:

- **S-Pneumokokken** besitzen eine umhüllende Kapsel, die den Bakterienkolonien eine glatte Oberfläche verleiht (S von *smooth* = glatt). Diese Bakterien verursachen eine tödlich verlaufende Lungenentzündung, sie sind also krankheitserregend (virulent).
- **R-Pneumokokken** fehlt diese Kapsel, sodass die Stämme eine raue Oberfläche besitzen (R von *rough* = rau). Diese Bakterien werden daher von den Enzymen des Wirtes vernichtet. Der R-Stamm ist folglich nicht virulent.

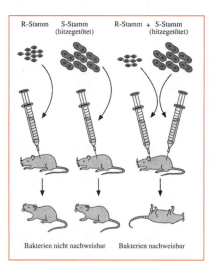

Griffith impfte Mäuse mit einem Gemisch aus hitzeabgetöteten S-Pneumokokken und lebenden R-Pneumokokken. Entgegen den Erwartungen starben die so infizierten Mäuse. Die Information zur Kapselbildung musste also von den toten S-Pneumokokken auf den lebenden R-Stamm übertragen (transformiert) worden sein, sodass sich virulente S-Pneumokokken bildeten.

4 Genetik

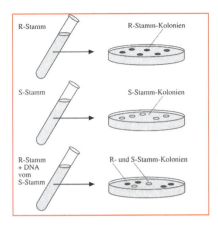

Avery erbrachte dann den eigentlichen Nachweis, dass die DNA diese Transformation verursacht. Aus den abgetöteten S-Pneumokokken wurden die verschiedenen Makromoleküle (Polysaccharide, Proteine und DNA) isoliert. Diese wurden einzeln zu lebenden R-Pneumokokken gegeben. Ausschließlich die isolierte DNA vermochte die Bildung virulenter S-Bakterien zu induzieren.

 Transformation = Übertragung genetischer Information durch isolierte, »nackte« DNA

4.3.2 Die Replikation der DNA

Grundüberlegungen

Die Replikation (Reduplikation) stellt sicher, dass die Tochterzellen nach einer Zellteilung genetisch identisches Erbmaterial besitzen. Mithilfe des DNA-Modells nach Watson und Crick (Aufbau der DNA; → Seite 18) lässt sich der Vorgang vereinfacht darstellen:

- Der DNA-Doppelstrang öffnet sich wie ein Reißverschluss.
- An die beiden freien Stränge lagern sich die neuen Nucleotide mit den komplementären Basen an.
- Es entstehen zwei neue DNA-Doppelstränge, die jeweils zur Hälfte aus einem elterlichen und einem neuen Strang bestehen (**semikonservative Replikation**).

Denkbar wäre jedoch auch ein Mechanismus, bei dem sich der elterliche DNA-Doppelstrang nicht öffnet und ausschließlich als Vorlage für die beiden neuen Doppelstränge dient (**konservative Replikation**).

Meselson und Stahl-Experiment

Dieses klassische Experiment lieferte den Beweis, dass die Replikation tatsächlich semikonservativ erfolgt. Bakterien wurden in einem Nährmedium gezüchtet, das als einzige Stickstoffquelle das Isotop ^{15}N enthält. Hierbei handelt es sich um Stickstoff-Atome, die ein Neutron mehr als üblich enthalten und daher eine größere Masse und Dichte bei sonst gleichem chemischen Verhalten aufweisen. DNA-Moleküle mit ^{15}N lassen sich daher von DNA-Molekülen mit normalem, leichterem Stickstoff (^{14}N) durch eine Dichtegradientenzentrifugation trennen. Die in ^{15}N über mehrere Generationen gezüchteten Bakterien enthielten folglich schweren Stickstoff in beiden DNA-Strängen. Bei der Zentrifugation sedimentierten diese weiter nach unten als die normale ^{14}N-DNA.

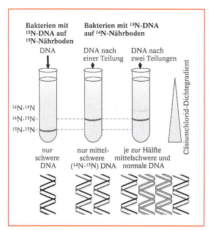

Für die Dauer einer Zellteilung überführten Meselson und Stahl nun die Bakterien in ein Nährmedium mit leichtem Stickstoff. Die replizierte DNA war nun mittelschwer, das heißt die Dichte der Bakterien-DNA lag zwischen der schweren und der leichten DNA. Dieses Ergebnis lässt sich nur mit einer semikonservativen Replikation erklären. Die untersuchte DNA bestand aus einem elterlichen, schweren und einem neusynthetisierten, leichten DNA-Strang. Nach einer erneuten Teilung in leichtem ^{14}N zeigte sich das erwartete Ergebnis einer mittelschweren und einer leichten Bande. Eine konservative Replikation hätte nach einer Teilung zwei getrennte Banden erzeugt, eine leichte und eine schwere.

Zusammenfassung

Ziel der Replikation
genetisch identische Verdopplung des DNA-Doppelstranges

Zeitpunkt
vor jeder Zellteilung (bei Eukaryoten in der S-Phase der Interphase)

Mechanismus
semikonservativ, das heißt die neugebildete DNA-Doppelhelix besteht aus einem elterlichen und einem neusynthetisierten Strang.

4 Genetik

4.3.3 Molekularer Ablauf der Replikation

Komponenten

Für die semikonservative Replikation der DNA werden benötigt:
- ein DNA-Strang als Vorlage (Matrize)
- Nucleosidtriphosphate (ATP, GTP, CTP und TTP) als energiereiche Bausteine für die Bildung des neuen Stranges
- Startermoleküle (Primer), an die die ersten Nucleotide geknüpft werden
- Enzyme mit spezifischer Funktion

Enzym	Funktion
Helicase	Entwindung der DNA
Primase (RNA-Polymerase)	Bildung der Primer
DNA-Polymerase III	heftet in 5' → 3'-Richtung Nucleotide an den Primer
DNA-Polymerase I	entfernt die RNA-Primer und ersetzt sie durch Desoxyribonucleotide
Ligase	schließt die Lücken zwischen benachbarten Nucleotiden

Ablauf

Die Replikation beginnt mit der Entwindung des DNA-Doppelstranges durch die Helicase. Es entsteht die **Replikationsgabel**, an deren beiden Strängen durch die Primase kurze RNA-Startermoleküle gebildet werden. Eine Besonderheit ergibt sich aus der Tatsache, dass die DNA-Polymerase III nur an das 3'-Ende des Primers einzelne Nucleotide binden kann, eine Synthese des neuen DNA-Stranges folglich nur in 5' → 3'-Richtung möglich ist.

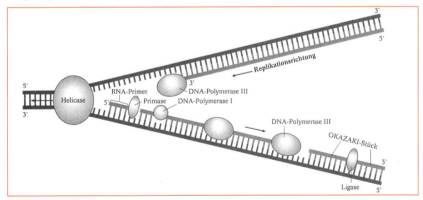

Daher verläuft die Neusynthese nur an einem Strang **kontinuierlich** in Richtung auf die Replikationsgabel zu, am anderen jedoch **diskontinuierlich**. Hier erfolgt die Synthese von der Replikationsgabel weg. Nach ca. 1000 Nucleotiden bricht die Synthese ab und beginnt in der weiter fortschreitenden Gabel von neuem. Auf diese Weise entstehen kurze, so genannten **Okazaki-Fragmente** an einem Strang. Die RNA-Primer, mit denen die Bildung der Okazaki-Fragmente begann, werden nun durch die DNA-Polymerase I entfernt. Die so entstehenden Lücken werden von der Polymerase III wieder geschlossen. Die letzte Verknüpfung der Okazaki-Fragmente erfolgt durch das Enzym Ligase.

4.3.4 Die PCR-Methode

Häufig stehen für DNA-Sequenzanalysen (etwa beim genetischen Fingerabdruck; → Seite 77) nur geringe Mengen genetischen Materials zur Verfügung. Mithilfe der Polymerasekettenreaktion (*polymerase chain reaction*, **PCR**) lassen sich auch kleinste DNA-Proben vervielfältigen. Hierzu benötigt man:
- die zu vervielfältigende DNA
- die vier DNA-Nucleotide
- zwei Primer mit definierter DNA-Sequenz
- die Taq-Polymerase. Hierbei handelt es sich um eine spezielle DNA-Polymerase III, die auch Erhitzung über 94 °C unbeschadet übersteht.

Die PCR-Methode besteht aus Zyklen sich wiederholender Schritte:

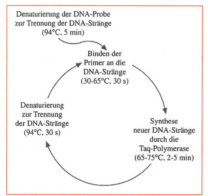

1. **Trennung der Doppelhelix:** Dies wird durch Erwärmung auf 94 °C erreicht. Eine anschließende schnelle Abkühlung auf 65 °C verhindert, dass sich die Einzelstränge erneut zur Doppelhelix zusammenlagern.

2. **Primerbindung:** An die beiden DNA-Stränge lagern sich zwei zuvor synthetisierte DNA-Primer an (DNA-Hybridisierung).

3. **DNA-Synthese:** Bei einer Temperatur von 72 °C (Optimaltemperatur der Taq-Polymerase) erfolgt nun die DNA-Synthese.

Die drei Schritte lassen sich beliebig oft wiederholen, sodass bereits nach 30 Zyklen 250 Millionen Kopien einer DNA-Vorlage entstanden sind.

4 Genetik

4.3.5 Vom Gen zum Phän

Ein-Gen-ein-Enzym-Hypothese

Das Experiment von Beadel und Tatum (1941) zeigt den Zusammenhang zwischen Gen und entsprechendem Phänotyp auf:

Gendefekte bei bestimmten Pilzen führen dazu, dass diese die Aminosäure Arginin nicht mehr selbst bilden können (so genannte Mangelmutanten). Erst durch Zugabe von Arginin bzw. von Vorstufen des Argininstoffwechsels (Citrullin bzw. Ornithin) wachsen diese wieder. Die Forscher isolierten drei verschiedene Typen von Mangelmutanten, die sich in ihrem Gendefekt und ihren Ansprüchen an das Nährmedium unterschieden. So wächst beispielsweise Typ II nur dann, wenn dem Nährboden eine bestimmte Vorstufe (hier: Citrullin) oder aber das Endprodukt Arginin zugesetzt wird. Zugabe der Vorstufe Ornithin führt zu keinem Wachstum.

Charakterisierung der Mutanten:

	Minimalnährboden und		
	Ornithin	Citrullin	Arginin
Typ I	+	+	+
Typ II	–	+	+
Typ III	–	–	+

+ = Wachstum   – = kein Wachstum

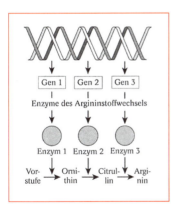

Die Ergebnisse ließen sich nur so deuten, dass bei den drei Mangelmutanten jeweils ein Enzym der Stoffwechselkette zum Arginin ausgefallen ist.

Dieser Zusammenhang zwischen Gen und Enzym wird auch bei angeborenen Stoffwechselkrankheiten des Menschen deutlich. So lassen sich beispielsweise Albinismus und Phenylketonurie (PKU) jeweils auf genetisch bedingte Enzymdefekte im Stoffwechsel der Aminosäure Phenylalanin zurückführen (→ Seite 76).

Ein-Gen-ein-Polypeptid-Hypothese

Enzyme bestehen aus Polypeptiden. Nicht jedes Polypeptid hat jedoch eine Funktion als Enzym. Ein Gendefekt kann also – umfassender und genauer gesagt – zu einem veränderten Polypeptid führen. Man hat daher die Ein-Gen-ein-Enzym-Hypothese zur Ein-Gen-ein-Polypeptid-Hypothese präzisiert.

Beispiel: Die roten Blutkörperchen gesunder Menschen enthalten das Protein Hämoglobin A. Bei der Erbkrankheit Sichelzellenanämie ist dieses Protein verändert, sodass dieses Hämoglobin S weniger Sauerstoff transportieren kann. Die molekulare Ursache liegt in der Veränderung nur einer Base in dem betreffenden Gen (Austausch von Adenin gegen Thymin) begründet.

Dies wiederum führt zu einer veränderten Polypeptidkette des Hämoglobins (Austausch der Aminosäure Glutaminsäure gegen Valin in Position 6) mit den oben beschriebenen Konsequenzen für die Funktion des Proteins.

Aminosäuresequenz von Hämoglobin A und Hämoglobin S (Ausschnitt):

	1. 2. 3. 4. 5. 6. 7.	146
Hämoglobin A	Val-His-Leu-Thr-Pro-Glu-Glu	His
Hämoglobin S	Val-His-Leu-Thr-Pro-Val-Glu	His

Verallgemeinernd lässt sich festhalten

- Jeweils ein Gen ist für die Bildung eines Polypeptides verantwortlich. Hat dieses Polypeptid die Funktion eines Enzyms, so ist ein Gen für ein Enzym verantwortlich.
- Der Ausfall eines Gens durch Veränderung der DNA (Mutation) kann zum Funktionsverlust des entsprechenden Polypeptides führen. Die Folge kann ein veränderter Phänotyp sein.

4 Genetik

4.3.6 Die Proteinbiosynthese

Ablauf und Ort der Proteinbiosynthese

Die Umsetzung und Realisierung der genetischen Information findet in zwei klar getrennten Teilvorgängen statt:
1. **Transkription:** Die in der Basensequenz der DNA enthaltene Information zur Bildung eines Proteins wird zunächst in die Basensequenz einer **mRNA** umgeschrieben (mRNA = *messenger* RNA). Dieser Vorgang findet bei Eukaryoten im Kernplasma statt.
2. **Translation:** Die in der mRNA vorliegende Information wird an den Ribosomen im Cytoplasma in die entsprechende Aminosäuresequenz umgesetzt. Die Vermittlung zwischen der Basensequenz der mRNA und der Polypeptidsequenz erfolgt durch **tRNA**-Moleküle (tRNA = *transfer* RNA).

Der Informationsfluss bei der Proteinbiosynthese lässt sich vereinfacht wie folgt darstellen:

$$\text{DNA} \xrightarrow{\text{Transkription}} \text{mRNA} \xrightarrow{\text{Translation}} \text{Protein}$$

Früher nahm man an, dass die Information ausschließlich in diese Richtung fließen kann (**Dogma der Molekularbiologie**). Heute sind jedoch Viren (Retroviren; → Seite 90) bekannt, die auch in der Lage sind, ihre RNA in DNA umzuschreiben.

DNA und RNA

Die RNA unterscheidet sich in ihrem Bau in zwei Punkten von dem der DNA:
- Ribose-Zucker statt Desoxyribose-Zucker
- Uracil-Base statt Thymin-Base

Die Raumstrukturen von mRNA und tRNA zeigen deutliche Unterschiede zur DNA:
Boten-RNA (mRNA):
- nur ein Polynucleotidstrang
- unterschiedliche Größe, je nach übertragener Information
- bei Eukaryoten am 3'-Ende einige hundert Adenin-Basen (Poly(A)-Schwanz)

Transfer-RNA (tRNA):
- 50 verschiedene tRNA-Moleküle mit jeweils ca. 80–90 Nucleotiden
- charakteristische Kleeblattstruktur (→ Seite 64)

4.3.7 Transkription

Dieser Teilvorgang ähnelt prinzipiell dem bekannten Vorgang der Replikation. Im Folgenden wird die Transkription bei Prokaryoten beschrieben (Eukaryoten; → Seite 66).

Benötigte Komponenten

DNA, RNA-Polymerase, Nucleosidtriphosphate der vier Basen (ATP, GTP, UTP, CTP).

Ablauf

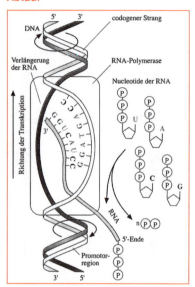

1. Bindung der RNA-Polymerase an einer spezifischen DNA-Sequenz (Promotor).
2. Blasenartige Öffnung der DNA. Die Doppelstränge der DNA liegen nun getrennt vor.
3. RNA-Synthese. Nur einer der beiden Stränge (**codogener Strang**) wird abgelesen, indem die RNA-Polymerase in 5'→3'-Richtung Nucleotide komplementär zur DNA-Sequenz anlagert.
4. Stopp der Synthese. Die neugebildete RNA löst sich von der DNA, während die RNA-Polymerase weiterwandert und dabei immer weiter Nucleotide an das 3'-Ende der mRNA anlagert. Erreicht sie eine bestimmte DNA-Sequenz (Endsignal), so wird der Transkriptionsvorgang abgebrochen.

Damit ist das Ziel, die Überschreibung der spezifischen DNA-Sequenz in eine RNA-Sequenz, erreicht.

4.3.8 Der genetische Code

Der genetische Code ist die in der Basensequenz der DNA verschlüsselt vorliegende Information zur Bildung einer Aminosäuresequenz.

Eigenschaften des genetischen Codes

- Die Abfolge von drei Basen **(Basentriplett, Codon)** stellt die verschlüsselte Einheit zum Einbau genau einer Aminosäure in den Polypeptidstrang dar. Erst bei einem Basentriplett ergibt sich mit 64 (= 4^3) Kombinationsmöglichkeiten eine ausreichende Zahl an Codewörtern für die maximal 20 verschiedenen Aminosäuren.
- Der genetische Code ist **degeneriert**, das heißt es gibt für viele Aminosäuren mehrere verschiedene Codons.
- Der genetische Code ist **kommafrei**, das heißt die Codons schließen lückenlos aneinander.
- Der genetische Code ist prinzipiell **universell**, das heißt er gilt für fast alle Lebewesen (Ausnahme: z. B. DNA von Mitochondrien).

Code-Sonne

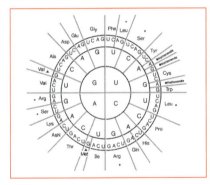

Mithilfe der Code-Sonne lässt sich jedem Basentriplett der mRNA eindeutig eine Aminosäure zuordnen. Die Code-Sonne gibt die Sequenz der mRNA an und wird von innen nach außen gelesen. Mit dem Start-Codon AUG beginnt die Proteinbiosynthese, die Stopp-Codons UAA, UAG und UGA beenden sie.

4.3.9 Translation

Bei diesem Vorgang wird die in der mRNA enthaltene Information in die Aminosäuresequenz der Proteine umgesetzt.

Benötigte Komponenten: mRNA, tRNA, Aminosäuren, Enzyme, Ribosomen

Aufbau der tRNA

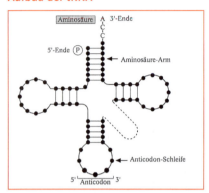

Innerhalb des Moleküls kommt es teilweise zu Basenpaarungen. Die Folge ist eine für jedes tRNA-Molekül typische Raumstruktur. Ihre Sekundärstruktur ist die so genannte **Kleeblattstruktur**. Die tRNA enthält das **Anticodon**. Hiermit werden die drei Basen bezeichnet, die komplementär zu den drei Basen des mRNA-Codons sind. Da über 60 verschiedene Codons bekannt sind, muss es entsprechend viele verschiedene tRNA-Moleküle geben. Die Bindung der spezifischen Aminosäure erfolgt am 3'-Ende des tRNA-Moleküls (Aminosäureanheftungsregion), das stets mit den Basen CCA endet. Die Auswahl der richtigen Aminosäure erfolgt durch die verknüpfenden **Aminoacyl-tRNA-Synthetasen**. Für jede der 20 Aminosäuren gibt es ein solches Enzym, das die richtige tRNA aufgrund ihrer charakteristischen Kleeblattstruktur erkennt.

Aufbau der Ribosomen

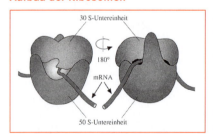

Sie bestehen aus Proteinen und ribosomaler RNA (rRNA) und sind aus zwei Teilen zusammengesetzt, der kleinen und großen Untereinheit. Diese werden durch ihr unterschiedliches Sedimentationsverhalten in der Ultrazentrifuge charakterisiert. Die **Svedberg-Einheit (S)** ist das Maß für die unterschiedliche Sedimentationsgeschwindigkeit. Der S-Wert wird durch die Molekülgestalt mit beeinflusst. Der Gesamtwert ergibt sich folglich nicht zwangsläufig durch Addition der Einzelwerte:

	Ribosom	Große Untereinheit	Kleine Untereinheit
Prokaryot	70 S	50 S	30 S
Eukaryot	80 S	40 S	60 S

4 Genetik

Ablauf der Translation

Die Translation kann in mehrere Abschnitte unterteilt werden:

- **Initiation (Start):** Die kleine Ribosomenuntereinheit lagert sich an eine spezifische Bindungsstelle der mRNA an. Die Start-tRNA, die stets die Aminosäure Methionin trägt, tritt hinzu. Ihr Anticodon UAC ist komplementär zum Startcodon AUG der mRNA. Abschließend kommt die große Ribosomenuntereinheit hinzu.

- **Elongation (Verlängerung):** Das nun zusammengesetzte Ribosom verfügt über zwei tRNA-Bindungsstellen, die man als Eingangs- bzw. Ausgangsposition bezeichnet. Die Ausgangsposition ist zunächst mit der Start-tRNA besetzt. Die danebenliegende Eingangsposition wird mit einer aminosäuretragenden tRNA belegt, deren Anticodon zum entsprechenden mRNA-Codon komplementär ist. Die Aminosäuren beider nebeneinanderliegenden tRNA-Moleküle werden durch das Enzym Peptidyl-Transferase zum Dipeptid verknüpft. Die Bindung zur Start-tRNA wird gelöst. Das neu entstandene Dipeptid ist damit nur noch an der tRNA in der Eingangsposition gebunden. Die leere tRNA der Ausgangsposition kann nun das Ribosom verlassen und erneut im Cytoplasma mit der spezifischen freien Aminosäure beladen werden. Das Ribosom wandert um genau ein Codon weiter. Die Eingangsposition wird dadurch frei und kann mit einer spezifischen tRNA besetzt werden. Es folgen erneute Peptidbindung, Verlagerung des verlängerten Peptids, Freisetzung der leeren tRNA und Weiterrücken des Ribosoms. Das Wiederholen dieser Abfolge führt damit zum gewünschten Polypeptid.

- **Termination (Abbruch):** Wird eines der drei Stop-Codons (UAG, UGA und UAA) erreicht, so wird die Kettenverlängerung augenblicklich unterbrochen. Für diese Codons existieren keine entsprechenden anticodontragenden tRNA-Moleküle. Die Ribosomen zerfallen in ihre beiden Untereinheiten, das gebildete Polypeptid wird freigesetzt.

Häufig findet der Translationsvorgang eines mRNA-Moleküls zeitgleich an mehreren Ribosomen statt, die dann als Polysomen bezeichnet werden. Die Proteinproduktion der Zelle gestaltet sich so effizienter.

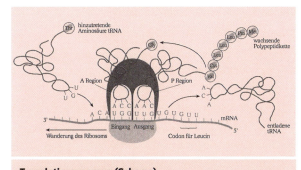

Translationsvorgang (Schema)

4.3.10 Proteinbiosynthese bei Eukaryoten

Die zentralen Abläufe der Proteinbiosynthese stimmen bei Pro- und Eukaryoten überein. Dennoch zeigt die eukaryotische Zelle einige Besonderheiten:

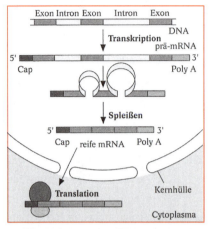

- ◆ **Mosaikartige Zusammensetzung der DNA:** Die eukaryotische DNA besteht aus codierenden Abschnitten **(Exons)** und nicht codierenden Abschnitten **(Introns)**.
- ◆ **Reifung der mRNA:** Nach erfolgter Transkription von Exons und Introns liegt zunächst eine vorläufige RNA vor **(prä-mRNA)**. Diese durchläuft bis zur endgültigen Form einen mehrfachen Umbau: Das 5'-Ende erhält eine besondere Sequenz **(cap-Sequenz)**, die eine Anlagerung an das Ribosom erleichtert. Das 3'-Ende wird mit einer Sequenz aus 100 bis 200 Adeninnucleotiden versehen **(Poly(A)-Sequenz)**, die den schnellen Abbau der mRNA verhindert.
- ◆ **Ausschneiden der Introns:** Die Introns bilden schleifenartige Strukturen und werden anschließend herausgeschnitten **(Spleißen)**.

Die zunächst gestückelte genetische Information liegt nun zusammenhängend vor. Die anschließende Translation verläuft wie bei den Prokaryoten. Lediglich bei der Struktur der Ribosomen zeigen sich Unterschiede (→ Seite 64).

4.3.11 Genmutationen

Veränderungen der Erbinformation (Mutationen; → Seite 198) können auf unterschiedlichen Ebenen erfolgen:
- ◆ **Genommutationen** führen zu Veränderungen der Chromosomenanzahl (→ Seite 79) oder des Chromosomensatzes (→ Seite 208).
- ◆ **Chromosomenmutationen** haben Veränderungen der Chromosomengestalt zur Folge (→ Seite 78).

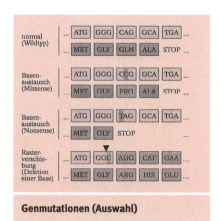

Genmutationen (Auswahl)

4 Genetik

◆ **Gen- oder Punktmutationen** betreffen Veränderungen der Basensequenz:

Mutationstyp:	mögliche Auswirkung:
Substitution (Basenaustausch)	◆ Einbau einer anderen Aminosäure (*missense*-Mutation) ◆ Entstehung eines Stop-Codons (*nonsense*-Mutation) ◆ Einbau der ursprünglichen Aminosäure (neutrale Mutation)
Addition bzw. Deletion (Hinzufügung bzw. Verlust von Basen)	◆ Totale Verschiebung des Leserasters bei der Translation mit veränderter Aminosäuresequenz ◆ Teilweise Verschiebung des Rasters. Folgt auf eine Addition eine Deletion bzw. umgekehrt, so entspricht das Raster danach wieder der normalen Abfolge. Auch dreimalige Addition bzw. Substitution je einer Base führen dazu.

4.3.12 Genregulation

Operon-Modell

Zellen benötigen nur bestimmte Proteine (Enzyme) kontinuierlich, andere werden erst bei Bedarf gebildet. Eine derartige Produktion entspricht dem Grundsatz der Ökonomie. Die Regulation der Enzymneubildung erfolgt dabei auf Transkriptionsebene. **Jacob** und **Monod** entwickelten ein Modell zur Genregulation bei E. coli (Operon-Modell). Es arbeitet mit folgenden Elementen:

◆ **Strukturgene:** Sie enthalten die genetische Information zur Bildung der Enzyme.
◆ **Regulatorgen:** Es enthält die Information zur Bildung eines Repressorproteins.
◆ **Repressor:** Protein, das die Enzymsynthese unterbinden kann
◆ **Operator:** DNA-Abschnitt, an den das Repressorprotein reversibel binden kann
◆ **Promotor:** DNA-Abschnitt, an den die RNA- Polymerase bindet
◆ **Operon:** Oberbegriff für den DNA-Abschnitt aus Promotor, Operator und Strukturgenen

Man unterscheidet zwei Typen der Genregulation: die Substrat- bzw. Enzyminduktion bei aufbauenden und die Endproduktrepression bei abbauenden Stoffwechselvorgängen.

Substratinduktion

Die Enzymbildung wird erst bei Anwesenheit eines bestimmten Substrates (Induktors) ausgelöst. Nach der Modellvorstellung von Jacob und Monod kann das Repressormolekül aktiv oder passiv vorliegen. Bei Abwesenheit des Substrates ist es aktiv und bindet an den Operator. Eine Transkription und somit die Enzymbildung werden verhindert. Bei Anwesenheit des Substrates bindet dieses an das Repressormolekül, sodass dieses seine Gestalt verändert und nicht mehr am Operator binden kann. Die RNA-Polymerase lagert sich an den Promotor und die Enzyme des Substratabbaues werden gebildet.

Beispiel: Lac-Operon. Normalerweise ist Glucose die zentrale Energiequelle für E. coli. Bei Abwesenheit von Glucose kann E. coli auch Lactose (Milchzucker) verwerten. Lactose induziert dann den eigenen Abbau, indem es sich an den Repressor bindet und so die Bildung der lactoseabbauenden Enzyme ermöglicht.

Endproduktrepression

Das Endprodukt eines Stoffwechselweges unterbindet hier die Enzymneusynthese. Nach der entsprechenden Modellvorstellung liegt der Repressor zunächst inaktiv vor. Die Enzyme eines Stoffwechselweges, der zu dem bestimmten Endprodukt führt, werden gebildet. Liegt das Endprodukt im Überschuss vor, so wird die weitere Bildung unterbunden, indem das Endprodukt an den Repressor bindet. Dadurch wird dieser aktiv und unterbindet die weitere Transkription.

Beispiel: Trp-Operon. Die Aminosäure Tryptophan (Trp) wird von E. coli gebildet. Bei genügender hoher Konzentration wirkt Trp als Inhibitor der weiteren Produktion, indem es sich an den Repressor bindet und diesen dadurch in die aktive Form überführt.

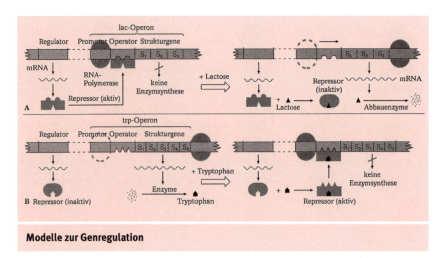

Modelle zur Genregulation

4 Genetik

4.4 Gentechnik

Unter dem Begriff Gentechnik versteht man verschiedene experimentelle Verfahren der Kombination von DNA-Molekülen unterschiedlicher Herkunft.

4.4.1 Werkzeuge der Gentechnik

Restriktionsenzyme

Diese zentralen Werkzeuge der Gentechnik weisen die folgenden Merkmale auf:

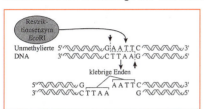

- ◆ Sie spalten den DNA-Doppelstrang (Endonucleasen) und wirken somit wie biochemische Scheren.
- ◆ Sie sind hochspezifisch, das heißt sie schneiden nur an bestimmten Stellen. Die Erkennungssequenz ist in sich spiegelbildlich, das heißt die Basenabfolge des einen DNA-Stranges entspricht der Sequenz des komplementären Stranges in umgekehrter Richtung (**Palindrom**).
- ◆ Sie schneiden – je nach Typ – den DNA-Strang glatt oder aber versetzt durch. Beim versetzten Schneiden ragt an den Schnittstellen jeweils ein kurzes Stück Einzelstrang-DNA heraus. Diese überstehenden Enden haben die Tendenz, sich wieder zusammenzulagern (klebrige Enden, **sticky-ends**).

Mittlerweile verfügt die Gentechnik über eine Vielzahl verschiedener Restriktionsenzyme mit genau definierten Erkennungssequenzen.

Restriktionsenzym	Herkunft	Erkennungssequenz
EcoR I	Escherichia coli RY13	GAATTC
Hind III	Haemophilus influenza	AAGCTT
Hpa II	Haemophilus parainfluenzae	CCGG
Pst I	Providencia stuartii	CTGCAG

Vektoren

Soll Fremd-DNA in einen Organismus eingeschleust werden, so bedient man sich so genannter Vectoren (Genfähren).

Häufig verwendet man hierzu Plasmide (→ Seite 20). Nach erfolgtem Einbau der Fremd-DNA in die relativ kleine Plasmid-DNA kann das neukombinierte Plasmid leicht in das Bakterium integriert werden und sich dort vermehren.

Daneben benutzt man Viren als Vectoren. Das Fremdgen wird in ein wirtsspezifisches Virus eingebaut. Bei der Infektion wird die Fremd-DNA in die Zelle eingeschleust und dann gegebenenfalls in die Wirts-DNA eingebaut.

Gensonden

Hierbei handelt es sich um kurze, einsträngige DNA- oder RNA-Abschnitte, die durch Farbstoffe oder Radioaktivität markiert sind. Ihre Basensequenz ist bekannt. Gensonden dienen dem Auffinden und der Identifizierung von DNA-Sequenzen:

Mischt man die Sonde mit der Probe einer einsträngigen DNA, so kommt es zwischen komplementären Basen beider Stränge zur Paarung (**Hybridisierung**). Nachdem man überschüssige Sondenmoleküle und nicht markierte DNA ausgewaschen hat, erfolgt der Nachweis der hybridisierten DNA, z. B. über Autoradiografie. Hierbei zeigt ein Röntgenfilm die gebundenen, radioaktiven Gensonden über eine Schwärzung des Films an.

4.4.2 Genklonierung

Unter einem Klon versteht man eine Population genetisch identischer Individuen bzw. Zellen. Bei der Genklonierung verfolgt man das Ziel, zahlreiche Kopien eines bestimmten DNA-Abschnittes zu erhalten. Das Verfahren der Genklonierung soll am Beispiel eines Plasmid-Vectors erläutert werden. Es umfasst drei wesentliche Schritte:

1. Rekombination von Fremd-DNA und Vector-DNA

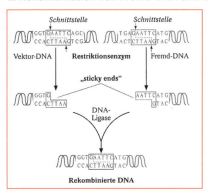

Die zu klonierende Fremd-DNA und der Vector werden mit dem gleichen Restriktionsenzym behandelt. Es entsteht ein Gemisch von DNA-Stücken mit klebrigen Enden. Durch zufällige Paarungen zwischen den klebrigen Enden verschiedener DNA-Fragmente entsteht das rekombinierte Plasmid. Zugabe des Enzyms Ligase führt zur festen Verknüpfung beider Abschnitte.

2. Einschleusen der Plasmide in die Bakterien

3. Selektion der rekombinierten DNA

Nicht jedes Plasmid enthält das gewünschte Fremd-Gen. So entstehen beispielsweise auch Bakterien ohne oder mit unverändertem Plasmid. Um das gesuchte Plasmid zu identifizieren, wurde ein Vector mit zwei Markern gewählt: Diese Marker sind für die Resistenz der Bakterien gegenüber den beiden Antibiotika Ampicillin und Tetracyclin verantwortlich. Das benutzte Restriktionsenzym schneidet nun genau im Bereich des Ampicillin-Resistenzgens. Wird in die entstehende Lücke das Fremdgen eingebaut, so

4 Genetik

entsteht ein Plasmid ohne Ampicillinresistenz, jedoch mit Tetracyclinresistenz. Überträgt man die entsprechenden Bakterien auf einen Nährboden mit Tetracyclin, so wachsen dort nur Bakterienkolonien, die ein Plasmid enthalten. Überträgt man das gleiche Koloniemuster mit einem Samtstempel auf einen Nährboden mit Tetracyclin und Ampicillin, so wachsen dort die Bakterien nicht, die das zerstörte Ampicillin-Gen enthalten (und somit die gesuchte DNA). Aus dem Vergleich beider Koloniemuster lassen sich die gesuchten Bakterienkolonien identifizieren. Sie werden isoliert und vermehrt.

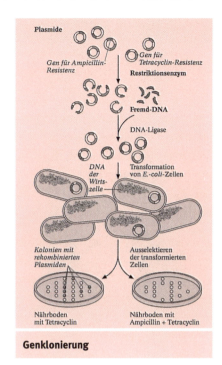

Genklonierung

4.4.3 Anwendung der Gentechnik bei Pflanze und Tier

Transgene Organismen: Hierunter versteht man Lebewesen, deren Genom durch Fremd-DNA verändert wurde. Bakterien, die das menschliche Insulin-Gen enthalten und Human-Insulin produzieren, sind ein Beispiel für derartige transgene Organismen.

Transgene Tiere: Der Transfer eukaryotischer DNA in das Genom von Säugetieren kann mithilfe der Mikroinjektion erfolgen. Kopien des gewünschten Gens werden dabei über eine feine Kanüle in den Kern einer befruchteten Eizelle injiziert. Nach Integration des Fremd-Gens entwickelt sich die veränderte Zygote zum transgenen Tier.

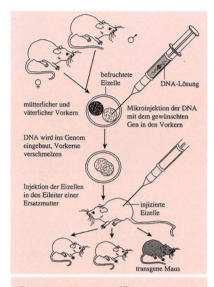

Erzeugung transgener Tiere

Transgene Pflanzen: Für den Gentransfer bei Pflanzen nutzt man unter anderem das *Agrobakterium tumefaciens*. Dieses Bakterium erzeugt bei Pflanzen Tumore. Verantwortlich ist eine so genannte T-DNA (transferierte DNA), die auf einem Plasmid liegt und bei Befall durch das Bakterium in das pflanzliche Chromosom eingebaut wird. Man nutzt dieses System des Gentransfers z. B. für den gezielten Einbau von Genen, die Herbizidresistenz bewirken. Nachdem aus dem Plasmid die tumorerzeugenden Gene entfernt wurden, baut man das Resistenzgen ein und infiziert die Pflanze mit dem so veränderten Bakterium. Nach erfolgreichem Einbau des Plasmids in das Pflanzenchromosom kultiviert man die Pflanzen auf herbizidhaltigem Nährboden und erhält anschließend die transgene Pflanze. Inzwischen hat man zahlreiche transgene Pflanzen (Kartoffel, Weizen, Salat und Äpfel) hergestellt. Sie bringen höhere Erträge, sind besser haltbar und resistent gegen Viren und schädliche Insekten.

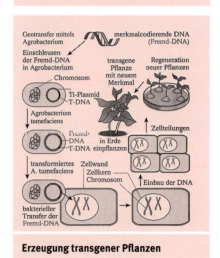

Erzeugung transgener Pflanzen

4.5 Humangenetik

Die Humangenetik verfolgt das Ziel, die Gesetzmäßigkeiten der Vererbung beim Menschen zu klären. Sie untersucht die Vererbung unter verschiedenen Aspekten:
- DNA und ihre Veränderungen
- Chromosomen und Chromosomenaberrationen
- direkte Genprodukte (Enzyme) und phänotypisch sichtbare Merkmale

Sie bedient sich dabei unterschiedlicher Methoden. Neben traditionellen Verfahren (z. B. Stammbaumanalyse) sind dies heute vor allem biochemisch-cytologische und moderne molekulargenetische Methoden.

4.5.1 Stammbaumanalysen

Stammbaumanalysen gehören zu den gängigen Themen im Abitur. Sie bieten sich deshalb besonders an, da hier einerseits formalgenetisches, analytisches Denken gefordert wird und andererseits zahlreiche Verknüpfungsmöglichkeiten zu anderen Teilgebieten der Biologie bestehen (Stoffwechsel, molekulare Genetik, genetische Beratung).

Ziel der Stammbaumanalyse ist die Genotypenzuordnung bei gegebenen Phänotypen. Damit kann dann beispielsweise im Rahmen einer genetischen Beratung (→ Seite 81) eine Risikoabschätzung für das Auftreten einer Krankheit vorgenommen werden.

Für die Stammbaumanalyse kommen nur Merkmale in Betracht, die von einem Gen abhängig (monogen) sind.
Es werden die folgenden Symbole verwendet:

□ = Mann, ○ = Frau,

■, ● = Merkmalsträger/Merkmalsträgerin

Beispiel: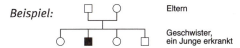
Eltern
Geschwister, ein Junge erkrankt

Allgemeine Vorgehensweise

Stets gilt es zwei prinzipielle Fragen zu beantworten:
1. **Welche Wirkung zeigt das untersuchte Gen (dominant, rezessiv)?**
2. **Auf welchem Chromosom liegt das Gen (Autosom oder Gonosom)?** Bei gonosomaler Vererbung ist zu bedenken, dass das Y-Chromosom des Mannes genarm ist und fast alle relevanten Gene auf dem X-Chromosom liegen. Statt von gonosomaler spricht man daher genauer von X-chromosomaler Vererbung.

Folgende Indizien können die Beantwortung obiger Fragen erleichtern.

◆ **Dominante Erbgänge:** Typisch ist das gehäufte Auftreten des Merkmals zumeist in jeder Generation.

◆ **Rezessive Erbgänge:** Das Merkmal tritt relativ selten auf. Wird dabei eine Generation übersprungen, das heißt erscheint das Merkmal erst wieder in der übernächsten Generation, so ist dies ein eindeutiger Beweis für Rezessivität. Gleiches gilt für den Fall, dass zwei Personen, die keine Merkmalsträger sind, ein Kind haben, das Merkmalsträger ist.

◆ **Autosomale Erbgänge:** Zwischen dem Auftreten des Merkmals und dem jeweiligen Geschlecht besteht keine Beziehung, das heißt das Merkmal tritt statistisch gesehen gleich häufig bei Männern und Frauen auf.

◆ **X-chromosomale Erbgänge:** Das untersuchte Merkmal tritt gehäuft bzw. ausschließlich nur im männlichen Geschlecht auf.

Anhand dieser Hinweise kann eine erste, vorläufige Entscheidung getroffen werden. Sie wird überprüft, indem den Phänotypen zunächst die eindeutigen Genotypen zugeordnet werden. Anschließend gibt man die Genotypen an, bei denen mehrere Möglichkeiten bestehen. Zweckmäßigerweise beginnt man nicht in der Ausgangsgeneration, sondern in der zuletzt aufgeführten Generation. Eine eindeutige Stammbaumanalyse erfolgt jedoch erst durch den Beweis, das alternative Lösungsansätze zu Widersprüchen führen.

1. Beispiel

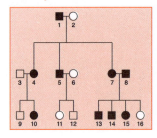

Auffälligkeiten: Das Merkmal tritt in jeder Generation und zugleich relativ häufig auf (9 von 16 Personen). 5 Männer und 4 Frauen sind betroffen. Dies lässt die Vermutung eines dominant-autosomalen Erbganges zu.

Untere Grafik: *Mögliche und sichere Genotypen*
A = dominantes Allel der Merkmalsträger
a = rezessives Allel nicht Betroffener

Kommentar:
Die Genotypenzuordnung erfolgt widerspruchsfrei. Bei rezessiver Vererbung könnte Person 16 nicht Merkmalsträger sein, bei X-chromosomaler Vererbung wäre Person 5 nicht Merkmalsträger.

4 Genetik

2. Beispiel

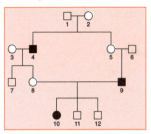

Hinweis: Die Personen Nr. 3 und Nr. 6 stammen aus Familien, in denen das untersuchte Merkmal nie zuvor aufgetreten war.

Auffälligkeiten: Das Merkmal tritt relativ selten auf (3 von 12 Personen); aus der Beziehung zweier nicht betroffener Personen (5 + 6) geht ein Merkmalsträger (9) hervor. Es muss sich folglich um einen rezessiven Erbgang handeln. Das Merkmal tritt bei zwei Männern und einer Frau auf. Ein *rezessiv-autosomaler Erbgang* wäre denkbar.

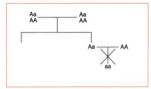

Grafik links: *Mögliche und sichere Genotypen:*
A = dominantes Allel nicht Betroffener
a = rezessives Allel der Merkmalsträger

Kommentar: Es ergibt sich ein Widerspruch. Person 5 muss heterozygot, Person 6 homozygot dominant sein (vergleiche Hinweis zu Person 6), dann kann Person 9 aber nicht Merkmalsträger sein.

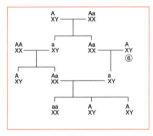

Die chromosomale Zuordnung ist falsch, es muss also ein X-chromosomaler Erbgang vorliegen.

⇒ untere Grafik links: sichere Genotypen bei rezessiv X-chromosomaler Vererbung.

Stammbaumanalysen zeigen in der Praxis jedoch deutliche Einschränkungen:
- Die Aussagen sind nicht immer eindeutig zu treffen. In obigem Beispiel wäre ohne die genaue Kenntnis des Genotyps von Person 6 auch ein autosomal rezessiver Erbgang möglich.
- Um gesicherte Aussagen zu unbekannten Erbleiden oder Merkmalen zu treffen, benötigt man ausreichend großes und gesichertes Zahlenmaterial.

Autosomal dominante Erbkrankheiten

- **Marfan-Syndrom** (1 : 100 000); Symptome: Überlange Finger, Augapfelveränderungen und Herzklappenfehler. Ein Gendefekt führt hier zu einer Vielzahl von veränderten Merkmalen. Dies bezeichnet man als **Polyphänie**.
- **Chorea Huntington**, »Veitstanz« (1 : 20 000); Symptome: Gedächtnisschwund, unkontrollierte Bewegung, Sprachstörung. Diese Störungen treten im Alter von 30 bis 40 Jahren auf. Die Schwere der Krankheit ist von Fall zu Fall verschieden, sie

zeigt variable Ausprägung (**Expressivität**). Jeder Genträger erkrankt jedoch mit 100 %iger Sicherheit. Die Krankheit zeigt also vollständige »Durchschlagskraft« (**Penetranz**).
- **Kurzfingrigkeit** (1 : 200 000)
- **Zwergwuchs** (1 : 50 000)
- **Vielfingrigkeit** (1 : 2000)

Autosomal rezessive Erbkrankheiten
- **Albinismus** (1 : 40 000)
- **Galactosämie** (1 : 20 000); Enzymdefekt, der zu Leberschäden und geistiger Behinderung führt.
- **Mucoviszidose** oder **Cystische Fibrose** (1 : 2000); Symptome: Zähflüssiger Schleim, der die Drüsen in den Atem- und Verdauungswegen verstopft. Molekulare Ursache: Die Zellmembran der Schleimhautzellen zeigt eine gestörte Chlorid-Ionen-Durchlässigkeit. Der Schleim enthält weniger Salz und kann damit weniger Wasser binden, er wird zähflüssiger.
- **Phenylketonurie**, PKU (1 : 10 000); Symptom: geistige Behinderung; Molekulare Ursache: Ein Enzymdefekt führt zur Anhäufung der essentiellen Aminosäure Phenylalanin. Störungen der Nervenzellfunktion sind die Folge. Durch eine genau dosierte, phenylalaninarme Diät kann die Ausprägung der PKU verhindert werden.
- **Sichelzellenanämie**

X-chromosomal dominante Erbkrankheiten
- **Vitamin-D-resistente Rachitis**
- **Glucose-6-Phosphat-Dehydrogenase-Defekt**
- **Oro-facio-digitales Syndrom** (1 : 80 000); Verwachsungen im Mund und Rachenbereich

X-chromosomal rezessive Erbkrankheiten
- **Bluterkrankheit (Hämophylie A und B)**; eingeschränkte Blutgerinnung infolge des Fehlens eines Gerinnungsfaktors
- **Rot-Grün-Blindheit**

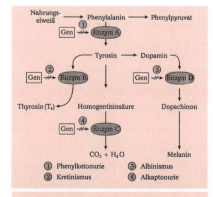

Enzymdefekte und deren Folgen

4 Genetik

4.5.2 Vererbung von Blutgruppen

Blutgruppen stellen sichere Merkmale mit vollständiger Expressivität dar. Sie werden daher bei Vaterschaftsgutachten als Beweismittel zugelassen. Es gibt viele verschiedene Blutgruppensysteme. Die wichtigsten sind:

AB0-System

Blutgruppe (Phänotyp)	Genotyp der Körperzelle	Genotyp der Keimzellen	Kombinationsmöglichkeiten
A	AA A0	A A und 0	
B	BB B0	B B und 0	♀\♂ A B 0 A: AA AB A0 B: AB BB B0 0: A0 B0 00
AB	AB	A und B	
0	00	0	

Vier Blutgruppen (A, B, AB und 0) werden unterschieden. Ihre Vererbung weist einige Besonderheiten auf:

◆ Das für die Blutgruppen verantwortliche Gen besitzt drei verschiedene Allele A, B und 0. Eine solche Situation, bei der pro Gen mehr als zwei Allele existieren, bezeichnet man als **multiple Allelie**.

◆ Die Allele A und B sind jeweils dominant über 0. Im heterozygoten Zustand kommen beide Allele zum Ausdruck, sie bilden den Phänotyp AB. Die Allele A und B sind zueinander **codominant**.

Rhesus-System

Dieses bei Rhesusaffen erstmals entdeckte Blutgruppensystem hat einen monogen, dominant-rezessiven Erbgang. Man unterscheidet:
◆ Rhesuspositive Menschen (Rh+). Sie besitzen als mögliche Genotypen DD oder Dd.
◆ Resusnegative Menschen (Rh–). Sie sind stets homozygot dd.

4.5.3 Genetischer Fingerabdruck

Dieses molekulargenetische Verfahren wird in der Kriminalistik und bei Vaterschaftsnachweisen angewandt. Der Vergleich charakteristischer DNA-Bandenmuster erlaubt eindeutige Aussagen zur möglichen Täterschaft bzw. Vaterschaft.

Grundprinzip

Menschliche DNA enthält Exons und Introns (→ Seite 66). Mutationen im Bereich von Introns sind für den Träger ohne Bedeutung, da die Introns während der Proteinbiosynthese entfernt werden. Durch Mutationen im Bereich von Introns kommt es im Laufe der Zeit zu erheblichen Sequenzunterschieden (**Polymorphismen**) im Genom verschiedener Individuen. Restriktionsenzyme (→ Seite 69) sind in der Lage, DNA zu zerschneiden. Sie sind spezifisch für bestimmte DNA-Sequenzen und schneiden nur dort. Die Sequenzpolymorphismen betreffen auch Schnittstellen der Restriktionsenzyme. Schneidet man DNA verschiedener Individuen mit dem gleichen Restriktionsenzym, so unterscheiden sich die entstehenden DNA-Fragmente in ihrer Länge. Dieser **Restriktions-Fragmentlängen-Polymorphismus (RFLP)** ist die Grundlage des genetischen Fingerabdrucks. Die Fragmente werden durch Gelelektrophorese getrennt und mittels aufwendiger Techniken sichtbar gemacht. Es entsteht ein für jeden Menschen typisches Bandenmuster.

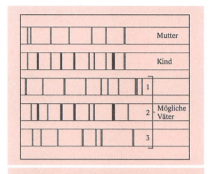

DNA-Bandenvergleich.
Der Vergleich beweist, dass Nr. 2 der leibliche Vater sein muss.

4.5.4 Chromosomenanomalien

Man unterscheidet zwei Typen:
- Veränderungen der Chromosomengestalt (**strukturelle Aberrationen**) und
- Veränderungen der Chromosomenanzahl (**nummerische Aberrationen**).

Beide Formen gehen häufig mit schweren Krankheitsbildern einher, die im Rahmen der pränatalen Diagnostik erkannt werden können. Die Wiedergabe bestimmter Chromosomenanomalien, die Abschätzung des Auftrittsrisikos am Fallbeispiel einer genetischen Beratung bildet daher ein potentielles Abiturthema.

Strukturelle Aberrationen
Ursache hierfür ist ein Crossing-over
- innerhalb eines Chromosoms (**Deletion** bzw. **Inversion**).
- zwischen nicht homologen Abschnitten homologer Chromosomen (**Deletion** bzw. **Duplikation**).
- zwischen nicht homologen Chromosomen (**Translokation**).

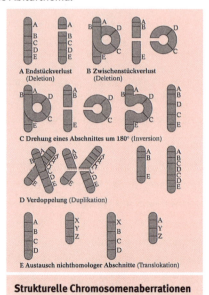

Strukturelle Chromosomenaberrationen

4 Genetik

Typ	Beispiel / Kommentar
Deletion = Verlust eines Chromosomenabschnittes	**Katzenschreisyndrom** (Deletion am 5. Chromosom); Symptome: geistige und körperliche Unterentwicklung, katzenähnlicher Schrei des Säuglings;
	Prader-Willi-Syndrom (Deletion am 15. Chromosom väterlicher Herkunft); Symptome: Muskelschwäche, Minderwuchs;
	Angelmann-Syndrom (Deletion wie beim PWS-Syndrom, jedoch ist hier das Allel mütterlicher Herkunft betroffen); Symptome: geistige Behinderung, Minderwuchs. Die unterschiedliche Ausprägung von Allelen in Abhängigkeit von väterlicher oder mütterlicher Herkunft nennt man genomische Prägung.
Inversion = Drehung eines Chromosomenabschnittes um 180°	Normalerweise keine Auswirkung, da sich nur die Reihenfolge, nicht aber die Menge genetischen Materials geändert hat (balancierter Zustand).
Duplikation = Verdopplung eines Chromosomenabschnittes	Wichtiger Vorgang für die Evolution, da Mutationen im duplizierten Gen zur Neubildung von Genen führen können.
Translokation = Austausch von Chromosomenabschnitten zwischen nicht homologen Chromosomen	**Robertson'sche Translokation** (Fusion von Chromosom 21 mit Chromosom Nr. 14 oder Nr. 15 unter Verlust kurzer, nicht bedeutsamer Abschnitte); Symptome: Betroffene sind phänotypisch normal, da die Menge an relevantem genetischen Material sich nicht geändert hat (balancierte Translokation). Die Robertson'sche Translokation führt bei den Kindern betroffener Eltern zu einer erblichen Form der Trisomie 21, sofern Keimzellen mit transloziertem und normalem Chromosom Nr. 21 gebildet werden und diese zur Befruchtung mit normalen Keimzellen gelangen.

Nummerische Chromosomenaberrationen

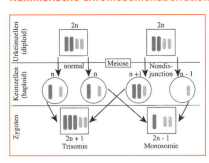

Ursache für diese Form der Anomalie ist:

♦ **Nondisjunction während der 1. Reifeteilung der Meiose** (fehlende Trennung homologer Chromosomen) und/oder

♦ **Nondisjunction während der 2. Reifeteilung der Meiose** (fehlende Trennung der Schwester-Chromatiden).

Es entstehen Keimzellen mit überzähligen bzw. fehlenden Chromosomen. Nach Verschmelzung mit normalen Keimzellen weist der Chromosomensatz dann ein Chromosom zuwenig (**Monosomie**) bzw. ein Chromosom zuviel auf (**Trisomie**). Je nachdem, welches Chromosom betroffen ist, unterscheidet man autosomale von gonosomalen Aberrationen:

Autosomale Aberration

Name	Symptome
Pätau-Syndrom (Trisomie 13)	Missbildung von Schädel, Herz und Nieren; mittlere Lebenserwartung < 1 Monat
Edwards-Syndrom (Trisomie 18)	Missbildung des Schädels, Herzfehler; mittlere Lebenserwartung < 2 Monate
Down-Syndrom (Trisomie 21)	Minderwuchs, Kopfdeformation, oft Herzfehler; mittlere Lebenserwartung 15 Jahre; häufigste Trisomie

Gonosomale Aberration

Name	Symptome
Turner-Syndrom (45, X0)	Kleinwuchs, Unfruchtbarkeit; phänotypisch weiblich
Klinefelter-Syndrom (47, XXY)	überdurchschnittliche Größe, Unfruchtbarkeit; phänotypisch männlich
Triple-X-Syndrom (47, XXX)	meist unauffällig
45, Y0	nicht lebensfähig
Diplo-Y-Syndrom (47, XYY)	Hochwuchs, klinisch unauffällig

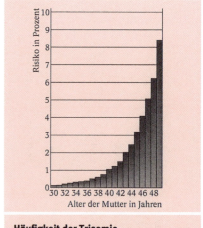

Entstehung gonosomaler Aberrationen

Häufigkeit der Trisomie

4 Genetik

4.5.5 Genetische Beratung

Die Aufgabe einer genetischen Beratungsstelle besteht darin, Personen mit Kinderwunsch über mögliche, genetische Risiken zu informieren. Es gelten folgende Grundsätze:
1. Die Beratung einschließlich der vorgeburtlichen (pränatalen) Diagnostik muss freiwillig sein.
2. Vor Anwendung der Diagnostik ist eine Beratung zwingend erforderlich.
3. Die Entscheidung über Abbruch oder Fortsetzung einer Schwangerschaft bei krankhaftem Befund treffen allein die Ratsuchenden.

Indikation
Eine Beratung ist angezeigt, wenn
- einer der Ratsuchenden von einer Erbkrankheit betroffen ist.
- in der Familie eines Ratsuchenden ein von einer Erbkrankheit Betroffener vorkommt.
- gesunde Eltern ein betroffenes Kind haben.
- ein erhöhtes Alter der Eltern gegeben ist.
- Verwandtenehen vorliegen.
- schädliche Umwelteinflüsse vor oder während der Schwangerschaft eingetreten sind.

Diagnostik
Neben den klassischen Verfahren der Stammbaumanalyse spielt die pränatale Diagnostik eine zentrale Rolle. Zunächst wird mit **nicht invasiven** Methoden (Ultraschall, mütterliche Blutentnahme) begonnen. Im mütterlichen Blut lassen sich Stoffwechselprodukte des Fötus identifizieren, die Rückschlüsse auf krankhafte Veränderung erlauben. Die invasiven Methoden erlauben Aussagen zu Stoffwechsel- oder Chromosomenstörungen des Kindes.

Risikoabschätzung
Mithilfe von Stammbaumanalysen lassen sich erste Risikoabschätzungen vornehmen.

Beispiel: Eine phänotypisch gesunde Frau besucht eine Beratungsstelle. Ihr Mann ist an einem rezessiven Leiden erkrankt (aa). In der Familie der Frau war der Urgroßvater erkrankt.
Wenn man annimmt, dass gesunde Personen ohne erkrankte Vorfahren homozygot sind (AA), dann war der Großvater mit Sicherheit heterozygot (Aa). Die Mutter ist folglich mit 50%iger Wahrscheinlichkeit Übertragerin (Aa). Mit gleich hoher Wahrschein-

lichkeit geht aus der Ehe mit ihrem Mann ein erkranktes Kind hervor. Die Gesamtwahrscheinlichkeit für die Erkrankung des Kindes ergibt sich mathematisch durch Multiplikation der Einzelwahrscheinlichkeiten:

$$p = \frac{1}{2} \cdot \frac{1}{2} = \frac{1}{4}$$

Durch den **Heterozygotentest** lassen sich bei einigen rezessiven Erbkrankheiten auf biochemischem Wege die heterozygoten Träger (Aa) direkt identifizieren. Die nachweisbare Menge am Genprodukt (Enzym) ist bei ihnen nur halb so groß wie bei homozygoten (AA).

Durch verfeinerte gentechnische Methoden ist heute auch bei einigen Erbleiden eine direkte **Genotypendiagnostik** auf molekularer Ebene möglich.

Eine letze Sicherheit vermittelt häufig die pränatale Diagnostik. Diese wird jedoch nur dann angewandt, wenn das Fehlgeburtsrisiko infolge des Eingriffs deutlich niedriger ist als das statistisch zu erwartende Erkrankungsrisiko (etwa bei hohem Alter der Mutter).

- **Chorionzottenbiopsie**
  Technik der Zellgewinnung: Gewebsentnahme durch Scheide und Muttermund; Zellen von Ausstülpungen der äußeren Embryonalhülle (Chorion)
  Zeitpunkt der Untersuchung: ca. 10. Schwangerschaftswoche
  Fehlgeburtsrate: ca. 3 %
- **Amniozentese** (Fruchtwasserpunktion)
  Technik der Zellgewinnung: Punktion durch die Bauchdecke in die Fruchtblase, Entnahme fetaler Zellen
  Zeitpunkt der Untersuchung: ca. 16. Schwangerschaftswoche
  Fehlgeburtsrate: ca. 0,5 % – 1 %
- **Nabelschnurpunktion**
  Technik der Zellgewinnung: Fetales Blut wird durch Punktion der Nabelschnur entnommen
  Zeitpunkt der Untersuchung: ca. 20. Schwangerschaftswoche
  Fehlgeburtsrate: ca. 0,5 % – 1 %

4 Genetik

4.6 Immunbiologie

4.6.1 Überblick

Lebewesen werden ständig von krankheitserregenden Viren, Bakterien, Pilzen und sonstigen Fremdsubstanzen bedroht. **Niedere Organismen** wehren sich im wesentlichen durch bestimmte körpereigene Fresszellen (Makrophagen). Diese erkennen die eingedrungenen Fremdkörper, nehmen sie in ihr Plasma auf (Phagozytose) und zersetzen sie enzymatisch. **Höhere Organismen** verfügen darüber hinaus über ein differenziertes Abwehrsystem, das Immunsystem. Die Gesamtheit seiner Reaktionen wird als Immunantwort bezeichnet. Hierbei wird zwischen einer **unspezifischen**, nicht auf einen bestimmten Erreger zielenden Antwort und einer **spezifischen** Antwort unterschieden.

Zu den **unspezifischen Immunreaktionen** gehören:
- Phagozytose
- physikalische und chemische Hindernisse
  (z. B. Haut, Säureschutzmantel, Magensäure)
- Fieber
- verschiedene chemische Substanzen wie Enzyme und Botenstoffe
  (z. B. Lysozym, Interferon, Komplementsystem)

Bei der **spezifischen Immunität** besteht ein Schutz gegen die auslösende Substanz erst dann, wenn sich der Organismus mit ihm auseinandergesetzt hat (**erworbene Immunität**). Sie zeichnet sich durch ihre Vielfältigkeit, ihre Spezifität gegenüber dem Erreger sowie durch ihr Gedächtnis aus. Die spezifische Immunität wird von bestimmten weißen Blutkörperchen (B- und T-Lymphozyten) und verschiedenen Hilfszellen vermittelt. Es werden zwei Formen unterschieden:

- **Humorale Immunantwort:** Diese richtet sich gegen Krankheitserreger, die in die Körperflüssigkeiten Blut und Lymphe vorgedrungen sind (*humor* lat.: Flüssigkeit). Sie wird vor allem von antikörperproduzierenden B-Lymphozyten geleistet.
- **Zelluläre Immunantwort:** Sie wird von T-Lymphozyten geleistet und dient der Abwehr von virusinfizierten Zellen, Tumorzellen, Transplantaten und Fremdgewebe.

4.6.2 Antigene und Antikörper

- **Antigen:** Substanz, die in der Lage ist, eine spezifische, gegen sie gerichtete Immunreaktion auszulösen.
- **Epitop (antigene Determinante):** kleine Region des Antigenmoleküls, die als fremd erkannt wird und an die Antikörper spezifisch binden.

- **Antikörper (Immunglobulin):** vom Körper produziertes Protein, das spezifisch an das Epitop des Antigens bindet. Antikörper sind überwiegend frei im Blutplasma gelöst oder an die Oberfläche von Lymphozyten gebunden.

Antikörperstruktur

Grundstruktur jedes Antikörpermoleküls ist ein aus 4 Proteinketten zusammengesetztes Molekül mit Y-förmiger Gestalt. Es besteht aus:

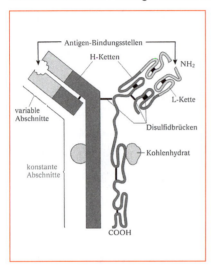

- zwei identischen, schweren (heavy) **H-Ketten** und zwei identischen, leichten (light) **L-Ketten**. Ihr Zusammenhalt erfolgt über Disulfidbrücken.
- **variablen Abschnitten** (V-Domäne), an denen die jeweilige Antigenbindung erfolgt und
- **konstanten Abschnitten** (C-Domäne), die für die sonstige biologische Funktion des Antikörpers (Bindung an Zelloberflächen, Durchdringen der Plazentaschranke) verantwortlich sind. Die verschiedenen Antikörperklassen unterscheiden sich nur in der C-Domäne.

Antigen-Antikörper-Reaktion

Treffen Antigen und spezifischer Antikörper aufeinander, so kommt es zwischen diesen im Bereich des variablen Antikörperabschnittes zur Ausbildung von intermolekularen Bindungen. Ein Antikörper kann mit seinen beiden Antigenbindungsstellen dabei auch zwei gleichartige Antigene binden. Die so entstehenden, netzartigen Strukturen werden leicht von Fresszellen erkannt, phagozytiert und damit unschädlich gemacht.

Antikörperklassen

Es werden fünf verschiedene Antikörperklassen mit folgenden Strukturmerkmalen unterschieden:
- Unterschiede in den konstanten Abschnitten der H-Ketten. Sie bewirken unterschiedliche biologische Funktionen.
- Übereinstimmende variable Regionen und somit gleiche Epitop-Spezifitäten.

Dabei ruft jedes Epitop die Bildung aller fünf Antikörperklassen jedoch in unterschiedlichem Mengenverhältnis hervor.

4 Genetik

Antikörperklasse/Eigenschaft und Gestalt	
IgG	◆ häufigster Antikörper (80 %) ◆ vermag als einziger die Plazentaschranke zu überwinden und so eine «Leihimmunität» der Mutter auf den Fetus zu übertragen ◆ Y-Gestalt
IgM	◆ zuerst gebildeter Antikörper ◆ einziger, vom Fetus ab der 5. SSW selbst produzierter Antikörper ◆ fünf Y-förmige Moleküle sind im konstanten Bereich verbunden
IgA	◆ Vorkommen in Schleim, Speichel, Tränen und Darmsekret ◆ Abwehr von Viren und Bakterien ◆ zwei Y-förmige Moleküle sind im konstanten Bereich verbunden
IgD	◆ Funktion unbekannt ◆ Y-Gestalt
IgE	◆ allergische Reaktion ◆ Parasitenabwehr ◆ Y-Gestalt

Genetische Grundlage der Antikörpervielfalt

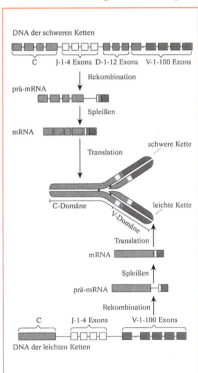

Der Vielzahl möglicher Antigene entspricht die Antikörpervielfalt. Verantwortlich hierfür ist unter anderem die **Neukombination der DNA während der Antikörperbildung:** Für den variablen Bereich der schweren H-Kette sind drei verschiedene Genabschnitte verantwortlich:

V-Abschnitt (v = *variabel*) mit 100 Exons, D-Abschnitt (d = *diversitiy*) mit 12 Exons und J-Abschnitt (j = *joining*) mit 4 Exons. Sie werden bei der Reifung des B-Lymphozyten neu kombiniert, sodass zufallsgemäß ein V-Abschnitt auf ein D- und ein J-Abschnitt folgt. Dies geschieht durch Herausschneiden zwischenliegender Bereiche. Beim Reifen der prä-mRNA wird dem V-D-J-Abschnitt noch der C-Abschnitt angeheftet. Anschließendes Spleißen führt zur mRNA. Die leichte L-Kette entsteht nach dem selben Prinzip. Es fehlt lediglich der D-Abschnitt.

4.6.3 Zellen des Immunsystems

Überblick

Aus undifferenzierten Vorläuferzellen des Knochenmarks werden die zwei zentralen Zelltypen des Immunsystems gebildet:

1. **Unspezifische Zellen:** Granulozyten und Monozyten (im Blut), Mastzellen und Makrophagen (im Gewebe). Monozyten und Makrophagen enthalten Inhaltsstoffe, die Makromoleküle spalten können. Mastzellen enthalten unter anderem Histamin, das die allergische Reaktion mitverursacht.
2. **Spezifische Zellen:** B-Lymphozyten und T-Lymphozyten.

Entwicklung von B- und T-Lymphozyten

1. **Reifung der Lymphozyten:** Sie erfolgt in den primären lymphatischen Organen (Thymusdrüse hinter dem Brustbein für T-Lymphozyten, Knochenmark für B-Lymphozyten).
2. **Aktivierung nach Antigenkontakt:** Gereifte, ruhende Lymphozyten wandern in die sekundären lymphatischen Organe (Lymphknoten, Milz, Mandeln, Blinddarm) ein. Hier erfolgt **klonale Selektion**: Nur die Zellen gelangen zur Vermehrung, die auf ihrer Oberfläche die zum Antigen entsprechenden, spezifischen Rezeptoren besitzen.

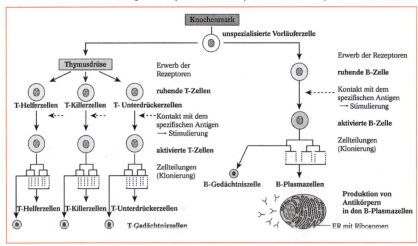

B-Lymphozyten

Aus Vorläufer-B-Zellen wird durch V-, D-, J-, und C- Rekombination während der Reifung eine enorme Vielfalt von ruhenden B-Zellen mit unterschiedlicher Antigenspezifität gebildet. Nach Antigenkontakt erfolgt die Differenzierung zur antikörperproduzierenden Plasmazelle. Ihre Lebensdauer beträgt nur 3 bis 5 Tage. In dieser Zeit

4 Genetik

produzieren sie jede Sekunde mehrere Tausend spezifische Antikörper. Gleichzeitig bilden sich **B-Gedächtniszellen**.

T-Lymphozyten

Während der Fetalzeit bzw. kurz nach der Geburt wandern Vorläuferzellen aus dem Knochenmark in den Thymus ein. Dort reifen sie und erhalten bestimmte Oberflächenmarker mit antikörperähnlicher Struktur (T-Zell-Rezeptoren, TCR). Antigenkontakt löst auch hier die Klonbildung verschiedener T-Zellen aus:

- **T-Helferzellen** senden besondere Botenstoffe, die Cytokine aus, die für die Aktivierung der Immunantwort unverzichtbar sind.
- **T-Killerzellen** bewirken die enzymatische Zerstörung der Zellmembran.
- **T-Unterdrückerzellen** wirken hemmend auf die T-Lymphozytenbildung.
- **T-Gedächtniszellen** speichern das Muster der Antigene und lösen bei einer Zweitinfektion eine schnelle Immunantwort aus.

4.6.4 Die Immunantwort

Zelluläre Immunantwort

Im Folgenden wird die Abwehr und Zerstörung einer virusinfizierten Zelle beschrieben:
- Phagozytose eingedrungener Viren durch Makrophagen
- Virenbestandteile werden als **antigene Determinanten** auf der Zelloberfläche präsentiert. Auch virusinfizierte Körperzellen zeigen derartige antigene Determinanten.
- T-Helferzellen binden mit ihren passenden Rezeptoren an diesen Komplex. Sie beginnen sich zu teilen und senden Cytokine aus.
- Aktivierung der spezifischen T-Killerzelle, T-Unterdrückerzelle und T-Gedächtniszelle. Die Killerzelle beginnt sich zu teilen und zerstört die eingedrungenen Viren. Unterdrückerzellen beenden die Bildung der Killerzellen.

Humorale Immunantwort

Diese Immunabwehr dient hauptsächlich zur Abwehr von Bakterien, zirkulierenden Viren, Bakterientoxinen, Pilzen und Einzellern. Die humorale Abwehr mittels Antikörper setzt erst einige Tage nach der Infektion ein:
- Ruhende B-Lymphozyten phagozytieren eingedrungene Viren.
- Virenbestandteile werden als antigene Determinanten präsentiert.
- T-Helferzellen binden an die präsentierten Antigene und senden die Botenstoffe aus.
- Aktivierung der B-Lymphozyten. Der B-Lymphozyt beginnt sich zu teilen. Es entstehen ein Klon von Plasmazellen sowie einzelne B-Gedächtniszellen. Plasmazel-

len bilden spezifische Antikörper. Treffen diese Antikörper auf Antigene, so bewirken sie eine Verklumpung der antigentragenden Zellen (**Agglutination**). Diese Komplexe werden dann von phagozytierenden Zellen beseitigt.

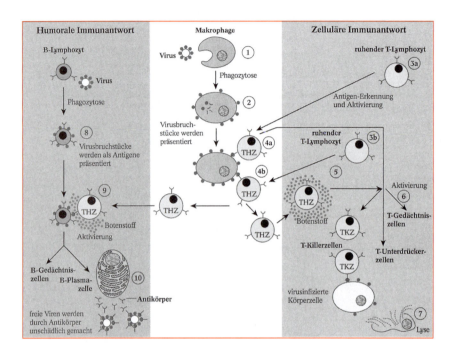

4.6.5 Das Komplementsystem

Dieses System ist eine Komponente der unspezifischen, humoralen Immunabwehr. Es besteht aus 9 Enzymen (C1 bis C9), die in inaktivierter Form im Blut und der Lymphe vorkommen. Es wird ähnlich wie das Blutgerinnungssystem über eine kaskadenartige Reaktion aktiviert und löst dann die Zerstörung der Zellmembran der Zielzelle aus.

Komplementaktivierung

Die Aktivierung kann auf zwei Arten erfolgen.

◆ **Klassischer Weg der Aktivierung:** Dieser Weg setzt eine spezifische Immunreaktion voraus und verstärkt sie dann. Die Komponente C1 wird an den Antigen-Antikörper-Komplex eines Immunglobulins gebunden. Dieser Komplex bewirkt die Aktivierung des folgenden Komplexes (C4), der nun die Komponente C2 aktiviert bis zur Aktivierung von C3. Der weitere Ablauf endet in einem Komplex (C5, C6, C7, C8, C9), der als Membranangriffskomplex bzw. lytischer Komplex bezeichnet wird. Er ist für die

4 Genetik

Löcher in der Membran angegriffener Zellen verantwortlich, wodurch der Zelltod herbeigeführt wird.
- **Alternativer Weg der Aktivierung:** Die Aktivierung erfolgt durch Kontakt mit Membranproteinen von Pilzen, Bakterien und anderen Erregern. Unter Umgehung der Komponenten C1, C4, C2 wird hier direkt C3 aktiviert. Von C3 an entspricht die Reaktionsfolge der des klassischen Weges. Das alternative System ist besonders in der Frühphase von Infektionen, das heißt vor Ausbildung der spezifischen Immunreaktion, von Bedeutung.

Einzelne Bestandteile des Komplementsystems zeigen weitere biologische Aktivitäten. Sie können unter anderem an die Oberfläche von Erregern binden und dann die Phagozytose durch Makrophagen und Granulozyten fördern. Bestimmte Proteine des Komplementsystems sorgen dafür, dass Immunkomplexe aus dem Kreislaufsystem entfernt werden. Gemeinsam mit den roten Blutkörperchen werden sie von der Leber und Milz abgebaut. Ohne diesen Abbau rufen die Immunkomplexe schwere Erkrankungen hervor.

4.6.6 MHC-Antigene

Dies sind zelleigene Antigene, die unter anderem für die Unterscheidung des Körpers zwischen eigenem und fremdem Gewebe verantwortlich sind. Sie spielen daher bei der Transplantationsabstoßung eine zentrale Rolle *(MHC = major histocompatibility complex)*. Daneben sind sie an der Regulation der Immunantwort beteiligt.

MHC-Klassen

MHC-Antigene sind meist Glycoproteine, die in der Zelloberfläche verankert sind und aus zwei Polypeptidketten bestehen. Sie werden durch einen Genkomplex codiert, der beim Menschen auf Chromosom Nr. 6 lokalisiert ist. Die Gene zeigen eine extreme Vielgestaltigkeit (**Polymorphismus**), sodass jeder Mensch sein individuelles MHC-Antigen-Muster besitzt. MHC-Gene werden in drei Klassen unterteilt:
- **MHC-Gene der Klasse I:** Die entsprechenden Antigene stimulieren T-Killerzellen und lösen so eine Abstoßungsreaktion aus. T-Killerzellen können Fremdantigene (etwa Viruspartikel) auf organismuseigenen Zellen nur dann erkennen, wenn sie zusammen mit einem MHC-I Transplantationsantigen präsentiert werden.
- **MHC-Gene der Klasse II:** Dieser Komplex funktioniert als Erkennungssignal bei der Zusammenarbeit zwischen antigenpräsentierenden Zellen und T-Helferzellen.
- **MHC-Gene der Klasse III:** Der resultierende Antigenkomplex ist Bestandteil des Komplementsystems.

MHC	Funktion	Vorkommen
Klasse I	Unterscheidung von »fremd« und »selbst« (Transplantatabwehr) Regulation der Immunantwort	alle kernhaltigen Zellen Thrombozyten
Klasse II	Regulation der Immunantwort	Makrophagen, B-Zellen und bestimmte T-Zellen
Klasse III	Faktoren des Komplementsystems	

4.6.7 AIDS

Hierbei handelt es sich um eine Infektionskrankheit, bei der das Immunsystem geschwächt wird. (*Acquired Immune Deficiency Syndrome*). Die Sterblichkeitsrate bei Ausbruch der Erkrankung beträgt derzeit 100 %. Erreger ist das HI-Virus (*Human Immunodeficiency Virus*).

Struktur des Virus

Das kugelförmige Virus ist von einer Lipid-Doppelschicht umgeben, in die knopfartige Glycoproteine eingelagert sind. Eine innere, aus Protein bestehende Virushülle umschließt den Viruskern. Er enthält zwei RNA-Moleküle sowie verschiedene Enzyme. Das Virus gehört zu den **Retroviren**. Diese können mithilfe des Enzyms **Reverse Transkriptase** ihre RNA in DNA umschreiben.

Vermehrung des Virus

- **Infektion:** Die Virusübertragung erfolgt durch Körpersekrete (Sperma, Vaginalsekret), Blut und Blutprodukte. Im Organismus sind Makrophagen und T-Helferzellen die wesentlichen Zielzellen der Infektion. Makrophagen phagozytieren die Viren, ohne sie jedoch zu zerstören. Das HI-Virus vermehrt sich dort und erscheint an der Zelloberfläche. T-Helferzellen tragen an ihrer Oberfläche einen Rezeptor (CD 4-Molekül), der sich mit dem Hüllprotein des Virus verbindet und das Eindringen in die Zelle ermöglicht. Nach erfolgtem Kontakt verschmelzen Zellmembran und Virushülle, sodass die einsträngige Virus-RNA frei wird.

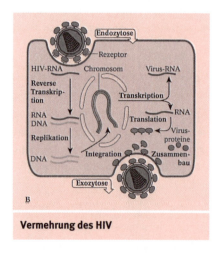

Vermehrung des HIV

4 Genetik

- **Einbau:** Mithilfe der Reversen Transkriptase wird von der einsträngigen RNA eine DNA-Kopie erstellt. Es folgen Replikation und Einbau des viralen DNA-Doppelstranges in die Wirts-DNA.
- **Latenzphase:** Als DNA-Provirus in das Zellgenom integriert, kann die Infektion jahrelang latent bleiben. Der Patient ist klinisch gesund, aber als Virusüberträger potentielle Infektionsquelle.
- **Aktivierung:** Die Reaktivierung des Provirus führt zur Virusvermehrung. Mit seiner Freisetzung gehen die infizierten T-Helferzellen zugrunde. Deren Ausfall verhindert die Aktivierung der B-Lymphozyten und T-Killerzellen. Das Immunsystem ist außer Kraft gesetzt.

Krankheitsverlauf

Vereinfacht lässt sich der Krankheitsverlauf in vier Phasen unterteilen:
1. **Akute HIV-Infektion:** Etwa zwei bis vier Wochen nach der Infektion zeigt der Patient grippeähnliche Symptome. Danach fühlt er sich über Jahre hinweg gesund, obwohl er das Virus in sich trägt. Der Virennachweis über entsprechende Antikörper (HIV-Test) fällt positiv aus.
2. **Klinische Latenzphase:** Nach bis zu 10 Jahren kommt es zur kontinuierlichen Abnahme der T-Lymphozyten und zur Ausbildung des Lymphadenopathie-Syndroms (LAS) mit Schwellung der Lymphknoten, Fieber und Pilzinfektionen der Mundhöhle.
3. **Der AIDS-Related-Complex** (ARC) ist mit einer Vielfalt an Symptomen wie Nachtschweiß, Fieberschüben, Durchfällen, Gewichtsverlust verbunden. Die Zahl der T-Helferzellen liegt unter 400/ml Blut (normal: 1 000/ml Blut).
4. **Das AIDS-Vollbild** ist durch das Auftreten von Sekundärinfektionen mit opportunistischen Keimen gekennzeichnet. Dies sind Erreger, die nur bei einem defekten Immunsystem auftreten können. Sie führen zu bestimmten Tumoren (z. B. dem Hauttumor Kaposi-Sarkom) und neurologischen Komplikationen.

5 Fortpflanzung und Entwicklung

5.1 Tod und Fortpflanzung

Auch der Tod ist ein Kennzeichen des Lebendigen. Die Lebensdauer aller Lebewesen ist begrenzt. Für Einzeller, die sich durch Zweiteilung fortpflanzen, wird oft eine potentielle Unsterblichkeit angenommen, da jeweils die Hälfte des ursprünglichen Organismus inklusive der gesamten Erbinformation in den Tochterzellen weiterlebt. Es hat sich jedoch gezeigt, dass auch solche Teilungsvorgänge nicht unbegrenzt wiederholbar sind. Zudem können widrige Umwelteinflüsse, Fressfeinde oder Unfälle zum Tod eines Individuums führen. Vielzeller altern und sterben spätestens bei Erreichen ihrer potentiellen Altersgrenze.

Dem Tod steht auf der anderen Seite die Fähigkeit zur Fortpflanzung, also zur Erzeugung von Nachkommen, als Kennzeichen des Lebendigen gegenüber. **Fortpflanzung** ist in der Regel mit Vermehrung, das heißt einer Zunahme der Individuenzahl, verbunden. Ziel einer jeden Fortpflanzung ist der Erhalt und die Vervielfältigung des genetischen Materials eines Individuums und damit die Sicherung des Überlebens der jeweiligen Art.

Damit Fortpflanzung ablaufen kann, müssen zwei Vorbedingungen erfüllt sein:
1. Im Individuum muss genetische Substanz vorhanden sein, die sich identisch replizieren kann.
2. Das Lebewesen muss über Stoffwechsel und Energiehaushalt verfügen, damit die für die Fortpflanzung benötigten Stoffe sowie Energie bereitgestellt werden können. Unter Umständen, wie etwa bei Parasiten oder Viren, kann jedoch auch ganz oder in Teilen auf den Stoffwechsel eines Wirtes zurückgegriffen werden.

5.2 Ungeschlechtliche Fortpflanzung

Die ungeschlechtliche (asexuelle, vegetative) Fortpflanzung kann auch als »natürliches Klonen« (→ Seite 112) bezeichnet werden.
- **Ziel:** Bildung von zwei oder mehr genetisch identischen Zellen/Individuen
- **Ausgangszelle:** in der Regel diploide Körperzelle(n) eines Ausgangsorganismus bzw. bei Einzellern deren einzige Körperzelle
- **Auslöser:** Ausgangsorganismus erreicht eine bestimmte Größe oder ein bestimmtes Alter; bestimmte Umweltbedingungen (z. B. Veränderungen im Nährstoffangebot, bestimmte Tageslänge oder Temperatur); usw.

5 Fortpflanzung und Entwicklung

- **Ablauf:** mitotische Zellteilung (→ Seite 42)
- **Ergebnis:** Tochterindividuen mit demselben Chromosomenbestand und unter Umständen demselben plasmatischen Erbgut wie das Lebewesen, von dem sie abstammen

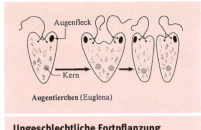

Ungeschlechtliche Fortpflanzung z. B.: Zweiteilung beim Augentierchen

- **Formen**
  - einfache Zweiteilung (Einzeller)
  - multiple Zellteilung (Vielfachteilung z. B. bei Plasmodium, dem Malaria-Erreger)
  - Sprossung (Hefepilze)
  - Knospung (Algen, Pilze, Schwämme, Hohltiere und andere niedere Tiere)
  - Sporenbildung (Algen, Pilze, Moose, Farne)
  - vegetative Fortpflanzung bei Pflanzen (z. B. Knollen der Kartoffel)
  - Polyembryonie (z. B. Gürteltiere, Schlupfwespe, eineiige Mehrlinge des Menschen)
- **Vorteile:** Bei günstigen Umweltbedingungen ist die rasche Erzeugung einer großen Zahl erbgleicher Nachkommen möglich; in der Land- und Forstwirtschaft garantiert dies Sortenkonstanz.
- **Nachteile:** Geringe Variabilität der Nachkommen kann bei veränderten Umweltgegebenheiten zu einer drastischen und raschen Dezimierung der Individuenzahl einer Art führen.

5.3 Geschlechtliche Fortpflanzung

Ablaufübersicht

Geschlechtliche (sexuelle) Fortpflanzung erfolgt über die Vereinigung zweier unterschiedlicher **Keimzellen (Gameten)** zu einer **Zygote**. Keimzellen besitzen jeweils einen haploiden (einfachen) Chromosomensatz. Die Zygote weist demnach wieder den diploiden (doppelten) Chromosomensatz regulärer Körperzellen auf. Aus der Zygote geht durch vielfache mitotische Teilungen ein neues Individuum hervor.

Der Ablauf der geschlechtlichen Fortpflanzung beinhaltet die Abschnitte Keimzellenbildung, unter Umständen Begattung, Besamung, Befruchtung, Keimesentwicklung, Geschlechtsbestimmung des neuen Individuums, Jugendentwicklung und die Keimzellenbildung durch das neue Individuum.

Keimzellen (Gameten)

Sie werden speziell für die geschlechtliche Fortpflanzung gebildet. Jedes Lebewesen bildet zwei Typen von Keimzellen, die meist als weibliche und männliche Keimzellen bezeichnet werden. Sie unterscheiden sich stets physiologisch, allerdings nicht immer anatomisch. Man unterscheidet drei Keimzellsysteme:

- **Isogamie:** Bei Grünalgen und Pilzen. Beide Keimzelltypen sind gleich groß und beweglich.
- **Anisogamie:** Bei Grünalgen. Beide Keimzelltypen sind beweglich, von gleicher Gestalt aber unterschiedlicher Größe.
- **Oogamie:** Bei mehrzelligen Tieren und höheren Pflanzen. Die weibliche Keimzelle (Eizelle) ist groß, plasmareich und unbeweglich. Die männliche Keimzelle (Spermium) ist klein, plasmaarm und beweglich.

Die Eizellen vieler Tierarten enthalten **Dotter,** der unter anderem aus Fett, Eiweiß und Kohlenhydraten besteht. Er bildet die Ernährungsgrundlage für den Embryo. Man unterscheidet (→ Abbildung Seite 98):

- **isolecithale Eier** (Eizellen mit wenig und gleichmäßig verteiltem Dotter)
- **telolecithale Eier** (Eizellen, die mäßig bis sehr dotterreich sind und deren Dotter an einem Pol der Eizelle konzentriert ist)
- **centrolecithale Eier** (Eizellen mit einer Konzentration des Dotters im Inneren).

Die Spermien haben eine artspezifische Form und Größe. Meist bestehen sie aus einem ovalen Kopf, in dem sich der Kern befindet, aus einem Hals, einem Mittelstück, das Mitochondrien enthält, und einem langen, beweglichen Schwanz.

Keimzellenbildung

Bei fast allen vielzelligen Tieren und beim Menschen entstehen die Keimzellen aus einer **diploiden Urkeimzelle**. Die Entwicklung dieser Urkeimzelle verläuft bereits ab der ersten Teilung der Zygote separat von der regulärer Körperzellen (**Keimbahnhypothese**).

Sie lässt sich prinzipiell in drei Phasen unterteilen:

1. **Vermehrungsphase:** Durch Mitosen entstehen aus der Urkeimzelle viele **Oogonien** (Ureizellen) bzw. **Spermatogonien** (Ursamenzellen).

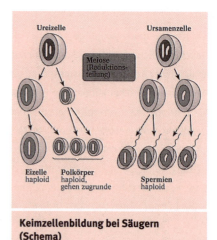

Keimzellenbildung bei Säugern (Schema)

5 Fortpflanzung und Entwicklung

2. **Wachstumsphase:** Die Oogonien wachsen zu noch immer diploiden **Oocyten 1. Ordnung** (Eimutterzellen) heran, die Spermatogonien zu diploiden **Spermatocyten 1. Ordnung** (Spermienmutterzellen).
3. **Reifungsphase:** Aus der Oocyte gehen im Zuge der Meiose (→ Seite 42) eine große **haploide Eizelle** und drei absterbende Polkörper (Richtungskörper) hervor. Aus der Spermatocyte entstehen vier haploide Spermatiden, die in einem komplizierten Differenzierungsprozess zu **Spermien** heranreifen.

Die Eizellenbildung erfolgt in den Eierstöcken (weibliche Keimdrüsen), die Spermienentwicklung in den Hoden (männliche Keimdrüsen). **Zwitter** besitzen weibliche und männliche Geschlechtsorgane.

Begattung, Besamung, Befruchtung

Bei im Wasser lebenden Tieren können im Verlauf der Paarung der Geschlechtspartner Samenzellen wie auch Eizellen ins Wasser abgegeben werden und so zueinander gelangen. Die Besamung, das Eindringen des Spermiums in die Eizelle, erfolgt hier außerhalb des mütterlichen Körpers (**äußere Besamung**). Bei der **inneren Besamung** bleiben die Eizellen im mütterlichen Tier und werden dort besamt. Der Besamung geht hier eine **Begattung** (Kopulation) voraus, eine körperliche Vereinigung der Geschlechtspartner. In der Regel sind spezielle, artspezifische Begattungsorgane ausgebildet. Vorteile der inneren Besamung sind:

- Samen- und Eizellen treffen sich mit höherer Wahrscheinlichkeit als bei der äußeren Besamung. Daher ist die benötigte Keimzellenmenge deutlich geringer.
- Die Synchronisation der Geschlechtspartner hinsichtlich der Bereitstellung reifer Keimzellen muss nicht mit letzter Genauigkeit erfolgen. Samenzellen überleben im mütterlichen Organismus einige Tage. Sie können ein erst später reifendes Ei auch dann besamen, wenn der männliche Geschlechtspartner nicht mehr anwesend ist.
- Wasser ist als Transportmedium für Ei- und Samenzelle nicht mehr notwendig. Damit ist eine erfolgreiche Besiedlung des Landes durch Tiere möglich geworden.

Der Besamung folgt die **Befruchtung**, die Verschmelzung der haploiden Kerne von Ei- und Samenzelle zum diploiden Kern der Zygote.

Geschlechtliche Fortpflanzung bei Pflanzen

Pflanzen haben keine Keimbahn. Bei Samenpflanzen entstehen die Eizellen in den Samenanlagen. Die männlichen Keimzellen, die reifen Pollenkörner, entwickeln sich in den Pollensäcken der Staubbeutel. Sie bestehen aus zwei bis drei haploiden Zellen. Ein bis zwei dieser Zellen dienen als eigentliche Keimzellen.

Bei **Bedecktsamern** (z. B. Blütenpflanzen) bezeichnet man die Übertragung des Pollens auf die Narbe, bei **Nacktsamern** (z. B. Nadelhölzer) die Übertragung direkt auf die Samenanlage als **Bestäubung**. Sie kann innerhalb einer zwittrigen Blüte (Selbstbestäubung) oder zwischen verschiedenen Blüten (Fremdbestäubung) durch Wasser, Wind oder Tiere (z. B. Bienen) erfolgen. Bei Bedecktsamern entwickelt sich nach der Bestäubung aus jedem Pollenkorn ein Pollenschlauch, der das Narben- und Griffelgewebe bis zur Samenanlage durchdringt. Im Pollenschlauch wandern die beiden haploiden Spermakerne des Pollenkorns zur Samenanlage. Einer der beiden Kerne verschmilzt mit der Eizelle zur Zygote, der zweite mit dem diploiden sekundären Embryosackkern zum triploiden Endospermkern (**doppelte Befruchtung**). Aus Endospermkern und Plasma des Embryosacks entwickelt sich das Endosperm, das Nährgewebe für den Embryo. Bei Nacktsamern liegt **einfache Befruchtung** vor.

Vorteile der geschlechtlichen Fortpflanzung
Durch Rekombination wird schon in der Meiose eine Neukombination des Erbgutes erreicht (→ Seite 44). Bei der Befruchtung kommt das Erbgut des Geschlechtspartners hinzu. Die Neuzusammenstellung des Erbgutes auf mehreren Ebenen führt zu einer großen geno- wie phänotypischen Vielfalt und damit zu evolutiven Vorteilen.

Parthenogenese (Jungfernzeugung, eingeschlechtliche Vermehrung)
Das Entwicklungsprogramm einer Eizelle kann unter Umsänden auch in Gang gesetzt werden, ohne dass eine Befruchtung erfolgt ist. Die unbefruchtete Eizelle entwickelt sich dann zu einem vollständigen Individuum. Bei vielen Tierarten tritt eine solche Parthenogenese regelmäßig auf (z. B. Wasserflöhe, Blattläuse, Bienen), bei anderen ist sie eine seltene Ausnahme bzw. fehlt sie möglicherweise ganz (Säugetiere). Auch bei einigen Pflanzenarten findet man sie (z. B. Nachtschatten). Ihr Vorteil: Bei günstigen Umweltbedingungen ist ohne aufwendige Partnersuche und Paarung die rasche Erzeugung einer großen Nachkommenzahl möglich. Ihr Nachteil: Die geno- wie phänotypische Vielfalt ist eingeschränkt.

5 Fortpflanzung und Entwicklung

5.4 Embryogenese

Begriffsdefinition

Die Embryogenese (Embryonalentwicklung, Keimesentwicklung) ist das erste Stadium im Verlauf der Individualentwicklung eines Lebewesens. Sie umfasst die Entwicklung von der befruchteten Eizelle bis zum Verlassen der Eihülle bzw. bis zur Geburt. Für Säuger wird sie weiter unterteilt: Die Embryonalentwicklung im engeren Sinne umfasst hier die Entwicklung von der befruchteten Eizelle bis zur Ausbildung der Organanlagen. Die sich anschließende Entwicklung der Organanlagen bis zur Geburt wird als **Fetalentwicklung** bezeichnet.

Die Embryogenese der verschiedenen Tier- und Pflanzenarten verläuft in Teilen recht unterschiedlich. Die Unterschiede erschöpfend darzustellen würde den Rahmen dieses Buches sprengen. Trotz vieler individueller Unterschiede weist die Embryogenese aller Tiere jedoch hinsichtlich der generellen Entwicklungsabläufe sowie der einzelnen Entwicklungsstadien prinzipielle Ähnlichkeiten auf. Diese Grundprinzipien der Embryogenese bei Tieren werden im Folgenden vorgestellt.

Ablaufübersicht

Die Embryogenese beginnt nach der Befruchtung der Eizelle mit der Aktivierung des Entwicklungsprogramms der Zygote. Innerhalb der schützenden Eihülle(n), bei lebendgebärenden Tieren zudem innerhalb des Körpers der Mutter, entsteht in wenigen Tagen, Wochen oder Monaten das neue Individuum. Aus einer undifferenzierten Zelle entwickelt sich dabei eine Vielzahl differenzierter Zellen, Gewebe und Organe. Diese Entwicklung ist bei allen Vielzellern durch **fünf grundlegende Vorgänge** gekennzeichnet:

1. **Mitotische Zellteilungen:** Sie sorgen für eine rasche Vergrößerung der Zellzahl des Embryos.
2. **Zelldifferenzierung:** Die befruchtete Eizelle ist zunächst undifferenziert. Sie besitzt die Möglichkeit, alle ihrer genetischen Potenz entsprechenden Eigenschaften und Kennzeichen auszubilden (**Totipotenz**). Nach und nach verlieren die aus den mitotischen Zellteilungen hervorgehenden Zellen diese Totipotenz. Jede dieser Zellen schlägt im Zuge ihrer individuellen Entwicklung einen bestimmten Weg ein. Je weiter sie diesen gegangen ist, desto mehr wird sie in ihren Eigenschaften und Kennzeichen festgelegt. Diese Festlegung beruht auf einer differentiellen Genexpression (→ Seite 102 ff.). Schließlich ist bei den meisten Zellen der größte Teil ihres genetischen Programms blockiert. Nur wenige Gene bleiben für die weitere Lebensdauer der Zellen aktiv bzw. aktivierbar. Die schrittweise Festschreibung des Genreperto-

ires einer Zelle im Laufe der Embryogenese bezeichnet man als **Determination**. Sie führt zur Differenzierung der Zellen.
3. **Musterbildung:** Die Determination der Zellen geht mit einer Musterbildung einher. Die sich zunehmend voneinander unterscheidenden Zellen liegen im Embryo nicht als ungeordnetes Zellmosaik vor. Sie bilden vielmehr ein klares Muster aus Zellgruppen mit gleichem Determinations- bzw. Differenzierungsstand, aus Geweben bzw. Organen.
4. **Zellbewegung:** Zelldifferenzierung und Musterbildung sind bei Tieren häufig mit Zellbewegungen verbunden, die zu einer Veränderung der Position bestimmter Zellgruppen innerhalb des Embryos führen.
5. **Apoptose** (genetisch programmierter Zelltod): Sie hat in der Embryogenese wahrscheinlich aller vielzelligen Tiere eine wichtige Funktion. Beim Menschen ist Apoptose z. B. für die Auftrennung der paddelförmigen Handanlage in getrennte Finger verantwortlich.

Je nach Art der Steuerung dieser Differenzierungsprozesse werden zwei grundlegende Entwicklungstypen unterschieden: Die **Mosaikentwicklung** (autonome Entwicklung) und die **Regulationsentwicklung** (abhängige Entwicklung). Beide Entwicklungstypen werden im Kapitel 5.5 genauer vorgestellt.

Am Anfang steht die Eizelle

Eizellen sind asymmetrisch, das heißt **polar gebaut**. So liegt der Eikern in der Regel nicht mittig in der Eizelle, sondern randlich, nahe der Eioberfläche. Man bezeichnet diesen Teil der Eizelle als animalen Pol. Der gegenüberliegende Pol wird vegetativer Pol

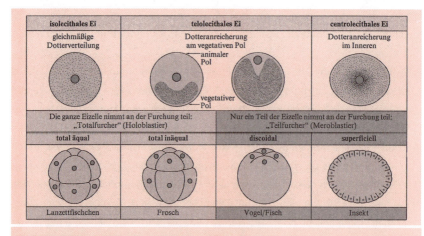

Furchungstypen der Eizelle verschiedener Tiergruppen

5 Fortpflanzung und Entwicklung

genannt. Bei bestimmten Eitypen liegt hier der Dotter konzentriert (→ Abbildung unten).

Neben der Lage von Eikern und Dotter kann die Polarität der Eizelle auch durch die unterschiedliche Verteilung von Proteinen, Ribosomen usw. bedingt sein. Man geht davon aus, dass Unterschiede in der Plasmazusammensetzung der embryonalen Zellen auch bei einer Regulationsentwicklung darüber mitentscheiden, welche genetische Information realisiert wird (→ Seite 104).

Ein besonders auffälliges Beispiel einer Polarität liefern die extrem telolecithalen Eier der Fische, Reptilien und Vögel. Sie beinhalten auf der einen Seite eine sehr große Dottermasse. Ihr Plasma ist dagegen auf einen kleinen scheibenförmigen Bereich am animalen Pol, die **Keimscheibe**, beschränkt. Hier liegt auch der Eikern (→ Abbildung Seite 98).

Furchung

Bereits während der Eireifung wurden in der Eizelle Vorräte an mRNA, Ribosomen, Membranbausteinen usw. angelegt. Nach der Befruchtung kann daher in sehr rascher Folge eine Serie mitotischer Zellteilungen ablaufen. Diese bestehen (in der Regel bis kurz vor Beginn der Gastrulation) nur aus S-Phase (→ Replikation der DNA) und anschließender Mitose. Eine Transkription genetischer Information findet nicht statt. Da keinerlei Volumen- oder Massenzunahme erfolgt, wird der Keim durch diese Teilungen in immer kleinere Zellen, die **Blastomeren**, zerteilt. Diese ersten Teilungen nennt man Furchung. Bei dotterarmen Eiern erfolgt die Furchung **total** (**holoblastisch**). Das Ei wird vollständig in Zellen zerlegt. Sehr dotterreiche Eizellen furchen hingegen

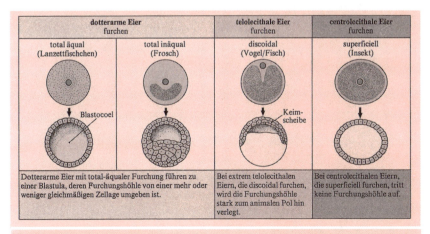

Ergebnisse der Furchungsteilungen bei verschiedenen Tiergruppen

partiell (meroblastisch). Hier wird das Ei nur unvollständig in Zellen zerlegt. Dabei beschränken sich bei der **discoidalen Furchung** die Zellteilungen auf die Keimscheibe; bei der **superficiellen Furchung** ordnen sich die Blastomeren auf der Oberfläche des Eidotters an (→ Abbildung Seite 98). Holoblastier weisen als Zwischenstadium die **Morula**, einen dichten Haufen kleiner Zellen, auf. Am Ende der Furchung erreichen die Keime der meisten Tierarten das Stadium der **Blastula** (Blasenkeim). Aus der Art der Furchung resultiert dabei der spezifische Blastula-Typ (→ Abbildung Seite 99):

- **Coeloblastula:** Bei vielen Holoblastiern (z. B. Seeigel, Amphibien). Blastula mit zentralem, flüssigkeitsgefülltem Hohlraum (Blastocoel, Furchungshöhle), der von einer zellulären Wand, dem Blastoderm, umgeben ist.
- **Discoblastula:** Bei Tieren mit discoidaler Furchung. Die Blastomeren bilden einen dem Dotter aufliegenden scheibenartigen Zellkomplex, den man weiterhin als Keimscheibe bezeichnet. Die durch Verflüssigung von Teilen des Dotters entstandene Furchungshöhle liegt zwischen Keimscheibe und Restdotter.
- **Periblastula:** Bei Tieren mit superficieller Furchung. Hier bedecken die Blastomeren als dünne Außenhaut (Blastoderm) den im Inneren der Blastula liegenden Dotter.

Mit dem Erreichen des Blastula-Stadiums ist der erste Abschnitt der Embryogenese, die Furchung, abgeschlossen.

Gastrulation

Jedes Tier benötigt innere Gewebe und Organe, zumindest einen Hohlraum, in dem die Nahrung enzymatisch zerlegt werden kann. Der erste Schritt zur Bildung innerer

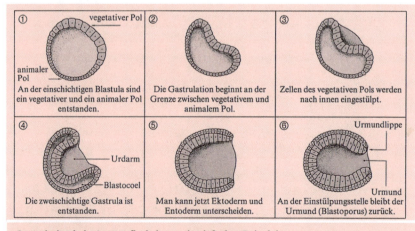

Gastrulation beim Lanzettfischchen – ein einfaches Beispiel

5 Fortpflanzung und Entwicklung

Organe ist die **Gastrulation** (gr. *Gaster* = Magen), die Herstellung des Urdarmes durch eine Verlagerung von Zellen in das Innere der Keimblase. Der Ablauf der **Zellverlagerung** kann je nach Tierart sehr unterschiedlich sein. Es lassen sich jedoch vier Verlagerungstypen unterscheiden:

- **Invagination** (Einstülpung; → Abbildung Seite 100)
- **Epibolie** (Umwachsung)
- **Immigration** (Einwanderung von Zellen ins Innere der Keimblase) und
- **Polare Proliferation** (nach innen gerichtete Zellteilungen im Bereich eines der Pole des Keims).

Bei den meisten Keimen erfolgt die Gastrulation als Kombination dieser Grundtypen. Bei allen Tieren oberhalb der Entwicklungsstufe der Hohltiere steht am Ende der Gastrulation die **Gastrula** (**Becherkeim**), die aus drei noch wenig differenzierten Zellschichten, den drei **Keimblättern**, besteht (→ Abbildung Seite 102, ①). Dies sind:

- **Ektoderm:** Es liegt außen. Aus ihm entstehen Oberhaut (Epidermis) mit ihren Drüsen und Anhängen (z. B. Schuppen, Federn, Haare, Nägel), Epithelien (zelluläre Auskleidung) des Vorder- und Enddarms, Nebennierenmark usw. Aus einem speziellen Teilabschnitt, dem **Neuroektoderm** (→ Abbildung rechts), gliedern sich Zellen ab, die sich zu Nervengewebe und Sinneszellen entwickeln.

- **Entoderm:** Das innere Keimblatt. Es bildet das Epithel des Magens und des Mitteldarms (Zwölffingerdarm, Dünndarm), der Bauchspeicheldrüse, der Leber, der Lunge usw.

- **Mesoderm:** Es liegt zwischen Ekto- und Entoderm und entwickelt sich zu Binde- und Stützgewebe, Muskulatur, Chorda, Knochen und Knorpel, Blut und Blutgefäßsystem, Keimdrüsen, Ei- und Samenleiter, Nebennierenrinde sowie Nieren und ihre Ableitungen.

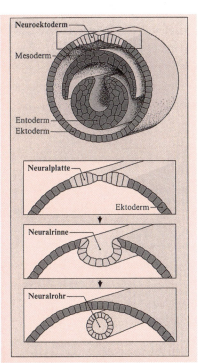

Bildung des Neuralrohres bei Amphibien

Neurulation

Auf die Gastrulation folgt bei den Chordatieren die Neurulation, an deren Ende die **Neurula** steht (→ Abbildung rechts, ④). Aus dem **Neuroektoderm** entwickelt sich die **Neuralrinne,** die sich zum **Neuralrohr** schließt (→ Abbildung Seite 101). Durch weitere Differenzierung geht hieraus das Zentralnervensystem hervor. Der über dem Urdarm liegende Mesodermabschnitt entwickelt sich zur **Chorda dorsalis**. Während diese bei den niederen Chordatieren lebenslang als Stützorgan erhalten bleibt, wird sie bei den Wirbeltieren im Entwicklungsverlauf mehr und mehr durch die Wirbelsäule ersetzt. Das übrige Mesoderm dif-

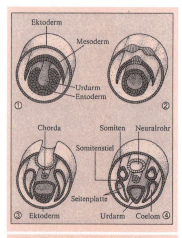

Von der Gastrula ① zur Neurula ④ – die Neurulation bei Amphibien

ferenziert sich bei den Wirbeltieren in **Seitenplatten** (mit dem **Coelom** als innenliegenden Hohlraum), **Somiten** und **Somitenstiel**. Mit dem Erreichen dieser Mesodermentwicklungsstufe ist die Neurulation abgeschlossen. Die Neurula ist entstanden.

Die weiteren Etappen der Gewebedifferenzierung und Organbildung unterscheiden sich nun bei den einzelnen Tierarten teilweise erheblich, da der Entwicklungsendpunkt artspezifisch ist und somit unterschiedliche Wege beschritten werden.

5.5 Steuerung der Entwicklung

Determination und Differenzierung: Der Biologe Weismann stellte im 19. Jahrhundert die Hypothese auf: »Zelldifferenzierung beruht auf der unterschiedlichen Verteilung des genetischen Materials der Zygote auf die Tochterzellen. Jede Tochterzelle erhält nur einen Teil des Genmaterials der Zygote.« Diese Hypothese hat sich als falsch erwiesen (→ Abbildung rechts).

Alle Körperzellen eines Individuums sind durch mitotische Zellteilungen entstanden. Sie besitzen deshalb alle dasselbe, vollständige Genom, die gleiche genetische Potenz.

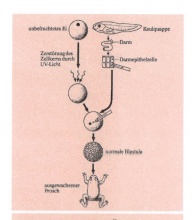

Untersuchungen zur Äquivalenz der Zellkerne von Körper- und Eizelle beim südafrikanischen Krallenfrosch

5 Fortpflanzung und Entwicklung

Allerdings wird ihre zunächst vorhandene Totipotenz im Zuge der Embryonalentwicklung mehr und mehr eingeschränkt. Diese Determination erfolgt in Form mehrerer hintereinander geschalteter Programmierungsschritte. Eine determinierte Zelle vermag nur noch einen deutlich eingeschränkten Teil ihres Genbestandes abzurufen. In der Folge prägt sie lediglich ganz bestimmte Merkmale und Eigenschaften aus (→ Zelldifferenzierung). Sie kann sich jedoch noch vielfach teilen, bevor ihr genetisches Programm phänotypisch umgesetzt wird. Alle Tochterzellen übernehmen dabei das determinierte genetische Programm der Stammzelle (Zellheredität). Determination kann durch zwei zentrale Mechanismen erfolgen: Durch asymmetrische Zellteilung und/oder durch Zellinteraktion.

Asymmetrische Zellteilung

Eizellen sind in vielen Fällen polar aufgebaut (→ Seite 98). Die asymmetrische Verteilung von Stoffen im Plasma der Eizelle betrifft dabei nicht nur Reservestoffe, sondern auch so genannte **molekulare Determinanten**. Es handelt sich bei ihnen um Kontrollsubstanzen (z. B. Proteine), die jeweils spezifische Gene oder Gengruppen aktivieren oder blockieren. Sie werden bereits bei der Eizellenbildung in das Ei eingelagert. Ihre Bildung wird von mütterlichen (maternalen) Genen gesteuert.

Bestimmte molekulare Determinanten liegen in bestimmten Regionen der Zygote konzentriert. Teilt sich die Zygote, so sind die beiden entstehenden Zellen in ihrer Ausstattung mit molekularen Determinanten unterschiedlich (→ Abbildung rechts).

Weitere Zellteilungen führen zu einer Vielzahl unterschiedlich determinierter Zellen. Ihr jeweiliger Entwicklungsweg ist **autonom**. Das heißt: Versetzt man eine solche Zelle in eine andere Umgebung, führt sie entsprechend den in ihrem Plasma enthaltenen molekularen Determinanten ihr genetisches Programm aus. Die jeweilige Umgebung ist ohne Einfluss auf ihre Differenzierung. Bei Weichtieren, Ringelwürmern und Manteltieren (z. B. Seescheiden; → Abbildung rechts) besitzt die Eizelle bereits eine unterschiedliche Verteilung entwicklungsdeterminierender Moleküle (**Mosaikei**). Der aus ihr hervorgehende Keim stellt damit ein Mosaik determinierter Zellen dar

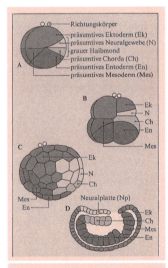

Determination der Entwicklung bei Seescheiden
(Begriffserklärung: präsumtiv = voraussichtlich, mutmaßlich)

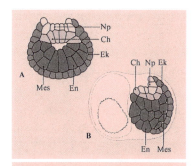

Experiment zur Determination der Entwicklung bei Seescheiden
A: normale Gastrula
B: Gastrula nach Zerstörung einer Blastomere des 2-Zell-Stadiums

(**Mosaikkeim**; → Abbildung Seite 103). Entnimmt man einem solchen Keim eine Zelle/Zellgruppe, so wird das normalerweise von dieser gebildete Gewebe oder Organ nicht ausgebildet (→ Abbildung links).

Zellinteraktion

Bei Seeigel- und Wirbeltierkeimen sind die Zellen zunächst nicht nur genetisch, sondern auch hinsichtlich ihrer molekularen Determinanten (mehr oder weniger) gleich. Ihre Determination wird im Zuge der Zellvermehrung schrittweise vollzogen und beruht vor allem auf einer wechselseitigen Beeinflussung der Zellen untereinander. Damit ist die Entwicklung einer embryonalen Zelle vor allem von ihrer jeweiligen zellulären Nachbarschaft abhängig (Regulationsentwicklung, abhängige Entwicklung). Bei Schädigung einzelner Zellen oder Zellgruppen kann der Verlust durch Neu- bzw. Umdetermination von Zellen aufgefangen werden, sodass sich trotz Schädigung des Embryos ein vollständiger Organismus entwickeln kann. Keime mit dieser Eigenschaft nennt man **Regulationskeime**.

Mosaikkeim – Regulationskeim

Neuere Untersuchungen zeigen: Auch bei Mosaikkeimen finden in einem sehr frühen Stadium in größerem Umfang Zellinteraktionen statt. Bei Regulationskeimen werden zudem immer mehr molekulare Determinanten entdeckt, die bestimmte Zellen des Keimes (wahrscheinlich bereits in einem frühen Entwicklungsstadium) hinsichtlich ihrer späterer Merkmale festlegen (→ Abbildung rechts). Unterschiede zwischen Mosaik- und Regulationskeim erscheinen damit heute eher graduell.
Experimentelle Ansätze zur Ermittlung des Determinationszustandes embryonaler Zellen sind:

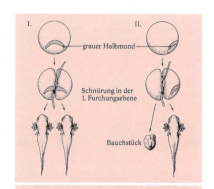

Schnürungsversuch am Molchkeim im 2-Zell-Stadium
Nur wenn bei vollständiger Schnürung der Graue Halbmond (eine sichelförmige Pigmentzone der Eizelle) halbiert wird, entwickeln sich zwei vollständige Larven. Aus einer Zelle ohne Material des Grauen Halbmondes bildet sich lediglich ein Fragment (Bauchstück).

5 Fortpflanzung und Entwicklung

Kerntransplantationsexperimente
Meist geht mit der Determination einer Zelle eine Einschränkung ihrer Entwicklungspotenz einher. Ob diese unumkehrbar ist, kann durch Kerntransplantationsexperimente überprüft werden (→ Abbildung Seite 102, unten).

Isolationsexperimente
Embryonale Zellen oder Zellverbände werden in Kulturmedien übertragen. Entwickeln sie sich ohne die Beeinflussung durch entsprechende Nachbarzellen zu den Zellen, zu denen sie sich auch im Embryo entwickelt hätten, so gelten sie als determiniert.

Transplantationsexperimente
Embryonale Zellen oder größere Stücke eines Embryos werden an einen anderen Ort verpflanzt. Die Verpflanzung kann zwischen Keimen der gleichen Tierart (**autologe Transplantation**) oder zwischen Keimen verschiedener Tierarten vorgenommen werden (**heterologe Transplantation**). Die Ergebnisse solcher Transplantationsexperimente belegen wichtige Aspekte embryonaler Entwicklung:

1. **Ortsgemäße Entwicklung:** Zellen, deren genetisches Programm vor der Transplantation noch nicht festgeschrieben wurde, entwickeln sich ortsgemäß, das heißt so wie die Zellen ihrer neuen Umgebung, sofern determinierende Signale der neuen Nachbarzellen auf sie einwirken.
   Beispiel: Zwischen zwei frühen Molchgastrula wird eine wechselseitige Transplantation von Haut- und Neuroektoderm vorgenommen. Die implantierten Stücke passen sich in ihrer Entwicklung der neuen Umgebung an (→ Abbildung rechts).

2. **Herkunftsgemäße Entwicklung:** Sind die transplantierten Zellen bereits irreversibel determiniert, so entwickeln sie sich auch am neuen Lageort so, wie sie es an ihrem Herkunftsort getan hätten, also herkunftsgemäß.
   Beispiel: Beim Molch wird Gewebe aus der Zwischenhirnregion, das die Augenanlage enthält, in den Bereich präsumtiven (mutmaßlichen) Hautgewebes transplantiert. Dort entwickelt es sich herkunftsgemäß zu einem isolierten Augenbecher (→ Abbildung nächste Seite, oben).

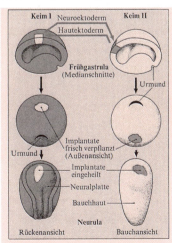

Transplantationsexperiment mit Molchkeimen vor Abschluss der Gastrulation

3. **Umstimmung von Zellen:** Transplantations- und parallel durchgeführte Isolationsexperimente erbrachten teilweise unterschiedliche Befunde: Zellen, die sich im Isolationsexperiment herkunftsgemäß entwickelten, zeigten im Transplantationsexperiment eine ortsgemäße Entwicklung. Dies belegt, dass bei verschiedenen Zellen der endgültigen Determination ein Zustand vorläufiger, instabiler Determination vorausgeht. In dieser Phase ist durch neue Determinationssignale der Nachbarzellen eine Umstimmung der Zellen möglich. Fehlen solche Signale (etwa im Isolationsexperiment), so verfestigt sich die instabile zur stabilen, irreversiblen Determination.

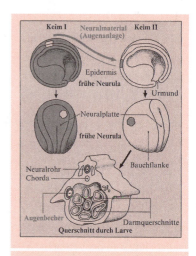

Transplantationsexperiement mit Molchkeimen nach Abschluss der Gastrulation

4. **Artgemäße Entwicklung:** Heterologe Transplantationen zeigen, dass sich implantierte Gewebe nur entsprechend dem genetischen Programm der Ursprungsart des Gewebes entwickeln können.
Beispiel: Präsumtive Bauchhaut eines Froschembryos wird vor Abschluss der Gastrulation in die präsumtive Mundregion eines Molchembryos verpflanzt. Dort entwickeln sich die Bauchhautzellen ortsgemäß zu Zähnen, jedoch zu Hornzähnen, wie sie Froschkaulquappen tragen.

5. **Embryonale Induktion:** Bestimmte Gewebe eines Embryos haben eine determinierende Wirkung auf andere Gewebe. Man bezeichnet ein solches Gewebe als **Organisator**, die von ihm ausgehende Wirkung als **Induktion**.

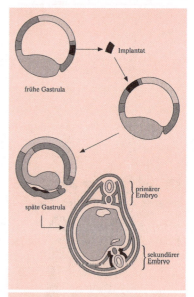

Organisatorexperiment mit Molchkeimen

5 Fortpflanzung und Entwicklung

Beispiel: Das obere Urdarmdach induziert im darüberliegenden Ektoderm die Bildung der Neuralplatte. Man entnimmt nun einer frühen Molchgastrula ein Stück der oberen Urmundlippe, die sich regulär zum Urdarmdach entwickeln würde. Dieses Stück implantiert man in den Bereich der präsumtiven Bauchepidermis einer zweiten Molchgastrula.

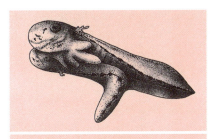

Ergebnis eines Organisatorexperimentes: Siamesische Zwillinge

Hier induziert das Implantat die Bildung eines fast vollständigen zweiten Embryos (sekundärer Embryo). Dieser bildet mit dem Erstembryo schließlich einen siamesischen Zwilling (→ Abbildungen vorige Seite unten und diese Seite). Der sekundäre Embryo entsteht zum größten Teil aus Zellen der »Wirtsgastrula«, die durch die induktive Wirkung der implantierten Organisatorzellen neu determiniert worden sind.

Induktion und Determination auf molekularer Ebene

Induktion verläuft wahrscheinlich über eine Kaskade von Prozessen, die bereits in der Blastula beginnen und zu einer schrittweisen Determination der embryonalen Zellen führen. Die hieran beteiligten Signalmoleküle sind erst in wenigen Fällen bekannt. Es handelt sich bei ihnen zumindest teilweise um Proteine bzw. Glykoproteine, die nicht artspezifisch sind. Von den Organisatorzellen gelangen sie in die jeweils spezifischen, für genau diese Induktorstoffe empfindlichen Zielzellen. Dort aktivieren bzw. blockieren sie Gene.

Die Aktivierung oder Blockierung von Genen im Zuge der Determination embryonaler Zellen erfolgt häufig nicht auf Ebene der Einzelgene. Vielmehr steuern oftmals bestimmte **Steuergene** (Meistergene, Master-Kontroll-Gene, Entwicklungskontrollgene) ganze Genkomplexe. Diese Steuergene codieren Proteine, die genregulatorische Funktion haben. Über diese Proteine werden dann größere Gruppen nachgeschalteter Gene ein- oder ausgeschaltet.

Steuergene regulieren die Zelldetermination auf sehr unterschiedlichen Stufen der Embryonalentwicklung. Möglicherweise steuern dabei »Supermeistergene« die Aktivierung nachgeschalteter Steuergene, welche ihrerseits wiederum die Aktivierung nachgeschalteter Gene beeinflussen.

Ein Beispiel solcher Steuergene sind **homöotische Gene**, die in der Entwicklung des Grundbauplans wahrscheinlich aller vielzelligen Lebewesen eine zentrale Rolle spielen. Mutationen homöotischer Gene führen stets zu gravierenden Veränderungen. Bei Drosophila entwickelt sich beispielsweise bei der Mutante **Antp** (Antennapedia) in einem Kopf-Segment anstelle der normalen Antennen ein Paar Beine. Regelt ein homöotisches Gen Determinationsprozesse auf einem sehr frühen Stadium der Embryonalentwicklung, sind die Folgen seiner Mutation noch drastischer. Sie führen dann meist zur Lebensunfähigkeit des Embryos.

Alle von homöotischen Genen codierten Proteine haben, so unterschiedlich sie auch sonst aufgebaut sind, einen gemeinsamen, fast identischen Abschnitt von 60 Aminosäuren. Dieser wird als **Homöodomäne**, der sie codierende DNA-Abschnitt als **Homöobox**, bezeichnet. Diese Homöodomäne ist für die spezifische Bindung des Proteins an ganz bestimmte Steuersequenzen der DNA verantwortlich.

Homöotische Gene sind auf den Chromosomen in Gruppen zusammengefasst. In allen bisher untersuchten Fällen ist die Reihenfolge der Gene auf dem Chromosom identisch mit der Abfolge der durch diese bestimmten Körperpartien.

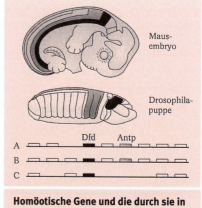

Homöotische Gene und die durch sie in ihrer Entwicklung kontrollierten Körperabschnitte am Beispiel der Gene Dfd und Antp
(A) Drosophila; (B) Maus; (C) Mensch

Signalstoffe der Embryogenese allgemein

Die Entwicklung des Embryos wird durch verschiedene Signalmoleküle gesteuert. Nach ihrer Wirkung können sie in Determinationsfaktoren, Induktorstoffe, Wachstumsfaktoren, Differenzierungsfaktoren und Morphogene unterteilt werden. Es kann sich bei ihnen um Substanzen aus den unterschiedlichsten Stoffklassen handeln. Die Mehrzahl der heute identifizierten Signalstoffe sind jedoch Polypeptide.

Eine Gruppe von Signalstoffen hat auch über das Ende der Embryonalentwicklung hinaus zentrale Bedeutung im Organismus: die Hormone.

5 Fortpflanzung und Entwicklung

5.6 Hormone

Definition

Hormone sind körpereigene Signalstoffe, die in der Regel von besonderen Drüsen produziert und freigesetzt werden (Ausnahmen: Gewebshormone, wie Histamine, und Neurohormone, die von Nervenzellen produziert werden). Über die Körperflüssigkeiten gelangen sie zu ihren Zielzellen. Die Zielzellen sind mit spezifischen **Hormonrezeptoren** ausgestattet. Sie und nur sie sprechen daher auf das Hormonsignal an. Wie die Wirkung in den Zielzellen konkret aussieht, hängt von der vorhergehenden Programmierung dieser Zellen im Zuge der Individualentwicklung ab. Hormone werden vom Körper rasch abgebaut. Sie wirken in sehr kleinen Mengen. Ihre Ausschüttung wird nach dem Rückkopplungsprinzip geregelt: Eine bestimmte Konzentration eines Hormons in der Körperflüssigkeit kann z. B. dessen weitere Ausschüttung hemmen.

Wirkungsweise

Man unterscheidet:

1. **Polypeptide und Adrenalin:** Diese können die Zellmembran nicht passieren. Sie koppeln außerhalb der Zelle an membrangebundene Rezeptoren an. Die Rezeptoren fungieren als Antennen eines Signaltransduktionssystems. Durch die Hormonankopplung aktiviert, bewirkt dieses System die Bildung eines zweiten Botenstoffes (*second messenger*, z. B. cAMP). Er löst in der Zelle die eigentliche Wirkung aus. *Beispiele*: Insulin, Glucagon (→ Abbildung oben rechts).

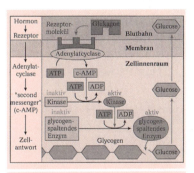

Wirkungsweise von Peptidhormonen
Beispiel: Die Glucagon-Wirkung auf Leberzellen (vereinfachtes Schema)

2. **Lipophile Signalstoffe:** Sie dringen in die Zellmembran ein und können bereits hier Enzyme oder Ionenkanäle aktivieren. Im Zellinneren werden sie dann an spezifische Hormonrezeptoren gebunden. Als Hormon-Rezeptor-Komplex bewirken sie im Zellkern die Aktivierung oder Blockierung bestimmter Gene. *Beispiele*: Thyroxin, Steroidhormone (→ Abbildung rechts).

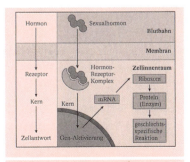

Wirkungsweise von Steroidhormonen
Beispiel: Sexualhormone (vereinfachte Struktur)

Hierachie der Hormone

Das Hormonsystem eines Tieres ist hierachisch gegliedert.

- **Beispiel 1 – Wirbeltiere:** Oberste Steuerinstanz ist das Gehirn. Neurosekretorische Zellen des Hypothalamus (→ Seite 144) produzieren Neurohormone. Über das Blut gelangen diese in einen speziellen Teil der Hypophyse (Hypophysenvorderlappen). Hier wirken sie fördernd oder hemmend auf die Freisetzung der Hypophysenhormone ein.

Vom Hypothalamus werden sechs freisetzungsfördernde und drei freisetzungshemmende Neurohormone produziert, welche die Ausschüttung der verschiedenen Hypophysenhormone steuern. Die Hypophyse wird als Hormondrüse I. Ordnung bezeichnet. Sie schüttet zwei Gruppen von Hormonen aus: Hormone der ersten Gruppe (z. B. STH) wirken direkt auf bestimmte Zielzellen des Körpers ein. Hormone der zweiten Gruppe wirken auf nachgeschaltete Hormondrüsen II. Ordnung ein (Schilddrüse, Nebennieren, Keimdrüsen). Gesteuert durch die Hypophysenhormone, setzen diese dann ihrerseits Hormone frei.

- **Beispiel 2 – Insekten:** Bei Insekten führt die Embryonalentwicklung zunächst zu einer Larve. Erst durch eine Metamorphose wird aus der Larve das adulte (erwachsene) Tier (indirekte Entwicklung). Bei Insekten mit voll-

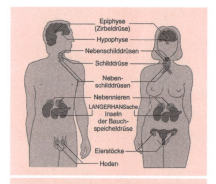

Hormondrüsen des Menschen

Hormon	Wirkung
Somatotropes Hormon StH	Wachstumsförderung, Gesamtstoffwechsel
Adrenocorticotropes Hormon ACTH	Hormonbildung der Nebennieren, Stoffwechsel
Thyreotropes Hormon TSH	Schilddrüsenfunktion
Follikelstimulierendes Hormon FSH	Follikelwachstum, Spermienbildung
Luteinisierungshormon LH	Bildung von Sexualhormonen, Gelbkörperbildung
Prolaktin PRL (Luteotropes Hormon LT)	Milchproduktion
Oxytocin	Uteruskontraktion

Hormone der Hypophyse

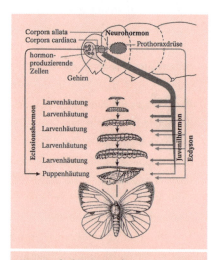

Hormonale Steuerung der Insektenmetamorphose

5 Fortpflanzung und Entwicklung

ständiger Verwandlung (also mit Puppenstadium) produzieren Gehirnzellen der Larve ein Neurohormon. Nach Zwischenspeicherung in der Corpora cardiaca bzw. Corpora allata (beides »Hirnanhangdrüsen«) gelangt dies zur Prothoraxdrüse. Hier stimuliert es die Ausschüttung des Steroidhormons Ecdyson. Die Corpora allata produziert ihrerseits, angeregt durch Hormone aus dem Gehirn, das Juvenilhormon. Überwiegt das Juvenilhormon gegenüber dem Ecdyson, so häutet sich die wachsende Larve zu einer größeren Larve. Die Corpora allata wächst jedoch im Verlauf der Larvalzeit weniger stark als die Gesamtlarve. So nimmt die Konzentration des Juvenilhormons ab, während die Ecdysonkonzentration konstant bleibt. Schließlich überwiegt das Ecdyson. Nun kommt es zur Ausbildung der Puppe. Unter alleiniger Einwirkung von Ecdyson schlüpft aus der Puppe das Vollinsekt (Imago).

Phytohormone

Dies sind körpereigene hormonartige Wirkstoffe der Pflanzen. Sie regulieren Stoffwechsel und Wachstum bestimmter pflanzlicher Gewebe oder Organe. Phytohormone fördern bzw. hemmen Zellwachstum, Zellteilung, Samenkeimung, Blatt- und Fruchtfall, Knospenaustrieb und Wurzelneubildung. Der Wirkungsmechanismus eines Phytohormons wird auf Seite 117 ff. am Beispiel der IES genauer vorgestellt.

Besonderheiten der Phytohormone

- Phytohormone sind oftmals Stoffwechselendprodukte, die auch in anderen Organismen vorkommen; Peptide fehlen offenbar.
- Teilweise sind Bildungs- und Wirkungsort der Phytohormone nicht klar getrennt.
- Die Wirkung eines Phytohormons ist oftmals nicht allein von seiner Konzentration, sondern vom Mengenverhältnis verschiedener Phytohormone im Zielgewebe (der »Hormonbalance«) abhängig.
- Ein bestimmtes Phytohormon wird meist in mehreren Organen gebildet und wirkt auch auf mehrere verschiedene Organe.

5.7 Reproduktionsbiologie

Seit langer Zeit schon greift der Mensch in die Fortpflanzung der Tiere wie auch in die seiner eigenen Art ein. Dabei dienen in der Regel die in der Tierzucht verwandten Techniken als Ausgangspunkt für analoge Eingriffe beim Menschen. Die wichtigsten dieser Techniken sollen im Folgenden vorgestellt werden. Im Rahmen einer Abituraufgabe werden allerdings nicht allein die rein technischen Aspekte eines solchen Eingriffs bei Tier und Mensch im Vordergrund stehen. Vielmehr wird es vor allem um die Erörterung der mit einem solchen Eingriff verbundenen ethischen Problematik gehen.

Künstliche Besamung

Liegen bei einer Frau keinerlei Sterilitätsprobleme vor und bleibt dennoch der Kinderwunsch eines Paares unerfüllt, kann eine künstliche Besamung der Frau durchgeführt werden. Ihr werden dabei auf instrumentellem Weg Spermien übertragen. Stammen diese von ihrem Ehemann, spricht man von **homologer Insemination**, stammen sie von einem Fremdspender von **heterologer Insemination**. In den USA gibt es bereits Samenbanken, die tiefgefrorenes Sperma verschiedener Spender (inkl. Nobelpreisträger) bereithalten. Die Frau kann ihren Wunschspender per Katalog auswählen.

In-vitro-Fertilisation (IVF)

Nach einer Hormonbehandlung reifen in den Eierstöcken der Frau während eines Zyklus 10 und mehr Follikel heran (**Superovulation**). Sie werden vom Arzt im Zuge eines operativen Eingriffes entnommen. In einem Glasschälchen werden sie dann mit Spermaflüssigkeit zusammengebracht. Nach ca. 18 Stunden können die befruchteten Eizellen identifiziert werden. Analog zur künstlichen Besamung ist homologe und heterologe IVF möglich.

Präimplantationsdiagnostik (PID)

Einem per IVF erzeugten Embryo kann z. B. auf dem Vierzellstadium ohne Schädigung eine seiner Zellen entnommen werden. Deren Erbgut wird dann mithilfe von Gensonden (→ Seite 70) usw. untersucht. Bereits heute können so das Geschlecht des Embryos sowie die Anlagen für eine Reihe von Erbkrankheiten identifiziert werden. Nur die den Wünschen der Eltern entsprechenden Embryonen werden zum Embryotransfer verwendet.

Erbgutdesign

Zur Zeit noch unmöglich, doch in Zukunft durchaus technisch denkbar ist es, in der Eizelle unerwünschte Gene gentechnisch zu ersetzen bzw. zu verändern. Ob ein solches **Erbgutdesign** (bei Korrektur krankheitsauslösender Gene spricht man von **Keim-**

5 Fortpflanzung und Entwicklung

bahntherapie) erfolgreich verlaufen ist, lässt sich jedoch nach heutigem Stand der Technik erst am sich entwickelnden Embryo bzw. am geborenen Kind überprüfen. In Deutschland sind PID gentechnische Veränderung von Keimbahnzellen durch das Embryonenschutzgesetz bei Strafe untersagt.

Klonung

Klone sind genetisch identische Lebewesen (bzw. Zellen). Beim Menschen sind zwei Wege zur Erzeugung von Klonen denkbar:

- **Embryo-Splitting:** Ein IVF-Embryo wird auf dem Vier-, eventuell auch Achtzellstadium in Einzelzellen aufgetrennt. Jede dieser genetisch identischen, totipotenten Zellen entwickelt sich zu einem Individuum (eineiige Mehrlinge). Versuche in diese Richtung wurden bereits unternommen.
- **Kerntransfer:** Bei dieser heute bereits an Mäusen, Schafen und Kühen erfolgreich durchgeführten Methode wird einer entkernten Eizelle der Kern einer diploiden Körperzelle eines ausgewachsenen Lebewesens eingesetzt. In den USA strebt ein Wissenschaftler dies auch für den Menschen an.

Embryotransfer

Per IVF erzeugte Embryonen können tiefgefroren lange Zeit ohne Schaden gelagert werden. Sie können nach ihrem Auftauen oder auch direkt in die Gebärmutter einer Frau eingebracht werden (Embryotransfer). Nicht in allen Fällen kommt es hier jedoch zu einer Einnistung des Keimes. Deshalb sind für einen erfolgreichen Embryotransfer in der Regel mehrere Embryonen notwendig.

Nach geltendem Gesetz ist Mutter, wer das Kind geboren hat. Seit IVF und Embryotransfer muss man jedoch zwischen genetischer Mutter (Spenderin der Eizelle), physiologischer Mutter (sie trägt das Kind aus; unter Umständen Leihmutter) und sozialer Mutter (sie zieht das Kind groß) unterscheiden.

6 Informationsverarbeitung

6.1 Reiz und Reaktion

- Haferkeimlinge werden einseitigem Lichteinfall ausgesetzt. Sie wachsen zum Licht hin.
- Pantoffeltierchen schwimmen im Wasser umher. Erwärmt man das Wasser an einer Stelle auf Temperaturen über 50 °C, so meiden die Pantoffeltierchen diese Stelle.
- Trifft der Strahl einer hellen Taschenlampe das Auge des Menschen, verengt sich die Pupille.

Diese Beobachtungen deuten auf eine charakteristische, allen Lebewesen gemeinsame Eigenschaft hin, die man als Reizbarkeit bezeichnet: Lebewesen haben die Fähigkeit, auf Reize zu reagieren. Dabei ist die Geschwindigkeit der Reizreaktion bei verschiedenen Lebewesengruppen unterschiedlich. Während Reizreaktionen bei Bakterien, Pilzen und Pflanzen zumeist nur sehr langsam ablaufen, ist ihr Verlauf bei Tieren so schnell, dass sie für den außenstehenden Beobachter deutlich zu bemerken sind. Reizreaktionen laufen bei allen Lebewesen nach dem gleichen Grundschema (rechts) ab.

Wichtige Definitionen

Reiz: ein Umwelteinfluss (Außen-Reiz) oder aber eine Zustandsänderung im Inneren eines Organismus (Innen-Reiz), die eine Erregung auslöst bzw. vom Organismus wahrgenommen wird oder eine spezifische Antwort des Organismus (Reaktion) bewirkt

Reizschwelle: der Energiewert, den ein Reiz überschreiten muss, um in einem Organismus eine Erregung, Empfindung oder Reaktion auszulösen. Ob ein Reiz den Schwellenwert überschreitet, also überschwellig ist, hängt zum einen von seiner Intensität und zum anderen von seiner Einwirkungsdauer ab.

adäquater Reiz (passender Reiz): der Reiz, für den ein Rezeptor eine große Empfindlichkeit besitzt. Wirkt ein Reiz in einem Rezeptor nicht oder nur bei sehr hohen Intensitäten erregungsauslösend, so bezeichnet man ihn als für diesen Rezeptor **inadäquaten Reiz**.

Rezeptor: Zellen, Zellorganellen oder Moleküle, die Reize aus der Umwelt oder dem Inneren eines Organismus aufnehmen. Jeder Rezeptor ist auf die Aufnahme ganz bestimmter (= adäquater) Reize spezialisiert. Allen Rezeptoren gemeinsam ist die Fähigkeit zur Perzeption, das heißt zur Aufnahme eines Reizes und zu dessen Umwandlung in Erregung.

Erregung: die durch Reizaufnahme ausgelöste Veränderung des physiologischen Zustandes einer Rezeptorzelle. Es handelt sich dabei nicht um die einfache Umwandlung der Reizenergie in Erregungsenergie. Vielmehr kommt dem Reiz lediglich eine auslösende bzw. steuernde Rolle bei der Entstehung der Erregung zu. Die Reizenergie kann damit wesentlich kleiner sein, als die Energie des von ihm ausgelösten bzw. gesteuerten Erregungsvorganges. Erregung kann weitergeleitet werden.

Effektor: Struktur (Organ, Gewebe oder Zelle), die Erregung in eine Reaktion transduziert

6 Informationsverarbeitung

6.2 Reizreaktionen bei Pflanzen

Pflanzen reagieren in vielfältiger Weise auf Außenreize:
- Der Beginn der Keimung wird bei verschiedenen Pflanzensamen durch Licht, bei anderen durch Einwirken einer ganz bestimmten Temperatur ausgelöst.
- Eine bestimmte Tageslänge löst bei vielen Pflanzen die Blüte aus; bei anderen Pflanzen wird diese durch eine bestimmte Temperatur induziert.
- Fruchtentwicklung, Fruchtfall und Blattfall werden bei verschiedenen Pflanzen durch jeweils spezifische Temperatur- oder Lichtverhältnisse bzw. eine Kombination beider ausgelöst.
- Verschiedene Pflanzen weisen je nach Anzuchttemperatur verschiedene Blütenfarben auf.

Bei vielen dieser Reizreaktionen haben **Phytohormone** (Pflanzenhormone) die Funktion von Signalbotenstoffen innerhalb der Pflanze. Ihre Wirkung soll am Beispiel der β-Indolessigsäure (IES) auf den folgenden Seiten genauer vorgestellt werden. Allgemeine Angaben zu den Phytohormonen bietet zudem die Seite 111. Den schnellen, augenfälligen Reizreaktionen der Tiere noch am ähnlichsten scheinen die Pflanzenbewegungen. Die durch Reize ausgelösten Bewegungen von Pflanzen werden in drei Gruppen eingeteilt:

1. **Tropismen:** Hierbei handelt es sich um durch Reize ausgelöste Bewegungen ortsgebundener Pflanzen bzw. ihrer Organe, deren Richtung von der Richtung des einwirkenden Reizes abhängt (*Beispiel:* Hinwendung junger Sprosse zum Licht).
2. **Nastien:** Hierbei handelt es sich um durch Reize ausgelöste Bewegungen von Organen ortsgebundener Pflanzen, deren Richtung in der Regel bereits durch den Bau dieser Organe vorgegeben, damit also unabhängig von der Richtung des auslösenden Reizes ist (*Beispiel:* Öffnen und Schließen der Blüten von Tulpen).
3. **Taxien:** Dies sind durch Reize gerichtete Ortsveränderungen frei beweglicher Pflanzen und Tiere (*Beispiel:* Bewegung von Euglena [»Augentierchen«] zum Licht).

Je nach Art des auslösenden Reizes können diese drei Gruppen weiter unterteilt werden:

Reiz	Reaktion
Licht	Phototropismus, Photonastie, Phototaxis, Plasmaströmung/Verlagerung von Plastiden
Temperatur	Thermotropismus, Thermonastie, Thermotaxis
Chemische Reize	Chemotropismus, Chemonastie, Chemotaxis
Schwerkraft	Gravitropismus (= Geotropismus), Gravitaxis (= Geotaxis)
Berührung	Thigmotropismus (= Haptotropismus), Thigmonastie (= Haptonastie), Thigmotaxis (= Haptotaxis)
Erschütterung	Seismonastie, Seismotaxis

Die durch einen Reiz gerichteten Bewegungen der Pflanzen können jeweils **positiv** (zum Reiz hin) oder **negativ** (vom Reiz weg) ausgerichtet sein.

Bei den Tropismen und Taxien kommt es teilweise im Verlauf des Lebens einer Pflanze zu einer Umstimmung der Reizreaktion (von positiv zu negativ bzw. umgekehrt). So hängen die Knospen des Schlafmohns nach unten. Sie reagieren damit positiv gravitropisch. Die offenen Blüten wie auch die Fruchtkapseln stehen dagegen aufrecht auf dem Stengel. Sie reagieren also negativ gravitropisch.

Unterschiedliche Reizintensitäten können bei derselben Pflanze zu unterschiedlichen Reaktionen führen. Junge Pflanzen der Kapuzinerkresse reagieren auf eine hohe Lichtintensität negativ phototropisch, auf Licht geringer Stärke hingegen positiv phototropisch.

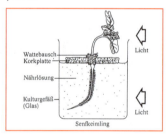

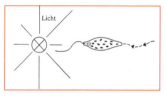

Schließlich reagieren verschiedene Organe ein und derselben Pflanze auf den gleichen Reiz in unterschiedlicher Weise. Beim Senfkeimling z. B. reagieren die Wurzelspitzen negativ phototropisch. Sie wachsen zur lichtabgewandten Seite. Der Spross hingegen wächst positiv phototropisch auf die Lichtquelle zu (→ Abbildung links).

Die Mechanismen, welche die Pflanzenbewegungen hervorrufen, sind vielfältig. Man unterscheidet nach der Art des Bewegungsmechanismus unter anderem Geißelbewegungen (→ Abbildung links: positive Phototaxis bei Euglena), Wachstumsbewegungen (→ Abbildung Seite 119 oben), Quellungsbewegungen und Turgorbewegungen.

Wachstumsbewegungen verlaufen langsam und werden in vielen Fällen durch Phytohormone gesteuert. Als typisches Beispiel einer solchen Wachstumsbewegung kann die Reaktion von Pflanzenkeimlingen auf Licht gelten.

Setzt man den Spross von Pflanzenkeimlingen für eine begrenzte Zeit seitlichem Lichteinfall aus, so wächst er zum Licht hin (→ oben). Die Stärke der Krümmung ist dabei von der Reizstärke abhängig. Wird der Keimling danach wieder von oben bestrahlt, wird die Krümmung durch eine Gegenkrümmung korrigiert. Das Resultat: Der Keimling wächst wieder gerade nach oben. Das zentrale an diesen Wachstumsbewegungen beteiligte Organ ist die **Koleoptile** (Keimscheide) des Keimlings, eine das Primärblatt schützende Hülle aus Zellen. Am Beispiel dieser durch Licht induzierten Reizreaktion lassen sich zwei wichtige Aspekte aufzeigen:

6 Informationsverarbeitung

1. Der generelle Ablauf einer Reizreaktion bei Pflanzen, die unter Beteiligung von Phytohormonen und Wachstumsbewegungen stattfindet.
2. Das generelle Vorgehen bei der Anlage von Versuchen und der Auswertung von Versuchsergebnissen in der Biologie.

Daher sollen jene klassischen Experimente, die zur Aufklärung dieser Reizreaktion beigetragen haben, im Folgenden ausführlich vorgestellt werden.

Versuche zur positiv phototropischen Reaktion von Haferkeimlingen und ihre Auswertung

Versuch 1: (a) Die Spitze eines Haferkeimlings wird mit einer lichtundurchlässigen Folie abgedeckt. Belichtung von rechts.
(b) Der untere Teil eines Haferkeimlings wird mit einer lichtundurchlässigen Folie abgedeckt. Belichtung von rechts.
Vesuchsergebnis: (a) Der Keimling wächst gerade nach oben.
(b) Der Keimling wächst nach rechts, zum Licht hin.
Schlussfolgerung: Die Perzeption des Außenreizes Licht erfolgt in der Spitze des Haferkeimlings.

Versuch 2: Ein Haferkeimling wird von rechts mit Licht verschiedener Qualität bestrahlt.
Vesuchsergebnis: Vor allem ultraviolettes, violettes und blaues Licht lösen ein Wachstum des Keimlings nach rechts aus.
Schlussfolgerung: Der Photorezeptor ist ein Pigment bzw. sind Pigmente mit einem Absorptionsspektrum, das seine Maxima im Bereich der Wellenlängen ultravioletten, violetten und blauen Lichtes aufweist.

Versuch 3: (a) Die Spitze eines Haferkeimlings wird abgeschnitten, auf ein Aluminumplättchen und mit diesem zusammen wieder auf den Stumpf gesetzt. Belichtung von rechts.
(b) Die Spitze eines Haferkeimlings wird abgeschnitten, auf einen (wasserdurchlässigen) Agarblock und mit diesem zusammen wieder auf den Stumpf gesetzt. Belichtung von rechts.
Vesuchsergebnis: (a) Die Spitze des Keimlings wächst nicht; der Stumpf wächst nur wenig und nur noch kurze Zeit, jedoch gerade nach oben.
(b) Der Keimling wächst nach rechts, zum Licht hin.
Schlussfolgerung: Das Wachstum erfolgt nicht in der Spitze selbst, sondern in einer Wachstumszone des Keimlings, die unterhalb der Spitze liegt. Nach der Aufnahme des

Lichtreizes in der Spitze und seiner Transduktion in Erregung findet eine Erregungsleitung von der Spitze in die Wachstumszone statt. Diese Erregungsleitung erfolgt mithilfe wasserlöslicher Stoffe.

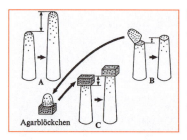

Versuch 4: (a) Die Spitze eines Haferkeimlings wird abgeschnitten und einige Stunden lang auf einen Agarblock gesetzt.
(b) Man setzt diesen Agarblock wie in der Abbildung links auf den Stumpf.
Vesuchsergebnis: (a) Nach einigen Stunden befinden sich im Agarblock größere Mengen an IES. Der Keimlingsstumpf ist geringfügig gewachsen (B in der Abbildung).
(b) Der Stumpf wächst deutlich und dies gerade nach oben (C).
Schlussfolgerung: Die Erregungsleitung erfolgt mithilfe der Substanz IES (β-Indolessigsäure), ein zu den Auxinen zählendes Phytohormon (→ Seite 111).

Versuch 5: Aus einem Haferkeimling schneidet man zwischen Spitze und Wachstumsregion ein Stück heraus. (a) Auf die Oberseite dieses Stückes legt man einen Agarblock mit hoher IES-Konzentration. Ebenso auf die Unterseite.
(b) Man führt den Versuch (a) in sauerstofffreier Atmosphäre oder in Anwesenheit von Atmungskettenhemmstoffen durch.
Versuchsergebnis: (a) Nach einigen Stunden befindet sich im Agarblock auf der Oberseite kein IES mehr. Die IES-Menge im Agarblock auf der Unterseite hat sich dagegen erhöht.
(b) Die IES-Menge hat sich in beiden Agarblöcken kaum verändert.
Schlussfolgerung: Der IES-Transport und damit die Erregungsleitung erfolgt im Haferkeimling in den Zellen zwischen der Spitze (Ort der Reizperzeption) und der Wachstumszone (Ort der Reaktion) in Richtung Spitze → Wachstumsregion. Es handelt sich dabei um aktiven Transport (→ Seite 27 unten) und nicht um Diffusion. Dieser erfolgt auch gegen ein Konzentrationsgefälle. Er erfolgt unter Energieverbrauch.

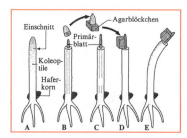

Versuch 6: Wie in der Abbildung dargestellt, wird die Spitze einer Haferkoleoptile abgetrennt und auf einen Agarblock gesetzt (B). Das Primärblatt wird herausgezogen, um den Agarblock zu stützen (C). Nach einigen Stunden setzt man den Agarblock linksseitig auf den Koleoptilenstumpf (D).

6 Informationsverarbeitung

Versuchsergebnis: Die Koleoptile wächst nach rechts (E).
Schlussfolgerung: Nur die Koleoptilenflanke, die von oben her mit IES versorgt wird, zeigt ein verstärktes Streckungswachstum der Zellen in der Wachstumszone. Der IES-Transport erfolgt also streng polar.

Die positiv phototropische Reizreaktion beim Haferkeimling läuft damit wie folgt ab: Der Lichtreiz (insbesondere UV-, Violett- und Blaulicht) wird von Rezeptormolekülen in der Spitze des Keimlings aufgenommen und in Erregung transduziert. Die Transduktion besteht dabei in der Herstellung eines IES-Gradienten in der Koleoptilenspitze (viel IES an der lichtabgewandten Seite, wenig IES an der dem Licht zugewandten Seite). Der genaue Mechanismus des Transduktionsprozesses ist noch unbekannt. Die **Erregungsleitung**, also die Weitergabe der IES-Asymmetrie in Pflanzenabschnitte unterhalb der Spitze, erfolgt im Koleoptilengewebe per aktivem Transport. Erst in den Koleoptilenzellen in der Wachstumszone des Haferkeimlings findet die **Transduktion der Erregung** in die beobachtbare **Reaktion** statt: Die IES-Asymmetrie bewirkt hier deutliche Wachstumsunterschiede. In den Zellen der Schattenseite ist die IES-Konzentration hoch ⇒ sie weisen ein starkes Längenwachstum auf. In den Zellen der Lichtseite ist die IES-Konzentration niedrig ⇒ sie weisen ein geringeres Längenwachstum auf. Die Folge: Der Haferkeimling krümmt sich zum Licht hin (= Reaktion).

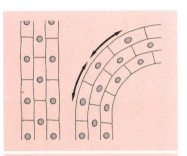

Mechanismus einer Wachstumsbewegung

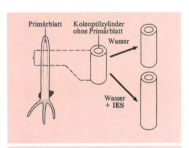

IES-Wirkung auf Haferkoleoptilen im Bereich der Wachstumszone

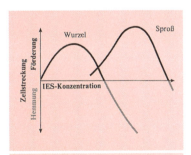

Abhängigkeit des Längenwachstums bei Wurzel und Spross von der IES-Konzentration

6.3 Die Nervenzelle

6.3.1 Bau der Nervenzelle

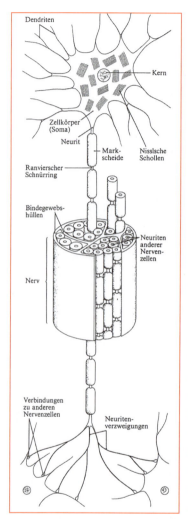

Nervenzellen (Neurone) sind sehr vielgestaltig. Doch weisen sie alle einen ähnlichen Grundbauplan auf. Sie bestehen aus:

Soma: Der eigentliche Zellkörper. Er beinhaltet Plasma, Zellkern, Mitochondrien und die **Nissl'schen Schollen** (dicht mit Ribosomen besetztes Endoplasmatisches Reticulum [ER]).

Dendriten: Meist reich verzweigte Ausläufer des Somas. Funktion: Informationen von anderen Nervenzellen aufnehmen, sie unter Umständen vorverarbeiten und an das Soma weiterleiten. Durch die Dendriten wird die rezeptive (Erregung aufnehmende) Oberfläche des Somas erheblich vergrößert.

Axon (Neurit): Teilweise bis zu 1 m langer informationsableitender Somafortsatz. Von ihm können viele Verzweigungen (Axonkollateralen, Neuritverzweigungen) abgehen, die sich wiederum stark verästeln können. Jede Verästelung endet in einer bläschenförmigen Verdickung, dem **synaptischen Endknöpfchen**. Jedes Endknöpfchen liegt der Membran einer nachgeschalteten Zelle (Nerven-, Muskel-, Sinnes- oder Drüsenzelle) an. Eine solche aus Endknöpfchen sowie Membran der Folgezelle bestehende Kontaktstelle bezeichnet man als **Synapse**. Handelt es sich bei der nachfolgenden Zelle um eine Skelettmuskelfaser, so wird die Kontaktstelle **motorische Endplatte** genannt. Hauptfunktionen des Axons sind:

1. Informationsleitung vom Soma bis zum synaptischen Endknöpfchen;
2. Übertragung der Information zur nachgeschalteten Zelle.

Axonhügel: Kegelförmiger Ursprung des Axons am Soma. Bildungsstelle der **Aktionspotentiale**.

6 Informationsverarbeitung

Nervenzellen sind von **Gliazellen** umgeben. Diese erfüllen Schutz-, Stütz-, Ernährungs- und Isolierfunktion. Bei den peripheren Nervenzellen mancher Krebse sowie der Wirbeltiere umgeben sie, hier als **Schwann'sche Zellen** bezeichnet, in Form einer vielfachen Hülle aus teilweise miteinander verschmolzenen Zellmembranen das Axon. Diese Hülle nennt man **Markscheide (Myelinscheide)**. Im Querschnitt ähneln diese Neuriten einem Draht, der von einer Isolierung umgeben ist. Sie werden als **markhaltige Nervenfasern** bezeichnet. Die Markscheide ist dort unterbrochen, wo zwei Schwann'sche Zellen aneinanderstoßen. Diese Stellen heißen **Ranvier'sche Schnürringe**. Nervenfasern ohne Markscheide nennt man **marklose Nervenfasern**.

6.3.2 Erregungsleitung an Nervenzellen

Alle Nervenzellen codieren und leiten Informationen in Form von Änderungen ihres Membranpotentials.

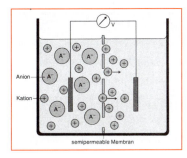

Membranpotential: Man trennt eine Salzlösung, die große Anionen (negativ geladene Ionen) und kleinere Kationen (positiv geladene Ionen) enthält, durch eine semipermeable Membran von reinem Wasser. Die Porenweite der Membran ist so dimensioniert, dass lediglich die Kationen die Membran passieren können. Nach kurzer Zeit kann man zwischen den beiden Flüssigkeiten eine Potentialdifferenz messen. Kationen sind in gewissem Umfang durch die Membran diffundiert, die Anionen vermochten aufgrund ihrer Größe nicht zu folgen (→ Abbildung). Die diffundierten Kationen haben sich dabei nicht sehr weit von der Membran entfernt, da sie vom elektrischen Feld der Anionen auf der anderen Seite der Membran festgehalten wurden. An der Membran hat sich damit eine elektrische Potentialdifferenz ausgebildet. Man bezeichnet sie als **Membranpotential**.

Alle Zellen sind von semipermeablen Membranen umgeben. Diese trennen das Zellplasma und die extrazelluläre (die Zelle umgebende) Flüssigkeit, die jeweils unterschiedliche Ionenkonzentrationen aufweisen. Membranpotentiale treten demzufolge bei fast allen lebenden Zellen auf.

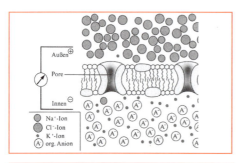

Ruhepotential: In einer ruhenden Nervenzelle ist die Konzentration an K^+-Ionen sowie organischen Anionen (Eiweiß-Anionen) hoch. Die Flüssigkeit außerhalb der Nervenzelle weist dagegen eine hohe Konzentration an Na^+- und Cl^--Ionen auf (→ Abbildung links und Tabelle darunter).

Ionenart	Intrazellulär pro 0,001 µm³	Extrazellulär pro 0,001 µm³
K^+	100 000	2 006
Na^+	10 000	108 000
Cl^-	2 200	110 000
Eiweiß-Anionen	107 806	–

In den Zellmembranen ruhender Nervenzellen sind vorwiegend Kaliumkanäle geöffnet. Entsprechend dem enormen Kaliumkonzentrationsgefälle strömt K^+ durch diese Kanäle von innen nach außen. Jedes von innen nach außen strömende K^+-Ion entfernt eine positive Ladung aus der Zelle. Das Zellinnere wird damit negativ aufgeladen. Aufgrund der im Zellinnern verbliebenen negativ geladenen Anionen lagern sich die ausströmenden K^+-Ionen außen an der Zellmembran an. An der Innenseite der Membran positionieren sich die Anionen. Zwischen den beiden Seiten der Membran ist auf diese Weise ein elektrisches Feld entstanden. Die Potentialdifferenz (Spannung) dieses elektrischen Feldes bezeichnet man als Ruhepotential. Die zunehmend negative Aufladung der Zellinnenseite der Membran behindert nun den Ausstrom von weiteren K^+-Ionen. Das Ruhepotential pendelt sich daher bei einem bestimmten Wert ein. Bei den meisten Nerven- und Muskelzellen beträgt die Potentialdifferenz 60 bis 90 mV (Millivolt). Das Ruhepotential hat demzufolge wegen der innenliegenden negativen Ladung einen Wert von – 60 bis – 90 mV.

Untersuchungen haben ergeben, dass die Nervenzellenmembran in geringem Umfang auch für Na^+-Ionen durchlässig ist. Demzufolge müssten beständig Na^+-Ionen in die Nervenzelle diffundieren und zu einer stetigen Verkleinerung bzw. schließlich einem Ausgleich des Ruhepotentials führen. Tatsächlich lässt sich genau dieses beobachten, wenn man den Nervenzellen Cyanid zugibt, das die Atmungskette und damit die ATP-Produktion blockiert. Daraus kann man schlussfolgern, dass zur Aufrechterhaltung des Ruhepotentials aktive Transportvorgänge an der Nervenzellmembran beitragen (→ Seite 27). Diese werden von so genannten Natrium-Kalium-Pumpen durchgeführt, die bei jedem Transportvorgang unter Verbrauch von einem Molekül ATP 3 Na^+-Ionen aus der Zelle heraus und 2 K^+-Ionen in die Zelle hineinschleusen. Damit tragen diese

Ionenpumpen nicht nur zur Aufrechterhaltung, sondern aufgrund des Transportverhältnisses von 3 : 2 auch in geringem Umfang direkt zum Aufbau des Ruhepotentials bei.

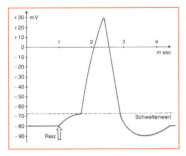

Aktionspotential – Entstehung in der Übersicht: Wird eine Nervenzelle im Bereich der Dendriten oder des Somas erregt, so wird diese Erregung zunächst in Form eines »Kriechstroms« an der Membran weitergeleitet (elektrotonische Leitung). Es handelt sich hierbei um eine passive Ausbreitung der Spannungsänderung. Im Verlauf der Weiterleitung schwächt sich die Intensität des »Kriechstroms« zunehmend ab. Schließlich erreicht er den Axonhügel. Überschreitet die Erregung einen bestimmten Wert, den Schwellenwert, so wird hier eine kurzzeitige Spannungsumpolung herbeigeführt, die man als **Aktionspotential** bezeichnet. Dieses Aktionspotential wird über das Axon weitergeleitet. Wird der Schwellenwert nicht überschritten, entsteht kein Aktionspotential. Der »Kriechstrom« verebbt. Bei einer Überschreitung des Schwellenwertes, wie hoch auch immer, entsteht stets ein Aktionspotential, das einen gleichen zeitlichen Verlauf und die gleiche Höhe aufweist (→ Abbildung). Das Aktionspotential stellt damit eine **Alles-oder-Nichts-Reaktion** dar.

Aktionspotential – Zelluläre Voraussetzungen: Zellmembranen können verschiedene Typen von Ionenkanälen aufweisen. Neben den bereits beim Ruhepotential vorgestellten passiven, immer offenen Kanälen gibt es auch solche, die aktiv geschlossen oder geöffnet werden können. Bei den letzteren unterscheidet man zwischen spannungsgesteuerten Kanälen, die sich in Abhängigkeit von der Größe und Richtung des Membranpotentials öffnen bzw. schließen, und chemisch gesteuerten Ionenkanälen, die auf Anlagerung spezifischer chemischer Substanzen mit Öffnung oder Verschluss reagieren. Chemisch gesteuerte Ionenkanäle kommen vor allem in postsynaptischen Membranen vor (siehe unten), spannungsgesteuerte hingegen insbesondere in den Axonmembranen von Nervenzellen.

Die verschiedenen Ionenkanäle weisen neben den skizzierten Unterschieden im Öffnungsverhalten auch Unterschiede hinsichtlich des Typs der durchgeschleusten Ionen auf. So gibt es Kanäle, die vorwiegend oder ausschließlich K^+-Ionen durchlassen, andere ermöglichen Na^+-, Ca^{2+}- oder Cl^--Ionen das Passieren der Membran. Für die Entstehung des Aktionspotentials sind spannungsgesteuerte Kalium- und Natriumkanäle von besonderer Bedeutung.

Spannungsgesteuerte Natriumkanäle kommen in markhaltigen Nervenfasern vor allem in einem Bereich des Axonhügels, der als Impuls-Entstehungs-Region bezeichnet wird, in den **Ranvier'schen Schnürringen** und in den synaptischen Endknöpfchen vor. In den übrigen Membranabschnitten der Nervenzelle ist ihre Dichte eher gering. In marklosen Nervenfasern ist die Verteilung gleichmäßiger.

Die **spannungsgesteuerten Natriumkanäle** öffnen sich auf eine Verringerung des Membranpotentials hin sehr schnell, doch im Schnitt nur für weniger als 1 ms (Millisekunde). Bei positivem Membranpotential wird ihre Öffnungszeit kürzer. Nach dem Schließen befindet sich ein spannungsgesteuerter Natriumkanal in einem inaktivierten, blockierten Zustand. Seine erneute Öffnung ist erst möglich, nachdem das Membranpotential wieder den Wert des Ruhepotentials erreicht hat.

Die **spannungsgesteuerten Kaliumkanäle** öffnen sich ebenfalls erst auf eine Verringerung des Membranpotentials hin, dies allerdings deutlich langsamer als die Natriumkanäle. Die Zeitverzögerung gegenüber diesen beträgt etwa 1 ms. Deshalb bezeichnet man sie auch als verzögerte Kaliumkanäle. Allerdings bleiben sie deutlich länger geöffnet als die Natriumkanäle.

Aktionspotential – Entstehung und Verlauf: Erreicht ein »Kriechstrom« die Impuls-Entstehungs-Region, müssen zwei Fälle unterschieden werden:

1. Der Strom ist relativ gering. Er bewirkt im Bereich des Axonhügels zwar eine Veränderung des Ruhepotentials in Richtung des positiven Spannungsbereiches, die man als **Depolarisation** bezeichnet. Diese Depolarisation löst unter Umständen die Öffnung einiger spannungsgesteuerter Natriumkanäle aus. Na^+-Ionen strömen in die Zelle und erhöhen die Zahl positiver Ladungen im Inneren. Die Depolarisation der Membran verstärkt sich damit zwar, erreicht aber noch immer nicht den Schwellenwert. Es entsteht kein Aktionspotential.

2. Der »Kriechstrom« weist eine Höhe über dem Schwellenwert auf oder aber er ist knapp unterschwellig. Ist letzteres der Fall, überschreitet die Depolarisation dennoch nach dem unter 1. beschrieben Verfahren den Schwellenwert. Wird der Schwellenwert erreicht setzt eine sich selbst verstärkende Kettenreaktion ein. Schlagartig öffnen sich auf engstem Raum sehr viele spannungsgesteuerte Natriumkanäle. Voraussetzung dafür ist eine hohe Dichte an Natriumkanälen, wie sie etwa im Bereich der Impuls-Entstehungs-Region vorliegt. Der Natriumeinstrom in die Zelle erhöht sich explosionsartig. Das zuvor negative Membranpotential wird umgekehrt und erreicht positive Werte. Nun schließen sich jedoch immer mehr Natriumkanäle, da ihre maximale Öffnungszeit überschritten ist. Sie sind inaktiviert. Parallel dazu öffnen sich zunehmend auch **verzögerte Kaliumkanäle**. Ein

6 Informationsverarbeitung

anschwellender Kaliumausstrom aus der Zelle setzt ein. Dieser kompensiert mehr und mehr den bereits wieder abnehmenden Natriumeinstrom. Schließlich wird der Wert des Kaliumausstroms größer als der Wert des Natriumeinstroms. Das Membranpotential wird wieder negativer, die **Repolarisation** (Rückkehr zum Ruhepotential) setzt ein. Immer mehr Natriumkanäle werden geschlossen und blockiert. Der fortdauernde Kaliumausstrom kann sogar dazu führen, dass das Membranpotential negativere Werte als das Ruhepotential erreicht (**Hyperpolarisation**).

Wie erwähnt, sind bereits einmal geöffnete Natriumkanäle bis zum Erreichen des Ruhepotentialwertes blockiert. Dies bedingt, dass die Nervenzelle in der Zwischenzeit kein neues Aktionspotential zu bilden vermag, also unerregbar ist. Man nennt diese Phase vom Beginn des Aktionspotentials bis zum Wiedererreichen des Ruhepotentials als **Refraktärphase**.

Die kürzestenfalls 1 bis 2 ms dauernde Refraktärphase begrenzt die maximale Zahl von Aktionspotentialen pro Sekunde auf etwa 500.

Erreicht am Ende der Refraktärzeit der im Bereich des Axonhügels anliegende Strom noch immer oder aber schon wieder den Schwellenwert, so führt dies zur Auslösung eines weiteren Aktionspotentials. Nicht die Höhe des »Kriechstroms«, der den Axonhügel erreicht, entscheidet also über die Zahl der hier gebildeten Aktionspotentiale, sondern die Länge des Zeitraumes, während dessen der Strom überschwellig ist.

Aktionspotential – Weiterleitung an markhaltigen Nervenzellen: In markhaltigen Nervenzellen liegt in den Abschnitten zwischen den **Ranvier'schen Schnürringen** die Markscheide der Axonmembran eng an und schirmt diese nahezu vollständig gegen die extrazelluläre Flüssigkeit ab. Zudem weisen diese Axonabschnitte kaum Natriumkanäle auf. Nur an den Schnürringen hat die Axonmembran Kontakt mit der Extrazellularflüssigkeit. Auch enthält sie hier sehr viele Natriumkanäle. Wird nun im Bereich des Axonhügels ein Aktionspotential erzeugt, so führt dieses zu einer Potentialdifferenz zwischen dem Axonhügel und dem ersten Ranvier'schen Schnürring. Diese Potentialdifferenz bewirkt, dass im Inneren des Axons ein Strom fließt (elektrotonische Leitung). Er fließt schnell und praktisch ohne Abschwächung. Am Schnürring ruft dieser Stromfluss eine Depolarisation hervor, die den Schwellenwert überschreitet. Ein Aktionspotential entsteht. Vom ersten Schnürring fließt ein Strom zum zweiten und löst dort die Bildung eines Aktionspotential aus. Der gleichzeitig vom ersten Schnürring zum Axonhügel zurückfließende Strom bleibt ohne Wirkung, da sich dieser Bereich in der Refraktärphase befindet. In markhaltigen Nervenfasern springt die Erregung also von Schnürring zu Schnürring. Diese Form der Erregungsleitung nennt man saltatorische Erregungsleitung. Sie benötigt wenig Energie, da die zur Aufrechterhaltung des Ruhepotentials notwendigen energiezehrenden Ionenpumpen nur im Bereich der Schnürringe arbeiten müssen. Zudem ist die Leitungsgeschwindigkeit hoch, da die elektrotonische Leitung im Bereich der Markscheide sehr schnell erfolgt und Aktionspotentiale nur an den Schnürringen ausgelöst werden.

Informationscodierung: Aktionspotentiale verschiedener Nervenzellen eines Lebewesens unterscheiden sich kaum. In den informationsverarbeitenden zentralnervösen Strukturen, wie etwa dem Gehirn, kommen daher von den Sinneszellen stets nur gleichförmige Aktionspotentiale an. Die verschlüsselte Information kann also nicht in Höhe oder Dauer des Aktionspotentials liegen. Sie ist vielmehr in der zeitlichen Abfolge der Aktionspotentiale enthalten. Das Prinzip lautet: Je stärker ein Signal, desto schneller folgen die Aktionspotentiale aufeinander, desto größer ist damit die Anzahl der Aktionspotentiale pro Sekunde, also die Aktionspotential-Frequenz. Man bezeichnet dieses Prinzip der Informationsverschlüsselung auch als **Frequenzmodulation** (→ Seite 139, Abbildung unten links).

Ob eine Erregung ursprünglich von einer Sinneszelle aus dem Auge oder aus dem Ohr stammt, kann allerdings aus der Aktionspotential-Frequenz nicht erkannt werden. Vielmehr zeigt der Leitungsweg an, von welcher Sinneszelle die Information stammt. Spezielle Augennerven, Hörnerven, Geruchsnerven und viele andere spezifische Leitungsbahnen ermöglichen eine genaue Identifizierung des Informationsursprungs. Man bezeichnet dieses Prinzip als **Kanalspezifität** (→ Seite 139, Abbildung oben).

6.3.3 Erregungsübertragung von Zelle zu Zelle

Chemische Synapse – Aufbau und Aufgabe: Die Weiterleitung eines Aktionspotentials über das Axon einer Nervenzelle endet im **synaptischen Endköpfchen**. Außer im Spezialfall einer elektrischen Synapse ist eine direkte Weiterleitung des Aktionspotentials zur nachgeschalteten Zelle nicht möglich. Ursache dafür ist der etwa 20 nm breite **synaptische Spalt**, der zwischen der Membran des Endknöpfchens (**präsynaptische Membran**) und der Membran der nachgeschalteten Empfängerzelle (**postsynaptische Membran**) liegt. Ein Aktionspotential kann diese Lücke nicht überspringen. Soll dennoch Information von einer Nervenzelle zu einer nachgeschalteten Nerven-, Muskel- oder Drüsenzelle weitergeleitet werden, muss ein Übertragungssystem genutzt werden, das in der Lage ist, den synaptischen Spalt zu überwinden.

Dieses System besteht in einer **doppelten Umschaltung:** Die im Endknöpfchen in Form eines elektrischen Signals (Aktionspotential) ankommende Information wird hier in ein chemisches Signal umgewandelt. Dieses chemische Signal ist dann in der Lage, den synaptischen Spalt zu überwinden. Erreicht es die Membran der Empfängerzelle, so wird es dort erneut in ein elektrisches Signal zurückverwandelt, das dann an der Membran der Empfängerzelle weitergeleitet werden kann.

Träger des chemischen Signals sind so genannte **Transmitter** (Überträgerstoffe), die in speziellen membranumhüllten Bläschen, den **Vesikeln**, im Endknöpfchen gespeichert sind. Größtenteils werden sie auch im Endknöpfchen synthetisiert. Zu den klassischen Transmittern gehören Substanzen wie Acetylcholin, Adrenalin, Dopamin oder Serotonin. Daneben spielen Peptidtransmitter wie Enkephaline und Endorphine eine wichtige Rolle. Sie haben im Gehirn eine schmerzlindernde und Wohlgefühl auslösende Wirkung.

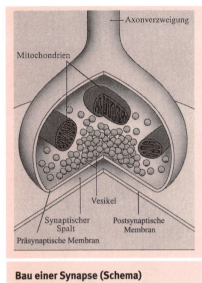

Bau einer Synapse (Schema)

Chemische Synapse – Funktionsweise: Obgleich in Synapsen eine Vielzahl verschiedener Transmitter vorkommen, arbeiten alle chemischen Synapsen nach einem ähnlichen Grundprinzip.

Ein Aktionspotential erreicht das synaptische Endknöpfchen. Durch die Depolarisation öffnen sich im Endknöpfchen spannungsgesteuerte Calciumkanäle. Ca^{2+}-Ionen diffundieren in das Endknöpfchen. Dort binden sie an calciumbindende Proteine. Wahrscheinlich sind es diese durch Bindung von Ca^{2+}-Ionen aktivierten Proteine, die ein Verschmelzen von synaptischen Vesikeln mit der präsynaptischen Membran bewirken. Die Vesikel öffnen sich zum synaptischen Spalt hin und setzen ihren Transmitterinhalt in den Spalt frei. Es handelt sich bei diesem Vorgang um eine typische **Exocytose** - (→ Abbildung Seite 128, B). Die Menge der ausgeschütteten Transmittermoleküle wie auch der Rhythmus der Ausschüttung wird durch die Frequenz der das Endknöpfchen erreichenden Aktionspotential bestimmt. Pro Aktionspotential wird eine ganz bestimmte Menge an Transmittern freigesetzt. Nach ihrer Exocytose diffundieren die Transmittermoleküle durch den synaptischen Spalt zur postsynaptischen Membran. Diese ist mit einer großen Zahl **chemisch gesteuerter Ionenkanäle** besetzt. In den meisten Nervenzelltypen bestehen diese Kanäle aus jeweils mehreren Proteinmolekülen. Bestimmte Abschnitte dieser Moleküle, die **Rezeptoren**, sind in der Lage, spe-

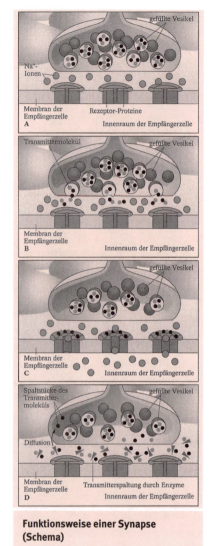

Funktionsweise einer Synapse (Schema)

zifische Transmitter nach dem Schlüssel-Schloss-Prinzip an sich zu binden.

Ohne Bindung von Transmittern liegen die Proteinmoleküle eines Ionenkanals eng beieinander. Der Kanal ist geschlossen. Binden nun Transmittermoleküle an die Rezeptoren, so bewirkt dies ein Auseinanderweichen der Kanalproteine. Der Kanal öffnet sich. Ionen strömen aus dem synaptischen Spalt in die Empfängerzelle (→ Abbildung links, C). Nach kurzer Zeit schließt sich der Kanal wieder, auch wenn weiterhin Transmitter am Rezeptor angelagert sind. Erst nach einer »Erholungsphase« kann der Kanal durch Anlagerung von Transmittermolekülen erneut geöffnet werden. Bei vielen Synapsentypen gibt es im synaptischen Spalt oder an der postsynaptischen Membran **Enzyme,** die Transmittermoleküle zerlegen und damit inaktivieren (D).

In fast allen Synapsentypen sind zudem sehr effektiv arbeitende **Transmitterpumpen** vorhanden, die Transmittermoleküle bzw. deren Bruchstücke aus dem synaptischen Spalt in das Endknöpfchen, die Empfängerzelle oder auch in anliegende Gliazellen pumpen. Teilweise gelangen Transmitter oder deren Abbauprodukte auch per Diffusion zurück in das Endknöpfchen (D). In jedem Fall werden die Transmittermoleküle rasch wieder aus dem Spalt entfernt. Dies ist notwendig, um eine Dauererregung der Empfängerzelle zu verhindern.

Die Öffnung der Ionenkanäle in der postsynaptischen Membran führt zu einem Ionenstrom in die Empfängerzelle. Es gibt nun aber verschiedene Typen chemisch gesteuerter Ionenkanäle. Der eine Typ lässt K^+- oder Cl^--Ionen, ein anderer Na^+- oder Ca^{2+}-Ionen passieren. Jeder dieser Kanaltypen besitzt ganz spezifische Rezeptoren, wird

6 Informationsverarbeitung

also durch die Anlagerung ganz bestimmter Transmitter geöffnet. Dabei ist keineswegs bei jedem Transmitter festgelegt, welchen Kanaltyp er zu öffnen vermag. So gibt es Transmitter, die je nach Empfängerzelle mal zur Öffnung von Na^+- und mal zur Öffnung von Cl^--Kanälen führen.

Erregendes postsynaptisches Potential – hemmendes postsynaptisches Potential

Die Art der geöffneten Ionenkanäle ist entscheidend für die Art der in der Empfängerzelle erzeugten Erregung.

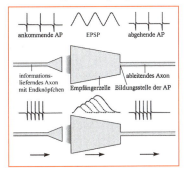

Werden durch die ausgeschütteten Transmitter Natriumkanäle geöffnet, so kommt es zu einem Natriumeinstrom und damit zu einer Depolarisation im Dendriten- oder Somabereich der Empfängerzelle. Diese wird unter Abschwächung elektrotonisch bis zum Axonhügel weitergeleitet. Bei Erreichen des Schwellenwertes löst sie hier die Bildung eines Aktionspotentials aus. Da die Depolarisation am Axonhügel zur Bildung eines Aktionspotentials führt, wird sie als **erregendes postsynaptisches Potential (EPSP)** bezeichnet. Der Synapsentyp, an dessen postsynaptischer Membran ein EPSP erzeugt wird, heißt **erregende Synapse** (→ Abbildung oben).

Ein Auslösen von Aktionspotentialen an der Dendriten- bzw. Somamembran ist nicht möglich, da hier die Dichte der spannungsgesteuerten Natriumkanäle zu gering ist.

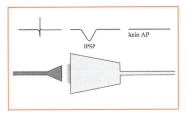

Ebenso häufig wie erregende kommen **hemmende Synapsen** (**inhibitorische Synapsen**) vor. Bei ihnen bewirken die Transmitter die Öffnung von Chloridkanälen. Einströmende Cl^--Ionen lösen in der Empfängerzelle eine weitere Negativierung des Ruhepotentials z. B. von –70 mV auf –90 mV, also eine Hyperpolarisation, aus. Diese wird elektrotonisch zum Axonhügel geleitet. Sie bewirkt keine Aktionspotential-Bildung (→ Abbildung unten). Allerdings wirkt sie einem eventuell gleichzeitig ankommenden EPSP entgegen. Man bezeichnet sie daher als **inhibitorisches postsynaptisches Potential** (*IPSP*).

Informationsverarbeitung im Bereich der Impuls-Entstehungs-Region: Erreicht ein überschwelliges EPSP den Axonhügel, so kann ein zeitgleich ankommendes IPSP dazu führen, dass die Depolarisation unterschwellig wird. Ein Aktionspotential entsteht in diesem Fall nicht.

Andererseits können zwei zeitgleich ankommende, einzeln jeweils unterschwellige EPSP im Bereich des Axonhügels zu einem überschwelligen Potential aufsummiert werden und die Bildung eines Aktionspotentials auslösen. Auch kurz nacheinander ankommende EPSP werden aufsummiert. Dies führt dazu, dass die Depolarisation am Axonhügel für längere Zeit überschwellig bleibt, somit die Bildung mehrerer Aktionspotentiale ausgelöst wird (→ Abbildung Seite 129, oben).

An einer einzigen Nervenzelle können teilweise 50 000 Synapsen anliegen. Diese übermitteln Informationen von 50 000 anderen Nervenzellen. Es kann sich bei diesen Synapsen um hemmende oder erregende Synapsen handeln. In der Impuls-Entstehungs-Region wird die Vielfalt der über diese Synapsen eingehenden Informationen verrechnet und in ein ganz spezifisches Muster von Aktionspotentialen codiert, das dann über das Axon weitergeleitet wird (Beispiel; → Abbildung unten).

Motorische Endplatte (Neuromuskuläre Synapse): Vom Zentralnervensystem werden Informationen über **Motoneurone** den Muskeln zugeleitet. Die Verbindungsstelle zwischen Motoneuron und Muskel, die **motorische Endplatte**, unterscheidet sich im Aufbau nur wenig von einer Synapse zwischen zwei Nervenzellen (→ Abbildung Seite 134, oben). Auch ihre Funktionsweise ist ähnlich:

◆ Transmitter ist hier das **Acetylcholin**.
◆ Das durch Öffnung von Natriumkanälen an der Muskelfasermembran ausgelöste EPSP wird als **Endplattenpotential** bezeichnet.
◆ Das Endplattenpotential bewirkt die Bildung eines Aktionspotentials, das über spezielle Strukturen (T-Tubuli) tief in die Muskelfaser geleitet wird.
◆ Hier führt das Aktionspotential dazu, dass aus einem speziellen intrazellulären Calciumspeicher, dem sarkoplasmatischen Reticulum, Calciumionen freigesetzt werden. Diese setzen die Muskelkontraktion in Gang (→ Seite 133).
◆ Das Enzym Acetylcholinesterase zerlegt das Acetylcholin in Cholin und Acetat. Cholin wird aktiv in das Endknöpfchen aufgenommen und zum Aufbau neuen Acetylcholins genutzt.

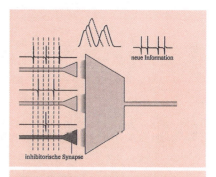

Ein Beispiel der Verarbeitung von Informationen in der Impuls-Entstehungs-Region (zwei erregende und eine hemmende Synapse wirken zusammen)

6 Informationsverarbeitung

Nervengifte und ihre Wirkung – eine Übung: Die Abläufe der Erregungsleitung an Nervenzellen können im Rahmen einer Abituraufgabe direkt abgefragt werden. Weitaus häufiger müssen sie jedoch in materialgebundenen Aufgaben angewandt werden. Viele dieser Aufgaben haben die Wirkung von Nervengiften sowie die Erklärung dieser Wirkung zum Gegenstand. Im Folgenden werden einige ausgewählte Aufgaben in tabellarischer Form vorgestellt. Zur Bearbeitung der Aufgaben sollte die rechte Spalte (»Erklärung der Wirkung«) zunächst abgedeckt werden. Ausgehend von den Informationen der beiden linken Spalten sollte versucht werden, eine Erklärung der Giftwirkung zu formulieren.

Die Wirkung ausgewählter Nervengifte

Zugegebenes Nervengift	Beobachtete Wirkung	Erklärung der Wirkung
(1) Curare (Pfeilgift der Indianer Südamerikas, dessen aktiver Bestandteil das d-Tubocurarin ist) wird in der Menge (a) dem Präparat einer motorischen Endplatte zugegeben. (2) Nach Reinigung des Präparates wird erneut Curare, diesmal in der Menge (a+a), dem Präparat der motorischen Endplatte zugegeben. (3) Nach Reinigung des Präparates wird erneut Curare, diesmal in der Menge (a+a+a), dem Präparat der motorischen Endplatte zugegeben.	(1) Das Motoneuron wird künstlich gereizt; es werden über das Motoneuron 5 Aktionspotentiale bis zum Endknöpfchen geleitet; an der Muskelzellmembran sind ein Endplattenpotential sowie 3 Aktionspotentiale festzustellen. (2) Das Motoneuron wird künstlich gereizt; es werden über das Motoneuron 5 Aktionspotentiale bis zum Endknöpfchen geleitet; an der Muskelzellmembran sind ein im Vergleich zu (1) niedrigeres Endplattenpotential sowie 1 Aktionspotential festzustellen. (3) Das Motoneuron wird künstlich gereizt; es werden über das Motoneuron 5 Aktionspotentiale bis zum Endknöpfchen geleitet; an der Muskelzellmembran ist ein im Vergleich zu (2) niedrigeres Endplattenpotential, jedoch kein Aktionspotential festzustellen.	Curare wirkt im Bereich des synaptischen Spaltes. Da seine Wirkung deutlich konzentrationsabhängig ist, liegt die Vermutung nahe, dass dieses Gift in Form einer kompetitiven Hemmung wirkt. Aufgrund seiner Bauähnlichkeit zum Acetylcholin vermag es sich an die Rezeptoren der Muskelzellmembran anzulagern. Es bewirkt dort jedoch keine Öffnung der Natriumkanäle. Seine Bindung ist reversibel. Je mehr Curare im Verhältnis zum ausgeschütteten Acetylcholin im synaptischen Spalt vorhanden ist, desto stärker ist der hemmende Effekt.
(1) Botulinumtoxin wird vom Bakterium Clostridium botulinum in verderbenden Nahrungsmitteln produziert. Es ist eines der stärksten Gifte überhaupt. Man gibt es in geringer Menge zum Präparat einer motorischen Endplatte. (2) Zum Präparat einer motorischen Endplatte gibt man Botulinumtoxin und kurze Zeit später Acetylcholin.	Das Motoneuron wird künstlich gereizt; es werden über das Motoneuron 5 Aktionspotentiale bis zum Endknöpfchen geleitet; dort kann in den Versuchen (1) und (2) ein Calciumeinstrom in das Endknöpfchen festgestellt werden. Im Versuch (1) ist jedoch an der Muskelzellmembran weder ein Endplattenpotential noch ein Aktionspotential festzustellen. Im Versuch (2) sind an der Muskelzellmembran ein Endplattenpotential und mehrere Aktionspotentiale festzustellen.	Botulinumtoxin hemmt die Exocytose von Acetylcholin (es zerstört eines der Proteine, die für den korrekten Andockvorgang der Vesikel an der präsynaptischen Membran und ihre Entleerung in den synaptischen Spalt verantwortlich sind). Dass es nicht die Rezeptoren der postsynaptischen Membran beeinträchtigt, zeigt der Versuch (2), denn diese arbeiten bei Acetylcholinzugabe trotz Anwesenheit von Botulinumtoxin einwandfrei.

6.4 Gedächtnis

Definition: Alle mit Nervenzellen ausgestatteten Tiere besitzen ein Gedächtnis. Unter Gedächtnis versteht man die Fähigkeit, individuell aufgenommene Informationen abrufbar zu speichern.

Organisation: Man unterscheidet:
- **Sensorisches Gedächtnis:** Alle über die Sinnesorgane aufgenommenen Informationen werden für max. 1 Sek. festgehalten. Der größte Teil wird jedoch nicht wahrgenommen und geht verloren (→ Vergessen).
- **Primäres Gedächtnis (Kurzzeitgedächtnis):** Das aktive Bewusstsein. Übernimmt aus dem sensorischen Gedächtnis nur wenige Informationen. Kapazität und Speicherdauer sind eng begrenzt (7 Informationseinheiten; 10 – 20 Sek.).
- **Sekundäres Gedächtnis (mittelfristiges Gedächtnis):** Übernahme eines Bruchteils der Informationen des Primären Gedächtnis. Speicherzeit und Kapazität deutlich größer als beim Primären Gedächtnis (Minuten bis Monate). Hier werden Informationen bereits verarbeitet und unter Umständen mit Gefühlen angereichert. Informationen, die nicht innerhalb der Speicherdauer durch Wiederholung, Üben usw. verstärkt werden, gehen verloren (→ Vergessen).
- **Tertiäres Gedächtnis (Langzeitgedächtnis):** Durch häufiges Üben oder besondere Betonung (z. B. Kopplung mit intensiven Gefühlen) hervorgehobene Informationen aus dem Sekundären Gedächtnis werden hier unter Umständen lebenslang gespeichert. Doch ist auch Vergessen möglich.

Engramm-Bildung (Engrammierung): Die Informationsspeicherung im Sekundären und Tertiären Gedächtnis ist mit Veränderungen der Synapsen verbunden. Man bezeichnet diese Veränderungen als **Engramme** (**Gedächtnisspuren**). Ihre molekulare Struktur kann, je nach Synapsentyp, unterschiedlich sein.

Für die Engrammbildung im Bereich des Tertiären Gedächtnis nimmt man die Beteiligung der Proteinbiosynthese und, vorgelagert, die Aktivierung bestimmter Gene an. In Synapsen, die in kurzer Zeit mehrmals von gleichen Informationen durchlaufen werden, kommt es zur Aktivierung oder Neubildung bestimmter Proteine. Diese verändern die Synapsen dahingehend, dass sie schneller, effektiver arbeiten. Teilweise können die Proteine auch zur Ausbildung neuer Synapsen im Bereich besonders häufig benutzter Nervenbahnen führen.

In welcher Form die Proteinbiosynthese aktiviert wird, ist heute nur ansatzweise bekannt. Es werden verschiedene Rückkopplungssysteme unter anderem auch über das Gas Stickstoffmonooxid diskutiert.

6 Informationsverarbeitung

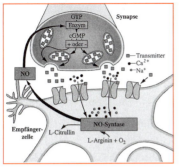

Molekulare Bahnung durch Stickstoffmonooxid (NO): Erregungsleitung an Synapse ⇒ neben Natrium strömt auch Calcium in Empfängniszelle ⇒ Calcium aktiviert NO-Synthase ⇒ NO-Produktion ⇒ NO diffundiert in synaptisches Endknöpfchen ⇒ NO löst dort Bildung des *second messengers* cGMP aus ⇒ je nach Synapsentyp hemmt oder fördert cGMP die Transmitterproduktion; häufig »benutzte« Synapsen des Typs 1 schütten damit durch Rückkopplung über NO immer mehr Transmitter pro ankommendem Aktionspotential aus, Synapsen des Typs 2 immer weniger.

Informationen werden jedoch nicht in einzelnen Synapsen gespeichert. Vielmehr führt jede Informationsspeicherung zur Entstehung eines komplexen Musters engrammierter Synapsen. In diesem Muster ist die gespeicherte Information codiert. Dabei können die an einem Muster beteiligten Synapsen in unterschiedlichen Bereichen des Gehirns liegen. Bei einer Speicherung können dieselben Synapsen an verschiedenen Mustern beteiligt sein. So können viele Inhalte gleichzeitig und überlappend gespeichert werden.

6.5 Muskelkontraktion

6.5.1 Bau des Muskels

Alle Tiere, mit Ausnahme der Einzeller und Hohltiere, besitzen Muskelzellen. Zumeist sind sie die Effektoren bei tierischen Reizreaktionen.

Glatte Muskeln: Die Muskeln der inneren Organe und Gefäße (mit Ausnahme des Herzens) enthalten längliche, spindelförmige Zellen mit jeweils einem Zellkern. Sie arbeiten langsam, können sich aber stark zusammenziehen und diese Verkürzung (**Kontraktion**) oftmals lange ohne großen Energieverbrauch aufrechterhalten. Sie werden unwillkürlich bewegt. Glatte Muskeln weisen im Gegensatz zu quergestreiften Muskeln keine deutliche Bänderung auf. Ihre Kontraktion erfolgt mithilfe von unregelmäßig angeordneten Myofibrillen (→ unten).

Quergestreifte Muskeln: Der Herzmuskel sowie die willkürlich zu bewegenden Skelettmuskeln der Wirbeltiere (dies sind Muskeln, die an Teilen des Skelettes ansetzen) gehören zur quergestreiften Muskulatur. Diese arbeitet sehr rasch, ist äußerst leistungsfähig, weist jedoch einen hohen Energieverbrauch auf.

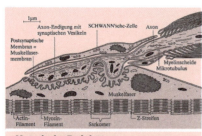

**Motorische Endplatte –
die Verbindungsstelle zwischen
Motoneuron und Muskelfaser**

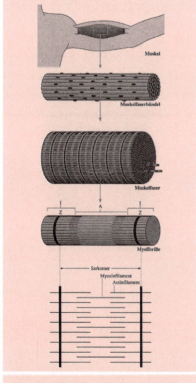

Bau eines Skelettmuskels

Jeder quergestreifte Muskel ist aus vielen **Muskelfaserbündeln** zusammengesetzt, die unter dem Mikroskop eine Untergliederung in helle und dunkle Querstreifen erkennen lassen. Die Faserbündel setzen sich aus vielen **Muskelfasern** zusammen, die den jeweiligen Muskel der Länge nach durchziehen und an den Enden in die Sehnen übergehen. Jede Muskelfaser ist eine einzige große Zelle, die im Verlauf der Embryonalentwicklung aus dem Zusammenschluss vieler Einzelzellen entstanden ist. Sie besitzt deshalb neben einer Vielzahl von Mitochondrien auch mehrere Zellkerne.

Die Membran dieser Muskelzelle ist nach innen hin eingestülpt. Die dadurch entstandenen säckchenartigen Hohlräume, **das sarkoplasmatische Reticulum**, dienen als intrazellulärer Calciumspeicher.

Jede Muskelfaser setzt sich aus zahlreichen, parallel angeordneten Untereinheiten, den **Myofibrillen**, zusammen. Eine Myofibrille besteht aus vielen hintereinandergeschalteten Funktionseinheiten, den **Sarkomeren**. Die Sarkomere werden von den dunklen **Z-Streifen** (Z-Scheiben) begrenzt. Jedes Sarkomer ist ein Zylinder von etwa 1,5 µm Durchmesser. Es setzt sich aus zwei Komponenten zusammen: den dünnen Actinfilamenten und den dickeren Myosinfilamenten. Die **Actinfilamente** sind an den Z-Streifen fest verankert. Aufgebaut sind sie in wesentlichen Teilen aus G-Actin, einem kugelförmigen Protein. 200 solcher G-Actinmoleküle sind zu einer Kette, dem F-Actin (F = Faden), polymerisiert. Zwei dieser perlenkettenartigen F-Actinmoleküle wiederum sind umeinander gewunden und bilden eine Doppelhelix

6 Informationsverarbeitung

(→ Abbildung Seite 136). Diese Doppelhelix stellt das Actinfilament dar. Das Actinfilament besitzt eine Vielzahl von Bindungsstellen, an denen sich Myosin anheften kann. Im ruhenden, entspannten Muskel sind diese Bindungsstellen durch Blockadeproteine (Troponin in Kombination mit Tropomyosin) blockiert.

Die dickeren **Myosinfilamente** liegen zwischen den Actinfilamenten. Sie sind aus dem Protein Myosin aufgebaut. Ein Myosinmolekül erinnert in seiner Raumstruktur an einen Golfschläger: Es weist einen langen fädigen Schwanz- und einen verdickten Kopfteil auf. Beide sind über einen beweglichen Halsteil miteinander verbunden. Jeweils zwei Myosinmoleküle lagern sich zu einer Einheit, einem Dimer, zusammen (→ Abbildung Seite 136). Etwa 100 dieser Dimere bilden ein Myosinfilament. Dabei liegen die Schwanzteile der Dimere zur Mitte, die Kopfteile zu den beiden Seiten des Filamentes hin orientiert. Die Schwanzteile bilden das Rückgrat des Filamentes, die Halsteile mit den daran hängenden Köpfchen ragen seitlich aus dem Filament heraus. Ein bestimmter Abschnitt jedes Kopfteiles ist in der Lage, ATP zu spalten. Er wirkt damit als ATPase.

6.5.2 Muskelkontraktion

Im Ruhezustand des Muskels nimmt das sarkoplasmatische Reticulum aktiv Calciumionen auf. Der Calciumspiegel in der Muskelfaser ist folglich gering. Die Myosinköpfchen haben keinen Kontakt zu den Actinfilamenten, da die potentiellen Anheftungsstellen am Actinfilament blockiert sind.

An den Myosinköpfchen sind ADP und Phosphat gebunden. Der Muskel ist entspannt. Wird die Membran einer Muskelzelle nun von einem Aktionspotential depolarisiert, so bewirkt dieses die Ausschüttung von Calciumionen aus dem sarkoplasmatischen Reticulum (→ Seite 130). In der Muskelfaser steigt der Calciumspiegel an. Calcium verbindet sich mit dem Troponin, wodurch sich dessen Raumstruktur ändert und daraus folgend auch die Lage des Tropomyosins. Die zuvor bestehende Blockade der Myosinbindungsstellen am Actinfilament wird dadurch aufgehoben. Myosinköpfchen können sich jetzt an das Actinfilament anheften. ADP und Phosphat lösen sich von den Köpfchen ab (→ Abbildung Seite 136, ②). Infolge der Bindung an das Actinfilament kommt es im Myosinmolekül zu innermolekularen Veränderungen, die ihren Ausdruck in einem »Umklappen« des Myosinköpfchens finden (→ Abbildung Seite 136, ③). Die Folge: Das am Köpfchen anhaftende Actinfilament wird aktiv zur Mitte des Sarkomers hin verschoben. Das Sarkomer verkürzt sich. Da dieses auf ein Aktionspotential hin an Tausenden von Sarkomeren gleichzeitig geschieht, kommt es zum spürbaren Zusammenziehen des gesamten Muskels, zur Muskelkontraktion.

Nun bindet sich ein Molekül ATP an die ATPase-Region des Myosinköpfchens. Es wird in ADP und Phosphat gespalten. Diese ATP-Spaltung bewirkt, dass sich das Myosinköpfchen vom Actinfilament löst und wieder seine »energiegeladene« Ausgangsstellung einnimmt (→ Abbildung unten, ④). Ist der Calciumspiegel in der Muskelfaser weiterhin hoch, bleiben die Myosinbindungsstellen am Actin unblockiert. Ein »energiegeladenes« Myosinköpfchen lagert sich in diesem Fall an die nächste Anheftungsstelle am Actinfilament an. Der Zyklus beginnt erneut. Auf diese Weise zieht sich ein Myosinfilament immer tiefer zwischen zwei Actinfilamente in Richtung des Z-Streifens. Calciumpumpen haben inzwischen Calciumionen aktiv zurück in das sarkoplasmatische Reticulum gepumpt. Jedes neu an der Muskelmembran entstehende Aktionspo-

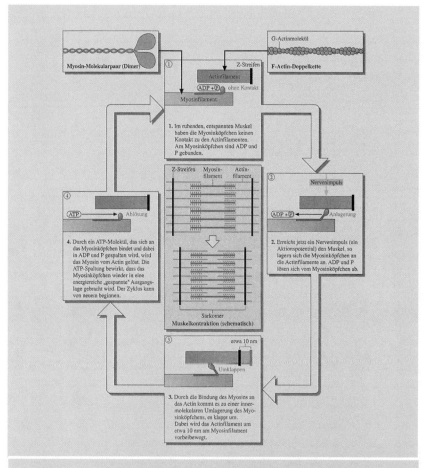

Mechanismus der Muskelkontraktion (Gleitfilamentmodell – schematisch)

6 Informationsverarbeitung

tential hat jedoch zu einer erneuten Ausschüttung von Calciumionen aus dem sarkoplasmatischen Reticulum geführt. Solange also immer neue Aktionspotentiale den Muskel erreichen, geht die Kontraktion weiter bzw. bleibt in ihrer Maximalstellung erhalten. Erreicht jedoch kein weiteres Aktionspotential den Muskel, so nimmt der Calciumspiegel in der Muskelzelle rasch ab. Die Myosinbindungsstellen am Actinfilament werden wieder blockiert. Nach und nach lösen sich alle Myosinköpfchen vom Actinfilament. Wird der Muskel z. B. von seinem Gegenspielermuskel (Antagonisten) gedehnt, gleiten die solchermaßen »kontaktlosen« Actinfilamente passiv auseinander. Das Sarkomer verbreitert sich wieder. Der Muskel entspannt, erschlafft.

6.6 Sinnesorgane

6.6.1 Sinneszellen und Sinnesorgane

Bilden die Muskeln das Endglied vieler Reizreaktionen, so stehen Sinneszellen an deren Anfang. Sie ermöglichen dem Lebewesen die Aufnahme von Reizen aus der Umwelt.

Sinneszellen sind spezialisierte, zur Reizaufnahme befähigte Zellen, die einzeln oder zu Sinnesorganen zusammengefasst vorkommen können. Mithilfe spezieller Rezeptorstrukturen transduzieren Sinneszellen die für sie adäquaten Reize in Erregung und übertragen diese auf ableitende Neurone (→ Seite 114). Dabei werden drei Typen von Sinneszellen unterschieden: **Primäre Sinneszellen** (→ Abbildung links, a), z. B. Riechzellen der Wirbeltiere, wie auch **Sinnesnervenzellen** (→ Abbildung links, c), »freie Nervenendigungen« – z. B. Tastkörperchen der Wirbeltiere, sind zur Reizaufnahme, Reiz-Erregungs-Transduktion und zur Erregungsweiterleitung in Form von Aktionspotentialen fähig. **Sekundäre Sinneszellen** (→ Abbildung links, b), z. B. Geschmackssinneszellen, kommen nur bei Wirbeltieren vor. Sie sind zur Reizaufnahme und Reiz-Erregungs-Transduktion, nicht aber zur Bildung von Aktionspotentialen fähig. Eine Erregung führt bei ihnen zur Ausschüttung von Transmittern.

Sinnesorgane sind zur Reizaufnahme befähigte Strukturen eines vielzelligen Organismus. Im einfachsten Fall besteht ein Sinnesorgan nur aus einer Sinneszelle oder aus mehreren Einzelsinneszellen, die diffus über die Körperoberfläche verstreut sind. In der Regel sind in einem Sinnesorgan aber viele Sinneszellen und teilweise komplexe Hilfseinrichtungen räumlich eng verbunden.

6.6.2 Vom Reiz zur Erregung

Der Mechanismus der Reiz-Erregungs-Transduktion sieht in den verschiedenen Sinneszellen sehr unterschiedlich aus. Es lassen sich jedoch einige grundlegende Gemeinsamkeiten feststellen (→ Abbildung rechts).

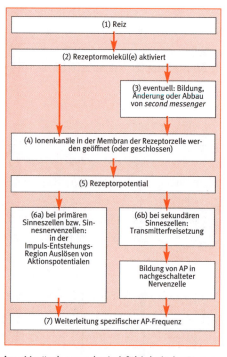

1. Jede Sinneszelle transduziert den aufgenommenen Reiz in eine Veränderung ihres Ruhepotentials. Diese Veränderung kann eine Depolarisation oder auch eine Hyperpolarisation sein.
Die Differenz zwischen Ruhepotential und dem Membranpotential der Sinneszelle nach Reizaufnahme wird als **Rezeptorpotential** bezeichnet. Je höher die Reizintensität, desto größer ist das Rezeptorpotential.

2. Das Rezeptorpotential resultiert aus einer Veränderung der Leitfähigkeit der Rezeptorzellmembran durch Öffnung bzw. Schließen von Ionenkanälen. Je nach Reiz und Rezeptorzelltyp kann dies auf unterschiedliche Art herbeigeführt werden: (a) durch mechanische Einwirkung auf Kanalmoleküle (z. B. über Sinneshaare, Mechanorezeptoren), (b) durch direkte Bindung von Reizstoffen an Kanalmoleküle (Chemorezeptoren) (c) durch Veränderung (Aktivierung) von Rezeptormolekülen, die dann ein Öffnen bzw. Schließen von Ionenkanälen bewirken (d) durch Aktivierung von Rezeptormolekülen, welche zunächst die Bildung, Veränderung oder Freisetzung so genannter **second messenger** (sekundäre Botenstoffe) bewirken. Second messenger sind z. B. cAMP, cGMP oder Calciumionen. Ein aktiviertes Rezeptormolekül kann dabei zur Bildung oder Freisetzung hunderter von second messenger-Molekülen führen (**intrazelluläre Reizverstärkung**). Die second messenger bewirken dann die Öffnung bzw. das Schließen von Ionenkanälen in der Zellmembran und

6 Informationsverarbeitung

damit die Entstehung eines Rezeptorpotentials.
3. Das Rezeptorpotential wird elektrotonisch weitergeleitet. Erreicht es in der Impuls-Entstehungs-Region den Schwellenwert, werden dort proportional zu Höhe und Dauer des Rezeptorpotentials Aktionspotentiale ausgelöst. Die Reizintensität wird also letztendlich in der Frequenz der Aktionspotentiale codiert (→ Abbildung unten links). Dies gilt für jede Art von Reiz (→ Abbildung oben).
4. Die Abläufe in der Impuls-Entstehungs-Region einer Sinneszelle unterscheiden sich nicht von denen in einer Nervenzelle (→ Seite 124 f. und 129 f.): Unterschwellige Rezeptorpotentiale (ausgelöst durch unterschwellige Reize) führen nicht zur Bildung eines Aktionspotentials. Die Rezeptorpotentiale mehrerer kurz aufeinanderfolgender unterschwelliger Reize können zu einem überschwelligen Rezeptorpotential aufsummiert werden (→ Abbildung rechts unten).

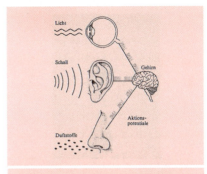

Das Ergebnis der Reiztransduktion

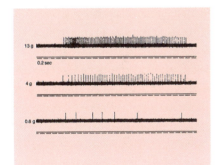

Aktionspotentiale einer auf Druck reagierenden Sinneszelle des Menschen (bei einwirkendem Druck von 13 g, 4 g und 0,6 g)

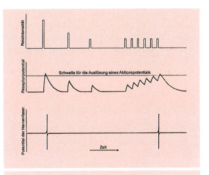

Vom Reiz zum Aktionspotential: Überschwelliger Reiz, unterschwellige Reize und zeitliche Summation unterschwelliger Reize

6.6.3 Lichtsinnesorgane im Überblick

Im Folgenden kann nur eine Gruppe von Sinnesorganen genauer vorgestellt werden. Ausgewählt wurde die im Unterricht am häufigsten besprochene Gruppe der Lichtsinnesorgane.

Bei einer Reihe von Einzellern und Bakterien weisen das Plasma oder einzelne Organelle Lichtempfindlichkeit auf. Bei den Vielzellern haben sich spezielle Lichtsinneszellen und schließlich Lichtsinnesorgane entwickelt:

- ◆ **Lichtsinneszellen:** Sie liegen in der Haut verteilt und erlauben nur Hell-Dunkel-Sehen.
- ◆ **Flachauge:** Es besteht aus zahlreichen nebeneinander in der Haut liegenden Sehzellen und ermöglicht ein verbessertes Hell-Dunkel-Sehen. Vorkommen z. B. bei Quallen und Seesternen.
- ◆ 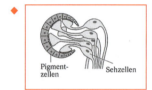 **Pigmentbecherauge:** Hier liegen die Sehzellen vom Licht abgewandt (**inverse Lage**). Sie sind einseitig durch Pigmentzellen gegen Lichteinfall abgeschirmt. Dieser Augentyp befähigt zum Hell-Dunkel-Sehen sowie auch zur Identifizierung der Lichteinfallsrichtung (grobes Richtungssehen). Vorkommen z. B. bei Strudelwürmern und Egeln.
- ◆  **Grubenauge (Napfauge):** Die dem Licht zugewandten Sehzellen (**everse Lage**) bilden in einer grubenförmigen Einsenkung der Haut eine geschlossene Zellschicht. Die Grube ist mit Sekret gefüllt (Lichtbrechung) und nach unten durch Pigmentzellen abgeschirmt. Grubenaugen ermöglichen Hell-Dunkel-Sehen und ein verbessertes Richtungssehen. Vorkommen z. B. bei Schnecken.
- ◆ 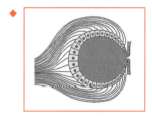 **Lochauge:** Es stellt ein stärker eingesenktes Grubenauge dar. Die Zahl der Sehzellen ist vergrößert. Die lichtdurchlässige Öffnung ist nur noch lochförmig. Das Innere ist von Sekret ausgefüllt. Ein Lochauge ermöglicht neben Hell-Dunkel- und Richtungssehen erstmals auch Bildsehen. Das nach dem Lochkameraprinzip erzeugte Bild ist jedoch lichtschwach und unscharf. Vorkommen z. B. bei Nautilus. Bei manchen Schnecken hat sich der Hohlraum zu einer Blase geschlossen, die von durchsichtiger Haut bedeckt ist (**Blasenauge**). Bei anderen Schnecken ist das Sekret im Innern der Blase zu einer Linse verfestigt (**einfaches Linsenauge**). All dies führt jedoch nur zu einer geringen Verbesserung der Bildqualität.

6 Informationsverarbeitung

◆ **Linsenauge:** Einen Leistungssprung stellt das Linsenauge der Kopffüßer mit einer eversen Netzhaut sowie das Linsenauge der Wirbeltiere mit einer inversen Netzhaut dar (→ Seite 142).

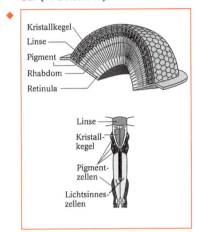

◆ **Komplexauge (Facettenauge):** → Abbildung links: oben die Übersicht, unten ein Längsschnitt durch ein Ommatidium. Das Komplexauge der Gliederfüßer (z. B. Spinnen, Insekten) passt nicht in die zuvor skizzierte Augenentwicklungsreihe. Es ist aus vielen Einzelaugen (**Ommatidien**) zusammengesetzt. Jedes Einzelauge enthält acht Sinneszellen, deren lichtempfindliche Teile zur Mitte hin liegen und das **Rhabdom** (**Sehstab**) bilden. Der optische Apparat des Einzelauges (Linse und Kristallkegel) sammelt das Licht auf dem Rhabdom. Pigmentzellen schirmen die Einzelaugen voneinander ab. Jedes Ommatidium registriert nur die Lichtverhältnisse in einem winzigen Teil des Gesamtbildes. Das aus den Informationen der Einzelaugen zusammengesetzte Mosaik aus Bildpunkten wird durch neuronale Verschaltung zu einem Gesamtbild zusammengefügt. Komplexaugen ermöglichen Bildsehen, Farbsehen, die Wahrnehmung polarisierten Lichtes und eine hohe zeitliche Bildauflösung.

6.6.4 Bau des menschlichen Auges

Als Beispiel eines Wirbeltierlinsenauges soll das menschliche Auge vorgestellt werden. Der Weg des Lichtes im Auge sieht wie folgt aus:

◆ **Station 1:** Die vorgewölbte, durchsichtige **Hornhaut**, die als Sammellinse wirkt.
◆ **Station 2:** Die flüssigkeitsgefüllte **äußere Augenkammer**.
◆ **Station 3:** Die **Pupille**. Sie wird durch die farbige **Iris** gebildet, eine gewölbte Scheibe aus glatten Muskelfasern, die in der Mitte ein Loch, die Pupille, aufweist. Sie wirkt wie eine Kamerablende. Bei zunehmender Helligkeit ziehen sich ringförmige Irismuskeln zusammen. Die Pupille wird verkleinert. Bei zunehmender Dunkelheit kontrahieren dagegen strahlenförmige Irismuskeln. Die Pupille erweitert sich. Man bezeichnet diese Anpassung des Auges an unterschiedliche Lichtverhältnisse als **Adaptation**.
◆ **Station 4:** Die **Linse**. Sie besteht aus Proteinfasern, ist transparent und konvex gewölbt. Die Linse wird durch Aufhängefasern in ihrer Position gehalten. Diese

Fasern sind mit dem vorderen Teil der Aderhaut verbunden, in den der ringförmige Ziliarmuskel (Ringmuskel) eingelagert ist. Dieser spielt beim Scharfstellen des Bildes auf der Netzhaut, der **Akkomodation**, eine entscheidende Rolle. Bei entspanntem Ringmuskel sind die Aufhängefasern der Linse gestrafft. Die Linse wird in die Länge gezogen und dadurch flacher. Ihre Brechkraft nimmt ab. Sie ist auf Fernsicht eingestellt. Kontrahiert sich der Ringmuskel, so entspannen sich die Aufhängefasern. Infolge ihrer Eigenelastizität nimmt die Linse eine stärker kugelige Form an. Ihre Brechkraft nimmt zu. Nahe Gegenstände werden scharf abgebildet. Angeborene Kurz- oder Weitsichtigkeit sind Folgen einer Augapfelfehlbildung. Altersweitsichtigkeit ist durch den zunehmenden Verlust der Eigenelastizität der Linse bedingt.

◆ **Station 5:** Der durchsichtige, gallertige Glaskörper. Hornhaut, Linse, vordere Augenkammer und **Glaskörper** bilden den lichtbrechenden (dioptrischen) Apparat des Auges.

◆ **Station 6:** Die **Netzhaut** (*Retina*). Sie ist der eigentlich lichtempfindliche Teil des Auges. Alle übrigen Teile sind lediglich Hilfsstrukturen, die es ermöglichen, ein scharfes, verkleinertes, seitenverkehrtes und kopfstehendes Bild exakt auf der Netzhaut zu fokussieren. In der Retina liegen die farbempfindlichen Zapfen und die helldunkelempfindlichen Stäbchen in inverser Lage. Letztere sind etwa 10 000-mal lichtempfindlicher als die Zapfen. Im Randbereich der Netzhaut überwiegen die Stäbchen, im Zentrum die Zapfen. Am dichtesten liegen die Zapfen in der stäbchenfreien Zentralgrube, inmitten des so genannten gelben Flecks. Diese Region ist deshalb die Stelle mit dem besten Auflösungsvermögen, der größten Sehschärfe und der höchsten Farbempfindlichkeit. Die Sehzellen der Netzhaut sind an ihren Spitzen von Pigmentzellen umgeben. An die Sehzellschicht schließen sich nach innen mehrere Schichten von Neuronen an, welche die Informationen der Sehzellen vorverarbeiten, bevor diese zum Gehirn geleitet werden. Die ableitenden Neuriten vereinigen sich zum Sehnerv, der im blinden Fleck aus dem Auge austritt. Im Bereich des blinden Flecks befinden sich keine Sehzellen.

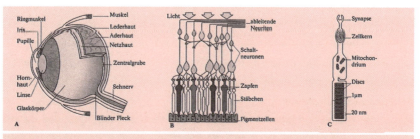

Bau des menschlichen Auges: (A) Übersicht (B) Netzhaut (C) ein Stäbchen

6 Informationsverarbeitung

6.7 Nervensysteme

Nervenzellen ermöglichen eine schnelle und effiziente Informationsverarbeitung. Ihre potentiellen Fähigkeiten auszuschöpfen ist jedoch nur möglich, wenn sie untereinander verknüpft und zu größeren Funktionseinheiten verbunden sind. Die Gesamtheit der miteinander verknüpften Nervenzellen bezeichnet man als **Nervensystem**.

- **Nervennetz:** Hohltiere (z. B. Quallen und Polypen) weisen diese einfachste Form eines Nervensystems auf. Ihre über den gesamten Körper verteilten Nervenzellen stehen miteinander in Kontakt. Nervenzentren fehlen (→ Abbildung unten). Ein Nervennetz ermöglicht nur einfache Koordinationsleistungen.

- **Zentralnervensystem:** Mit der evolutiven Entwicklung der Tiere war auch eine zunehmende Konzentration der Nervenzellen in bestimmten Körperabschnitten verbunden. Es entwickelten sich **Ganglien** (Nervenknoten), in welchen die Zellkörper vieler Nervenzellen konzentriert sind. Ganglien sind Zentren der nervösen Kontrolle und Informationsverarbeitung. Liegen mehrere miteinander verbundene Ganglien vor, so bezeichnet man dieses zusammenhängende System als **Zentralnervensystem (ZNS)**. Nervenzellen, die völlig innerhalb des ZNS verlaufen, werden **Interneurone** genannt.

- **Peripheres Nervensystem:** Nervenzellen, die Erregung von den Rezeptoren zum ZNS leiten, heißen **afferente Neurone** (sensorische Neurone), solche, die Erregung vom ZNS zu den Effektoren leiten, **efferente Neurone**. Die zu Muskeln führenden efferenten Nervenzellen werden auch als **Motoneurone** (motorische Neurone) bezeichnet. Afferente und efferente Neurone zusammen bilden das **periphere Nervensystem**.

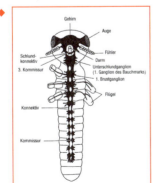

- **Strickleiternervensysteme:** Ringelwürmer besitzen ein ZNS, das aus zwei großen Neuronenverbänden im Kopf (Ober- und Unterschlundganglion) sowie paarig angelegten Ganglien in jedem Segment besteht. Diese sind längs und quer miteinander verbunden und bilden ein so genanntes **Strickleiternervensystem**. Gliederfüßer (z. B. Insekten) weisen ein Strickleiternervensystem auf, das auf der Bauchseite konzentriert ist (Bauchmark). Im Kopf- und Brustbereich sind die Ganglien teilweise zu großen Ganglienknoten verschmolzen (→ Abbildung links). Dieses Nervensystem ermöglicht komplexe Verhaltensweisen, differenzierte Lernvorgänge und ausgeprägte Formen sozialer Kommunikation (→ Staaten bildende Insekten).

- **Willkürliches und vegetatives Nervensystem:** Bei höheren Lebewesen unterscheidet man das **willkürliche Nervensystem**, das alle bewussten, willentlich kontrollierbaren Vorgänge steuert, und das **vegetative Nervensystem**. Letzteres steuert vor allem die Tätigkeit der inneren Organe. Es ist durch den Willen nur wenig beeinflussbar und wird so als **autonomes Nervensystem** bezeichnet.

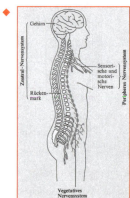

- **ZNS der Wirbeltiere:** Bei den Wirbeltieren befindet sich die Hauptganglienkette auf der Körperrückseite. Sie wird daher **Rückenmark** genannt. Die Ganglien im Kopfbereich bilden ein komplexes **Gehirn**. Es besteht bei allen Wirbeltieren aus Vorderhirn (Endhirn), Zwischenhirn, Mittelhirn, Hinter-/Kleinhirn und Nachhirn (Verlängertes Mark). Rückenmark und Gehirn bilden das ZNS (→ Abbildung links: die Gliederung des menschlichen Nervensystems).

- **Rückenmark des Menschen:** Das Rückenmark bildet die zentrale Verbindung zwischen Gehirn und peripherem Nervensystem. Über **aufsteigende Bahnen** leitet es Nervenimpulse aus der Peripherie zum Gehirn, über **absteigende Bahnen** Impulse vom Gehirn zu den einzelnen Körperteilen. Die Axone der auf- und absteigenden Bahnen befinden sich in der außen liegenden **weißen Substanz**.

Die zweite Funktion des Rückenmarks ist die eines Schaltzentrums. In der innen liegenden **grauen Substanz** werden afferente mit efferenten Neuronen (Reflexe; → Seite 151) oder mit aufsteigenden Bahnen verschaltet; desgleichen absteigende Bahnen mit efferenten Neuronen. Die Verschaltung erfolgt zum Teil über Interneurone.

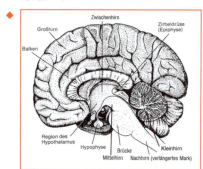

- **Gehirn des Menschen:** Die einzelnen Abschnitte des Gehirns haben unterschiedliche Funktionen:

Das **Großhirn** (= Endhirn) steuert Prozesse wie das bewusste Denken und Sich-Erinnern. Hier werden die von den Sinnesorganen einlaufenden Informationen ausgewertet und Befehle an die Muskeln codiert. Es ist in zwei Hälften (Hemisphären) unterteilt, die durch den Balken verbunden sind. Die Großhirnrinde weist durch Auffal-

6 Informationsverarbeitung

tung und Furchung eine sehr große Oberfläche auf. Bestimmte Bereiche der Großhirnrinde sind für ganz bestimmte Funktionen zuständig. Man unterscheidet sensorische Felder, die der bewussten Aufnahme und Auswertung von Sinnesinformationen dienen, motorische Felder, in denen Befehle für Bewegungsabläufe formuliert werden, und Assoziationsfelder, in denen verschiedenste Informationen miteinander kombiniert werden.

Das **Zwischenhirn** besteht aus Thalamus und Hypothalamus. Der Thalamus ist Schaltstation zwischen aufsteigenden Bahnen und Großhirn sowie erstes, unbewusstes Verarbeitungszentrum (Filter) für Sinnesinformationen. Der Hypothalamus ist die wichtigste Steuerzentrale für das vegetative Nervensystem und das Hormonsystem. Er schüttet Hormone aus, die die Hypophyse (Hirnanhangdrüse) beeinflussen. Sie produziert ihrerseits eine Vielzahl von Hormonen (→ Seite 110).

Das **Kleinhirn** verarbeitet Informationen über die Körperlage im Raum und koordiniert die Körperbewegungen. Es arbeitet eng mit den motorischen Zentren der Großhirnrinde zusammen.

Das **limbische System** (untere Abschnitte des Großhirns und Teile des Zwischenhirns) steuert Verhalten, das in Verbindung mit Instinkten steht. Es fügt den zum Großhirn fließenden Informationen emotionale Bewertungskomponenten hinzu und ist von großer Bedeutung für die Speicherung und Abrufung von Gedächtnisinhalten.

Nachhirn, Brücke und Mittelhirn zeigen einen dem Rückenmark vergleichbaren Aufbau. Sie steuern viele ursprüngliche Körperfunktionen (Reflexe, Atmung, Herzschlag usw.). Man bezeichnet sie zusammenfassend als **Stammhirn**.

7 Verhaltensbiologie

7.1 Untersuchungsebenen

Definition: Die Verhaltensbiologie untersucht tierisches und menschliches Verhalten aus biologischer Sicht und mit biologischen Methoden. Verhalten beinhaltet alle beobachtbaren Körperstellungen, Ruhezustände und Bewegungen bei Tieren oder Menschen. Der Begriff Bewegung schließt Lautäußerungen, kurzfristige Farbveränderungen, Sekretionen (Drüsenabsonderungen) und Exkretionen (Ausscheidungen) ein.

Untersuchungsebenen: Verhalten kann unter verschiedenen Fragestellungen untersucht werden.

Fragestellung 1: Wie verhält sich ein Tier bzw. Mensch?
Die Beantwortung dieser Frage erfordert objektives Beobachten und Beschreiben des jeweiligen Verhaltens. Hierbei werden alle Verhaltensweisen, ihre Häufigkeit und der zeitliche Verlauf ihres Auftretens protokolliert. Dieses Protokoll kann das gesamte Verhaltensinventar eines Tieres (Ethogramm) oder aber nur einzelne Funktionskreise des Verhaltens wie z. B. das Paarungsverhalten erfassen (Teilethogramm). Die Verhaltensbeschreibung sollte objektiv, ohne Wertung und Interpretation und ohne ungewollte Vermenschlichungen (Anthropomorphismen – z. B. listige Schlange, kühner Blick des Adlers) erfolgen. Für die Erstellung eines Ethogramms oder Teilethogramms einer Tierart ist die vergleichende Beobachtung verschiedener Individuen derselben Art unabdingbar. Bei einer folgenden Analyse des Verhaltens muss berücksichtigt werden, unter welchen Rahmenbedingungen die Verhaltensbeobachtung stattgefunden hat. Handelt es sich um eine

- Beobachtung frei lebender Tiere in ihrer natürlichen Umgebung (Freilandbeobachtungen)?
- Beobachtung zahmer (an den Menschen gewöhnter) Tiere in naturnaher Umgebung?
- Beobachtung zahmer Tiere in künstlicher Umgebung (z. B. Haustiere)?
- Beobachtung von Tieren im Labor?

Fragestellung 2: Warum zeigt ein Tier bzw. Mensch ein beobachtetes Verhalten?
Die sehr komplexe Frage nach den Verhaltensursachen wird in der modernen Verhaltensbiologie auf drei Ebenen untersucht:

- **Ebene 1 – Steuerung des Verhaltens:** Bearbeitete Fragestellungen sind: Welche Mechanismen führen zu einem bestimmten Verhalten und steuern es? Wie wirken

7 Verhaltensbiologie

innere und äußere Faktoren bei der Steuerung eines bestimmten Verhaltens zusammen? (Beispiel; → Tabelle unten) Zugeordnete Forschungsdisziplin ist die Verhaltensphysiologie.

- ◆ **Ebene 2 – Entwicklung des Verhaltens:** Bearbeitete Fragestellungen sind: Wie hat sich ein bestimmtes Verhalten entwickelt? Welche Ursachenmechanismen liegen seiner Entwicklung zugrunde? (Beispiel; → Tabelle unten) Zugeordnete Forschungsdisziplinen sind Verhaltensontogenie (Ontogenese = Individualentwicklung), Verhaltensgenetik und Lernforschung.

- ◆ **Ebene 3 – Nutzen des Verhaltens:** Bearbeitete Fragestellungen sind: Wozu zeigt ein Lebewesen ein bestimmtes Verhalten? Welche biologische Funktion hat dieses Verhalten und auf welche Weise trägt es zur reproduktiven Fitness des Lebewesens bei? Erhöht es dessen evolutionären Erfolg? (Beispiel; → Tabelle unten und Seite 148) Zugeordnete Forschungsdisziplinen sind Verhaltensökologie und Soziobiologie, in die Erkenntnisse aus Ökologie, Populationsgenetik und Evolutionsbiologie einfließen.

Verhaltensphysiologie und Verhaltensontogenie analysieren also die konkreten Ursachen des Verhaltens (**proximate Ursachen**). Verhaltensökologie und Soziobiologie untersuchen hingegen das Verhalten als Ursache für den Fortpflanzungserfolg eines Individuums (→ Seite 148). Sie erforschen damit die **ultimaten** Folgen des Verhaltens, den Selektionsvorteil, der mit einem bestimmten Verhalten verbunden ist.

Verhaltensbeschreibung und Verhaltenserklärung auf verschiedenen Ebenen (Beispiel: Vogelgesang)	
Beobachtung:	Im Frühling singen die Männchen vieler Singvogelarten zu bestimmten Tageszeiten und an bestimmten Plätzen einen für ihre Art spezifischen Gesang.
Erklärung des beobachteten Verhaltens aus Sicht der	
Verhaltensphysiologie	Ausgelöst durch Veränderungen der Tageslänge und der Temperatur kommt es im Frühjahr zu einem Konzentrationsanstieg bestimmter Hormone im Blut männlicher Singvögel. Diese versetzen die Vögel in eine Singbereitschaft. Bei einem bestimmten Helligkeitsgrad (Weckhelligkeit) beginnen die Vögel ihren Morgengesang (→ Seite 178). Die »Weckhelligkeit« ist streng artspezifisch. Während des Tages können bestimmte Hormonwerte im Blut und die Wahrnehmung singender Artgenossen den Vogelgesang auslösen.
Verhaltensontogenie	Vögel singen nur dann, wenn die Reifung der für den Gesang zuständigen Gehirnzentren ohne Störung verlaufen ist. Vielen Gesangsstrukturen liegen genetische Dispositionen zugrunde. Diese bestimmen meist jedoch nur die Grobform der Tonfolgen und Rhythmen des arteigenen Gesanges. Die Feinheiten werden in der Regel gelernt, meist vom Vater oder von Artgenossen, mit denen das Individuum in den ersten Monaten seines Lebens zusammen war. Die Ausprägung des Gesanges ist also ein Ergebnis von genetischen Vorgaben und Umwelteinflüssen.

Soziobiologie	Der Vogelgesang dient einem bestimmten Zweck: Er zeigt männlichen Rivalen an, dass das Revier besetzt ist und sie sich von diesem Revier fernhalten sollen. Fortpflanzungsbereiten Weibchen signalisiert der Gesang die Bereitschaft des Männchens zur Paarung und zugleich seinen guten körperlichen Zustand. Auf diese Art kann ein Vogelmännchen seinen Fortpflanzungserfolg erhöhen. Zugleich lockt das Singen aber Feinde an, kostet Zeit und Energie. Doch überwiegt die durch den Gesang bewirkte Steigerung des Fortpflanzungserfolges die Nachteile.

Möglichkeiten zur Messung des Beitrages von Eigenschaften zur reproduktiven Fitness

Die reproduktive Fitness ist das Maß für den genetischen Beitrag eines Individuums zur nächsten Generation. Dabei muss man die direkte Fitness (→ eigener Fortpflanzungserfolg, Zahl eigener Nachkommen) von der indirekten Fitness (→ Fortpflanzungserfolg von Verwandten, mit denen das Lebewesen Gene gemeinsam hat) unterscheiden. Direkte und indirekte Fitness zusammen ergeben die Gesamtfitness eines Individuums. Um die Auswirkungen bestimmter Eigenschaften/Verhaltensweisen eines Individuums auf die direkte Fitness abschätzen zu können, werden sie hinsichtlich zweier Fragen untersucht:

1. Erhöhen diese Eigenschaften/Verhaltensweisen die individuelle Lebenserwartung? Dies ist z. B. der Fall, wenn das Lebewesen
   – Feinden besser ausweichen oder entkommen kann.
   – sich schneller, effizienter Nahrung beschaffen kann.
   – Vorteile bei der Revierbesetzung/–verteidigung hat.
   – sich schneller und effizienter fortbewegen kann.
   – besser lernen kann.
   – über ein leistungsfähigeres Gehirn verfügt.

2. Erhöhen die Eigenschaften/Verhaltensweisen den Fortpflanzungserfolg des Lebewesens direkt? Dies ist z. B. der Fall, wenn
   – mehr/qualitativ bessere Keimzellen erzeugt werden.
   – öfter kopuliert werden kann.
   – mehr Eizellen befruchtet werden.
   – mehr Junge geboren werden oder schlüpfen.
   – im Verlauf des individuellen Lebens mehr Junge erzeugt werden, die selbst reproduktionsfähig werden.

Eine erhöhte individuelle Lebenserwartung hat allerdings nicht zwangsläufig zur Folge, dass das Individuum auch tatsächlich mehr Nachkommen erzeugt. Sie ist daher nur ein indirektes Maß für den Fortpflanzungserfolg.

7 Verhaltensbiologie

7.2 Vorwiegend angeborenes Verhalten

Im Folgenden sollen nun zunächst die proximaten Ursachen von Verhalten beleuchtet werden.

7.2.1 Das Erbe-Umwelt-Problem

Verhalten, angeboren oder erworben? Eine individuelle Verhaltensweise kann auf zwei Arten entstanden sein:
- Die Verhaltensweise ist genetisch bestimmt, also angeboren.
- Die Verhaltensweise wird durch Erfahrung des Individuums erworben, ist also umweltbedingt.

Tatsächlich handelt es sich bei beiden Varianten um Extremfälle, die in der Natur nur selten vorkommen. Die meisten Verhaltensweisen eines Lebewesens enthalten angeborene und erworbene Komponenten, die häufig so eng miteinander verflochten sind, dass ihre Unterscheidung kaum mehr möglich ist.

Unterscheidung »angeboren« – »erworben«: Es muss für jede einzelne Verhaltensweise untersucht werden, wie groß der jeweilige Anteil der Gene bzw. der Umwelt/des Lernens an ihrer Ausprägung ist. Folgende Kriterien liefern Hinweise darauf, dass eine Verhaltenskomponente **erbbedingt** ist:
- Das Verhalten läuft starr, immer gleich ab.
- Das Verhalten läuft bei allen Lebewesen einer Art gleich ab, ist artspezifisch.
- Das Verhalten wird vom Individuum bereits beim ersten Mal perfekt ausgeführt.
- Das Verhalten tritt bereits auf, wenn dazugehörige Organe noch nicht voll ausgebildet und funktionsfähig sind.

Keines dieser Kriterien allein lässt den sicheren Schluss zu, dass eine Verhaltensweise angeboren ist. Je mehr dieser Kriterien jedoch erfüllt sind, desto größer ist die Wahrscheinlichkeit dafür. Solche als »wahrscheinlich angeboren« identifizierten Verhaltenskomponenten können dann unter anderem mit zwei Experimentalansätzen weiter untersucht werden:
- **1. Erfahrungsentzugsexperimente:** Hier entzieht man dem Tier während der Verhaltensentwicklung bestimmte Erfahrungsmöglichkeiten. Welche diese sind, hängt von der Fragestellung ab. Im Kaspar-Hauser-Experiment z. B. wird die soziale Erfahrung entzogen, indem man das Tier isoliert aufzieht (→ Abbildung Seite 150 oben). In anderen Experimenten werden dem Tier ökologische Erfahrungsmöglichkeiten vorenthalten (z. B. das arttypische Nistmaterial bei Vögeln). **Kaspar-Hauser-Experimente** sind vom ethischen Standpunkt her nicht unbedenklich (→ Abbildung

rechts). Zudem erlauben sie keineswegs immer eine eindeutige Identifizierung angeborener und erlernter Verhaltenskomponenten (→ Abbildung unten).

◆ **2. Kreuzungsexperimente.** Diese liefern den direkten Nachweis dafür, dass ein bestimmtes Verhaltenselement genetisch bedingt ist. Für eine Reihe von Organismen wurden entsprechende Kreuzungsexperimente durchgeführt. Es gelang dabei, Verhaltenselemente zu identifizieren, die monogen dominant-rezessiv, monogen intermediär oder polygen vererbt werden. Die Erkenntnisse der Klassischen Genetik (→ Seite 45) sind auf diese Kreuzungsexperimente anwendbar.

> **Kaspar Hauser-Experimente**
>
> **Methode:** Die Tiere werden sofort, nachdem sie geschlüpft oder geboren sind, isoliert aufgezogen. Es wird dafür gesorgt, dass sie keine Gelegenheit haben, von Eltern, Geschwistern oder anderen Artgenossen zu lernen. Die Umgebung ist völlig reizlos, sodass auch von ihr keine Einflüsse auf das Verhalten ausgehen können. Man spricht von „Aufzucht unter Erfahrungsentzug". So wird sichergestellt, dass das Verhalten, das sie zeigen, ausschließlich auf genetischer Programmierung beruht.
>
> **Beispiele:** Wenn man erfahrungslose Eichhörnchen mit Pulverfutter aufzieht, haben sie keine Möglichkeit, das Vergraben von Nüssen zu lernen. Sie vergraben dann die erste Nuss, die sie bekommen, mit folgenden Teilbewegungen: Sie scharren, legen die Nuss ab, decken sie zu und stoßen den Boden fest, genau wie ein erfahrenes Tier. Die Bewegungen und ihre Abfolge sind also angeboren.
>
> **Probleme:** Für komplexere Verhaltensweisen, besonders aus dem Repertoire des Sozialverhaltens, sind Isolationsexperimente ungeeignet, da die Aufzucht unter völlig unnatürlichen Bedingungen stattfindet, in denen der Einfluss der Artgenossen ausgeschlossen ist. So verläuft die Entwicklung des Individuums untypisch und produziert Verhaltensäußerungen, die nichts mit der Natur des Tieres zu tun haben. Von Artgenossen isoliert aufgezogene Affenkinder werden zu Psychopathen, deren Verhaltensstörungen auch im Erwachsenenalter nicht verschwinden.

Kaspar-Hauser-Experimente

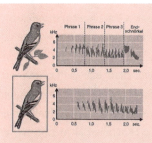

Der Gesang eines in freier Natur aufgewachsenen Buchfinkenmännchens (oberes Sonagramm) unterscheidet sich deutlich vom Gesang eines schallisoliert aufgezogenen Kaspar-Hauser-Tieres (unteres Sonagramm).
In einer ersten Schlussfolgerung könnte man die vom Kaspar-Hauser-Tier gezeigten Gesangselemente für angeboren halten. Weitere Experimente bringen allerdings überraschende Befunde: So weicht der Gesang eines zweiten Kaspar-Hauser-Tieres deutlich von dem des ersten ab. Beide wiederum haben keinerlei Ähnlichkeit mit den Lautäußerungen eines tauben Buchfinks. Diese Befunde belegen, dass auch isoliert aufgezogene Buchfinkenmännchen ihren spezifischen Gesang erlernen. In Ermangelung von Artgenossen oder anderen Singvögeln orientieren sie sich an ihrem eigenen, zunächst spontan vorgetragenen Gesang. Der taube Buchfink verfügt nicht über diese Möglichkeit der Selbstkontrolle. Weitere Versuche zeigen, dass lediglich eine grobe Charakteristik des arteigenen Gesanges genetisch bedingt ist. Hört ein junger Buchfink in einer speziellen Phase seiner Entwicklung (Gesangsprägephase; → Seite 163) den Gesang verschiedener Singvogelarten, so lernt er bevorzugt den arteigenen Gesang. Er besitzt also für das Erlernen des Gesangs der eigenen Art eine spezifische Lerndisposition, die angeboren ist.

Ein Beispiel für die eingeschränkte Aussagekraft von Kaspar-Hauser-Experimenten

7 Verhaltensbiologie

7.2.2 Unbedingte Reflexe

Kennzeichen: Bei einem Reflex handelt es sich um eine durch bestimmte Außenreize hervorgerufene Reaktion. Diese läuft nach einem festen, angeborenen Bewegungsmuster ab. Sie ist artspezifisch. Reizstärke und -dauer bestimmen weitgehend Auslösung und Dauer der Reaktion (direkter Reiz-Reaktions-Zusammenhang).

Vorkommen: Reflexe kommen bei allen Organismen mit Nervensystemen vor. Bei niederen Tieren (Hohltieren, Würmern) regeln allein sie die Lebensäußerungen.

Bedeutung: Diese besteht im
◆ Sicherstellen elementarer, komplexer Bewegungsvorgänge, die von Anfang an korrekt ablaufen müssen (z. B. Saug- und Klammerreflex bei Primatenbabies).
◆ Sicherstellen einer korrekten Körperhaltung während der Fortbewegung.
◆ Schutz des Körpers (Schutzreflexe, z. B. Rückziehreflex der Extremitäten, Niesreflex).

Ablauf: Neuroanatomisch sind Reflexe an bestimmte vorgegebene Nervenbahnen gebunden (→ Reflexbogen). Bei **monosynaptischen Reflexen** besteht der Reflexbogen nur aus zwei Nervenzellen, die über eine einzige Synapse verschaltet sind (→ Abbildung unten) sowie aus Rezeptor und Effektor (Muskel). Bei **polysynaptischen Reflexen** ist mindestens ein weiteres Schaltneuron (Interneuron) am Reflexbogen beteiligt (→ Abbildung Seite 152).

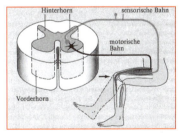

Beispiel eines monosynaptischen Reflexes ist der Patellarsehnenreflex des Menschen. Er läuft folgendermaßen ab: Fuß bleibt beim Gehen an einem Widerstand hängen ⇒ Quadrizeps-Muskel im Oberschenkel wird ruckartig gedehnt ⇒ im Innern des Muskels liegende Muskelspindel (Rezeptor) wird dadurch erregt ⇒ Erregungsleitung über sensorische (afferente) Nervenbahn zum Rückenmark ⇒ an Synapse Erregungsübertragung auf motorische (efferente) Nervenbahn ⇒ Erregung erreicht wieder Quadrizeps (Effektor) und bewirkt dessen Kontraktion ⇒ Unterschenkel schnellt vor. Im Normalfall wird dadurch bei einem Stolpern der drohende Fall abgewendet.

Formen: Man unterscheidet **Eigenreflexe**, bei denen das den Reiz aufnehmende Sinnesorgan direkt im reagierenden Organ liegt (→ Abbildung oben) und Fremdreflexe, bei denen reizaufnehmendes und reagierendes Organ nicht identisch sind (→ Abbildung Seite 152).

- ♦ **Kennzeichen von Eigenreflexen sind**
  - Reflexbogen mono- oder polysynaptisch
  - Schaltung über das Rückenmark
  - Ablauf unwillkürlich
  - sehr kurze, weitgehend konstante Latenzzeit (= Zeit zwischen Reizeinwirkung und Reaktion) von ca. 20 bis 30 ms
  - kaum ermüdbar
  - geringe Reizsummation (Reizsummation = mehrere kurz hintereinander oder in enger räumlicher Nachbarschaft gegebene unterschwellige Reize verstärken sich wechselseitig und lösen die Reaktion aus)
- ♦ **Kennzeichen von Fremdreflexen sind**

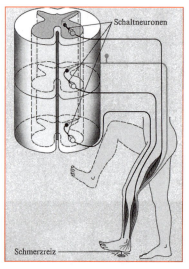

  - Reflexbogen polysynaptisch
  - Schaltung über Reflexzentren im Rückenmark (z. B. Rückziehreflex der Extremitäten, → Abbildung links) oder rückenmarksnahe Teile des Gehirns (z. B. Saug-, Schluck-, Nies-, Hust- und Lidschlussreflex über Verlängertes Mark/Nachhirn; Pupillenreflex über das Mittelhirn)
  - Ablauf in der Regel unwillkürlich, jedoch in vielen Fällen auch willentlich beeinflussbar
  - kurze Latenzzeit von ca. 60 bis 200 ms, die mit zunehmender Reizintensität kürzer wird
  - reizspezifische Ermüdung (Habituation) feststellbar. Bei langanhaltenden Reizen oder häufiger Reizwiederholung innerhalb kurzer Zeit nimmt die Intensität der Reaktion ab; nach einer Ruhephase, bei Reizung benachbarter Stellen oder Änderung der Reizqualität, z. B. Druck- statt Wärmereiz, tritt die Reaktion in alter Stärke auf (Dishabituation).
  - deutliche Reizsummation feststellbar
  - Überdauern feststellbar (bei starken Reizen dauert die Reaktion auch nach dem Ende der Reizeinwirkung fort)

Das Phänomen der Habituation zeigt, dass auch das angeborene Reflexverhalten nicht starr wiederholt wird, sondern durch Erfahrungen (»ein bestimmter immer wieder auftretender Reiz ist ungefährlich«) modifiziert werden kann.

7 Verhaltensbiologie

7.2.3 Instinkthandlungen

Kennzeichen: Bei einer Instinkthandlung handelt es sich um eine komplexe Verhaltensweise. Für ihre Auslösung, ihren Ablauf und ihre Intensität sind äußere Reize und innere Bedingungen eines Tieres von Bedeutung. Eine Instinkthandlung ist damit nicht jederzeit, sondern nur bei gegebener **Handlungsbereitschaft** auslösbar. Sie beinhaltet angeborene und erlernte Elemente, die in der Regel eng miteinander verzahnt sind. Deshalb sind Instinkthandlungen deutlich variabler als Reflexe.

Ablauf: Der Ablauf einer Instinkthandlung soll am Beispiel des Beutefangverhaltens der Erdkröte erläutert werden.

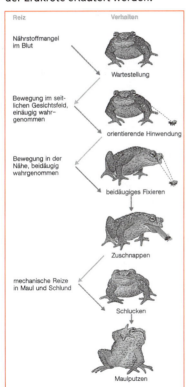

Phase 1: Eine Erdkröte erwacht mit Beginn der Dämmerung in ihrem Versteck. Ihr Magen ist leer. Der Nährstoffgehalt in ihrem Blut ist gering. Sie ist »hungrig«. All diese Faktoren bedingen eine hohe spezifische **Handlungsbereitschaft (Motivation)** der Erdkröte für Beutefang. Die Erdkröte verlässt ihr Versteck, durchstreift ihr Jagdrevier und verharrt an einer Stelle in Wartestellung. Dieses Verhalten wird als (ungerichtetes) **Appetenzverhalten** bezeichnet. Es kann als »Suchverhalten« interpretiert werden. Appetenzverhalten tritt ohne Vorliegen auslösender Reize auf. Es ist unspezifisch und sehr variabel. Sein Ablauf wird durch Außenreize und Erfahrungen des Lebewesens beeinflusst.

Phase 2: Eine Fliege krabbelt seitlich in das Blickfeld der Erdkröte. Die Erdkröte nimmt die Fliege wahr. Sie wendet ihren Körper der Fliege zu und fixiert diese mit beiden Augen. Befindet sich die Fliege in größerer Entfernung zur Kröte, bewegt sich die Kröte vor dem Fixieren der Fliege noch auf diese zu. Die orientierende Hinwendung zur Fliege wie auch das eventuell folgende »Anschleichen« bezeichnet man als **Taxis** (Orientierungsbewegung, gerichtetes Appetenzverhalten). Die Taxis ist variabel und wird in ihrem Ablauf von Außenreizen, den so genannten **richtenden Reizen**, gesteuert (in diesem Fall von Reizen, die die Fliege bietet).

Phase 3: Die Fliege liefert der Erdkröte eine Fülle von Informationen (Größe, Form, Geruch, Bewegung), an denen sie diese als Beute erkennt. Man nennt die Gesamtheit dieser Informationen **Schlüsselreiz**, jede Einzelinformation **Schlüsselreizkomponente**. Der Schlüsselreiz bzw. eventuell nur einige seiner Komponenten lösen über einen **angeborenen auslösenden Mechanismus (AAM)** die Beutefanghandlung aus. Die klebrige Zunge der Kröte schnellt blitzartig vor, erfasst das Beuteobjekt und zieht es ins Maul. Diese komplexe Beutefanghandlung wird als **instinktive Endhandlung (Erbkoordination)** bezeichnet. Die instinktive Endhandlung ist in ihrem Bewegungsablauf weitgehend starr, immer gleich. Allerdings können ihre Intensität und Geschwindigkeit variieren. Beim Beutefangverhalten der Erdkröte sind Taxis und instinktive Endhandlung zeitlich klar voneinander zu trennen. Bei anderen Instinkthandlungen laufen beide jedoch zeitgleich ab. Sie sind eng miteinander verzahnt (**simultan verschränkt**). Ausgelöst und gesteuert wird die instinktive Endhandlung durch den **AAM**. Hierbei handelt es sich um eine neuronale Funktionseinheit im Gehirn, die in der Regel aus mehreren Nervenzellgruppen in verschiedenen Gehirnbereichen besteht. Sie verarbeitet Informationen über alle aufgenommenen Außenreize und über die Intensität der spezifischen Handlungsbereitschaft für die jeweilige Endhandlung. Der AAM besteht aus einem **neuronalen Filter (Selektor)** und einer **Verrechnungseinheit**. Der neuronale Filter, eine komplexe Nervenschaltung, identifiziert aus der Fülle der von den Rezeptoren eingehenden Informationen alle eventuellen Schlüsselreizkomponenten. Diese können sich in ihrer Wirkung summieren (**Reizsummation**). Die Verrechnungseinheit überprüft, ob der Gesamtschlüsselreiz eine vorgegebene Reizschwelle überschreitet. Sie verrechnet zudem dessen Qualität mit der Intensität der spezifischen Handlungsbereitschaft. Das Ergebnis wird bei Überschreiten eines Schwellenwertes in Form spezifischer Erregungsimpulse an motorische Zentren des Gehirns und von dort an die Effektoren weitergeleitet. Das genetisch vorgegebene Programm der instinktiven Endhandlung läuft ab. Intensität und Geschwindigkeit der Endhandlung hängen dabei von der Qualität des Schlüsselreizes und von der Stärke der spezifischen Handlungsbereitschaft ab (**Prinzip der doppelten Quantifizierung**). Das Ausführen der Endhandlung bewirkt eine Verringerung der Handlungsbereitschaft.

Phase 4: Die Kröte schluckt das gefangene Beutetier. Weitere Handlungen wie das Maulputzen folgen. Ihr Magen ist nun (teilweise) gefüllt. Der folgende Verdauungsprozess führt zur Erhöhung des Nährstoffgehaltes im Blut. Beides zusammen bedingt eine weitere Abnahme der Handlungsbereitschaft für die Endhandlung Beutefang.

Instinktverhalten in Abituraufgaben: Das beschriebene Beispiel einer Instinkthandlung stellt einen Idealfall dar. In der Realität weichen Verhaltensweisen meist in ver-

7 Verhaltensbiologie

schiedenen Punkten von diesem Idealbeispiel ab. Gerade solche Abweichungen sind häufig Gegenstand von Abituraufgaben. Sie müssen anhand vorgegebener Materialien erkannt und interpretiert werden. Zudem wird in Abituraufgaben häufig der kritische Umgang mit Instinktmodellen oder bestimmten Versuchsansätzen gefordert. Auf all diese Aspekte soll im Folgenden eingegangen werden.

Kritische Anmerkungen zum Begriff »Handlungsbereitschaft«: Handlungsbereitschaft ist nicht mit dem »langsam steigenden Pegel angestauter aktionsspezifischer Energie in einem Instinktzentrum im Gehirn« zu beschreiben, wie es Verhaltensforscher früher getan haben. Neurophysiologische Untersuchungen haben gezeigt, dass ein Speichern solcher Energien nicht möglich ist. Zudem bestimmen eine Fülle verschiedener Faktoren die konkrete Handlungsbereitschaft:

- endogene Faktoren (z. B. Blutzuckergehalt, Pegel bestimmter Hormone im Blut)
- exogene Faktoren (z. B. Tageszeit, Tageslänge, Außentemperatur)
- vorhergehende Handlungen (z. B. bei Tauben nur nach vorhergehender Balz Handlungsbereitschaft zum Brüten vorhanden)
- Lernerfahrungen
- allgemeine Grundbedingungen des Lebewesens (Alter, Gesundheitszustand)

Handlungsbereitschaft ist nicht direkt messbar. Sie wird lediglich aus Intensität, Häufigkeit und Dauer der Endhandlung erschlossen. Die Annahme, dass die Ausführung der Endhandlung die Handlungsbereitschaft senkt, hat sich nicht in allen Experimenten bestätigt. So bleibt z. B. beim Fluchtverhalten die Handlungsbereitschaft auch nach vielmaliger Ausführung der Endhandlung gleich hoch. In anderen Fällen haben sich in gleichartigen Versuchen individuelle Unterschiede bei den Versuchstieren ergeben: Bei einigen führte die Ausführung der Endhandlung zu einer Abnahme, bei anderen zu einer Zunahme der Handlungsbereitschaft.

Kritische Anmerkungen zu den Begriffen »Schlüsselreiz« und »AAM«: Der Begriff **Schlüsselreiz** legt nahe, dass dieser Reiz einem Schlüssel entspricht, der das Schloss AAM öffnet. Entsprechende Versuche, in denen man mit Attrappen arbeitete, die lediglich den Schlüsselreiz bzw. einzelne Schlüsselreizkomponenten beinhalteten, schienen diese Vorstellung eines Schlüssel-Schloss-Mechanismus zu bestätigen (z. B. Attrappenversuche zur Pickreaktion von Silbermöwenküken von **Tinbergen**). Inzwischen hat sich jedoch gezeigt, dass die Vorstellung zu starr und zu einfach ist. So weiß man heute, dass

- ein bestimmter Reiz vom Tier im Kontext der Gesamtsituation bewertet wird, also mal zur Auslösung einer bestimmten Endhandlung führen kann, mal aber auch nicht.

- ein Reiz in Konkurrenz zu anderen Reizen steht; er kann in seiner auslösenden Wirkung durch andere Reize gehemmt, aber auch gefördert werden.
- ein bestimmter Reiz seine auslösende Wirkung im Verlauf des Lebens eines Tieres verändern kann.

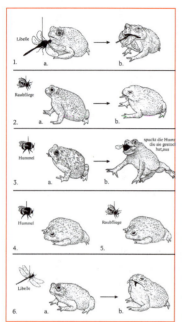

Die Abbildung links zeigt ein typisches Beispiel. Zunächst bieten Libelle, Raubfliege und »Hummel« der Kröte den Schlüsselreiz für die Endhandlung Beutefang (1–3). Infolge des Hummelstichs (3b) hat sich dann aber eine **bedingte Hemmung** ausgebildet. Der vorherige Schlüsselreiz »Hummel« löst jetzt nicht mehr die Endhandlung Beutefang aus (4). Gleiches gilt für die ähnlich aussehende Raubfliege (Mimikry; → Seite 201), die gar nicht stechen kann (5). Die anders aussehende Libelle liefert hingegen noch immer den Schlüsselreiz für den Beutefang (6). Interpretiert wird dies als lernbedingte Änderung des AAM. Im Selektorbereich des AAM werden Lerninhalte gespeichert, die zu einer Veränderung der Erkennungsvorgaben für einzelne Schlüsselreizkomponenten führen. Der so veränderte AAM wird als **EAAM (durch Erfahrung modifizierter AAM)** bezeichnet. EAAM kommen wahrscheinlich bei fast allen Tieren vor. Durch Lernen können auch völlig neue Schlüsselreiz-Endhandlungs-Kombinationen entstehen: So locken Unterwasserexplosionen an der Küste Silbermöwen an, die die Erfahrung gemacht haben, dass nach einer Explosion tote oder betäubte Fische auf dem Wasser schwimmen. Lernen am Erfolg (→ Seite 162) hat hier zur Ausbildung einer völlig neuen neuronalen Schaltung, eines **EAM (erlernter Auslösemechanismus)**, geführt. Bei Misserfolgen kann es zu einer Abschwächung oder zum Verlust der Schlüsselreizwirkung kommen (Habituation; → Seite 163).

Kritische Anmerkungen zu Instinktmodellen: Modelle reduzieren die komplizierten realen Abläufe, Strukturen und Zusammenhänge auf einige wenige zentrale Aspekte.
- **Der Vorteil einer solchen Reduktion:** Wenige Aspekte sind leichter vorstellbar und überschaubar, als die komplexe Gesamtheit des tatsächlichen Geschehens. Mithilfe des Modells lässt sich auch Abstraktes anschaulich darstellen. In der Fülle der Einzeldetails liefert es einen roten Faden, mit dessen Hilfe man dem Geschehen folgen kann.

7 Verhaltensbiologie

◆ **Der Nachteil einer solchen Reduktion:** Jedes Modell stellt Sachverhalte aus der subjektiven Sicht des Modellerstellers dar. Er bestimmt, was aus dem komplexen Geschehen für die Darstellung ausgewählt und was weggelassen wird.

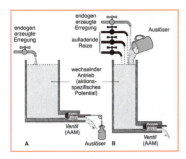

Instinktmodelle sind Funktions- und Anschauungsmodelle. Aber: Über die während einer Instinkthandlung im Gehirn stattfindenden Vorgänge und die an ihnen beteiligten Strukturen sind erst wenige Details bekannt. Damit beruht ein Instinktmodell in zentralen Aspekten auf hypothetischen oder lediglich durch indirekte Schlussfolgerungen ermittelten Annahmen. Ein solches Modell ist besonders kritisch zu hinterfragen. Man darf es nicht als Abbild realer Strukturen und Vorgänge ansehen. Es muss, nach Erhalt neuer Befunde, überprüft und eventuell korrigiert werden. Für die in der Abbildung dargestellten Instinktmodelle nach **Konrad Lorenz** heißt dies:

- Sie stellen kein Abbild konkreter Gehirnstrukturen oder zentralnervöser Abläufe dar.
- Die Darstellung der aktionsspezifischen Energie (aktionsspezifisches Potential) als Flüssigkeit, die einen Hohlraum füllt, entspricht nicht den tatsächlichen Befunden (→ Seite 155).
- Bei Flucht z. B. nimmt die Handlungsbereitschaft der Endhandlung durch deren Ausführung nicht ab (→ Seite 155).
- Die bei längerer Nichtauslösung der Endhandlung zu erwartende Herabsetzung der Auslöseschwelle (unter Umständen bis zu dem Punkt, an dem auch ohne Schlüsselreiz die Endhandlung als so genannte **Leerlaufhandlung** stattfindet) konnte experimentell in vielen Fällen nicht nachgewiesen werden.
- Häufig führen Lernvorgänge zur Veränderung angeborener Komponenten (→ Seite 156). Dieses bleibt im Modell unberücksichtigt. Vor allem die starre Mechanik des AAM entspricht nicht den Befunden.

Damit besitzen die Lorenz'schen Instinktmodelle nur eine begrenzte Aussagekraft. Andere Modelle wie das kybernetische Modell nach Hassenstein weisen andere Nachteile auf.

Kritische Anmerkungen zu Attrappenversuchen: Eine Attrappe (franz. *attrape* = Falle, Scherzartikel) ist ein künstliches Objekt, das alle oder aber nur bestimmte Kennzeichen eines Originals beinhaltet (Größe, Form, Farbe, Duft, Laute, Bewegung usw.). In Attrappenversuchen wird mithilfe solcher Objekte untersucht, welche Reize als

Schlüsselreize bzw. Schlüsselreizkomponenten wirken. Attrappenversuche bergen jedoch eine Reihe von Problemen:
- Die Handlungsbereitschaft der Versuchstiere ist unterschiedlich groß; da Handlungsbereitschaft nicht direkt messbar ist, sind eventuelle Unterschiede nicht konkret erfassbar.
- Schon im oder sogar vor dem ersten Teilversuch können Lernerfahrungen zu Veränderungen angeborener Komponenten führen.
- Habituation (→ Seite 163) des Versuchstieres ist nicht direkt messbar. Sie ist bei jedem Versuchstier unterschiedlich groß. Eine Verzerrung des Versuchsergebnisses kann die Folge sein.

7 Verhaltensbiologie

7.3 Vorwiegend erlerntes Verhalten

7.3.1 Lernen

Kennzeichen: Lernen umfasst den Prozess, der zu einer individuellen, erfahrungsbedingten Ausprägung neuer oder zu einer Änderung alter Verhaltensweisen führt. Dieser Prozess beinhaltet:
- Aufnahme von Informationen aus der Umwelt
- Verarbeitung dieser Informationen
- Abspeicherung dieser Informationen im ZNS des Individuums
  (Gedächtnis; → Seite 132)
- Abruf dieser Informationen in gegebenen Situationen
- Ausprägung neuen Verhaltens oder Änderung alter Verhaltensweisen
  als Folge des Abrufs der verarbeiteten Information

Vorteile: Durch Lernen ist eine individuelle Verhaltensanpassung an neue Umweltsituationen innerhalb kurzer Zeit möglich. Eine Anpassung genetisch fixierter Verhaltenskomponenten im Zuge evolutiver Prozesse dauert hingegen lange.
In vielen Fällen geben angeborene Verhaltenskomponenten einen groben Verhaltensrahmen vor, dessen Feinabstimmung auf die jeweilige individuelle Lebenssituation durch Lernen erfolgt. Der Lernprozess ist in vielen Fällen reversibel, das heißt ein lernendes Lebewesen kann sein Verhalten immer wieder neu veränderten Umweltgegebenheiten anpassen (hohe Flexibilität).

Nachteile: Ein zu erlernendes Verhalten steht dem Lebewesen (im Gegensatz zu angeborenem Verhalten) nicht sofort zur Verfügung. Erlerntes Verhalten muss so von Generation zu Generation immer wieder neu erworben werden. Dieses kostet Zeit und Energie. Lernen ist mit Vergessen gekoppelt. Damit besteht die Gefahr des Verlustes von Erlerntem im Verlauf eines individuellen Lebens wie auch die Gefahr, dass Erlerntes mit dem Tod des Individuums für immer verloren ist. Den nachfolgenden Generationen steht es damit nicht mehr zur Verfügung. Lernen beinhaltet auch Fehler: Es können auch schädliche Verhaltensweisen erlernt werden.

Lerndisposition: Die Fähigkeit, bestimmte Dinge besonders gut lernen zu können, bezeichnet man als Lerndisposition (*Lernbegabung*). Sie beruht zum einen auf angeborenen Eigenschaften des Lebewesens, insbesondere seines Zentralnervensystems. Diese genetisch bedingten Eigenschaften sind jedoch durch Umwelteinflüsse während der Entwicklung des Individuums veränderbar. Damit kann sich auch die Lerndisposition eines Lebewesens im Verlauf seiner Individualentwicklung verändern. Zwischen verschiedenen Tierarten, aber auch zwischen den einzelnen Individuen einer Art bestehen teilweise erhebliche Unterschiede in ihrer Lerndisposition.

Artspezifische Lerndispositionen sind meist eng mit Besonderheiten in der Lebensweise der Art verknüpft. So erbringen Mäuse und Ratten, die unter natürlichen Bedingungen in Gängen leben, in Labyrinthversuchen hervorragende Lernergebnisse. Vögel oder Kühe etwa würden in entsprechenden Versuchsanordnungen wenig leisten.

Obligatorisches und fakultatives Lernen: Artspezifische Lerndispositionen bestehen in der Regel für solche Lernvorgänge, die zum Überleben des Individuums oder zur Aufzucht der Nachkommen unbedingt notwendig sind (obligatorisches Lernen). Hierzu zählen bei Vögeln z. B. das Erkennen von Eltern- und Jungvögeln, bei Bienen das Heimfinden zum Stock usw. Neben diesen obligatorischen Lernvorgängen gibt es auch Lernprozesse, die nicht unbedingt notwendig sind. Man bezeichnet sie als fakultatives Lernen. Inhalte, Zeitrahmen und Ort dieses Lernens sind nicht festgelegt. Es basiert vor allem auf individuellem Neugierverhalten.

Neugierverhalten: In einer unbekannten Umweltsituation zeigen höhere Tiere eine verstärkte Aktivität aller Sinne. Diese kann mit intensiven Bewegungen verknüpft sein (meist bei der Naherkundung). Sie kann jedoch auch ohne solche erfolgen (z. B. Beobachten aus der Distanz; Fernerkundung). Man bezeichnet dieses Verhalten als Erkundungs- bzw. als Neugierverhalten. Neugierverhalten kann fließend in Spielverhalten übergehen oder als ein Element in diesem enthalten sein.

7.3.2 Klassische Konditionierung (bedingte Reaktion)

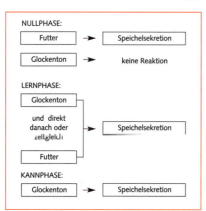

Verhaltensweisen beinhalten häufig erlernte und angeborene Komponenten, die eng miteinander verzahnt sind. Ein Beispiel für eine solche Verzahnung ist die Klassische Konditionierung. Ihr Ablauf soll anhand der **Pawlow'schen Hundeversuche** vorgestellt werden.

♦ **Vorbedingung:** Eine Klassische Konditionierung ist nur bei entsprechender **Lernmotivation** möglich. (*Beispiel:* Der Hund muss hungrig sein.)

♦ **Nullphase (Vortestphase):** Darbieten eines **unbedingten Reizes** löst eine **unbedingte** (*angeborene*) **Reaktion** aus. (*Beispiel:* Futterdarbietung löst beim Hund

Speichelfluss aus.) Darbieten eines **neutralen Reizes** (Beispiel: Glockenton) löst keine Reaktion aus.

- **Lernphase:** Der neutrale Reiz (Glockenton) wird unmittelbar **vor** bzw. zeitgleich mit dem unbedingten Reiz (Futter) dargeboten. Der Hund sondert Speichel ab. Zu Beginn der Lernphase erfolgt die Speichelabsonderung noch als unbedingter Reflex auf das Zeigen des Futters hin. Man wiederholt die zeitlich eng gekoppelte Präsentation beider Reize viele Male. Im Gehirn des Hundes wird eine **Assoziation** (*Verknüpfung*) zwischen dem neutralen und dem unbedingten Reiz hergestellt und in Form eines **Engramms** (Gedächtnisspur; → Seite 132) gespeichert.

- **Kannphase:** Man bietet nur den Glockenton dar. Der Hund reagiert mit Speichelfluss. Aus dem neutralen Reiz ist ein **bedingter** (erlernter) **Reiz** geworden, auf den jetzt erfahrungsbedingt der Speichelfluss folgt. Dieser wird deshalb als **bedingte Reaktion** bezeichnet. Die Reaktion des Hundes hat sich also nicht verändert. Sie wird jedoch infolge des im Gehirn gespeicherten Engramms (»Nach dem Glockenton kommt das Futter«) jetzt durch einen anderen Reiz ausgelöst.

- **Extinktionsphase (Löschungsphase):** Der bedingte Reiz (Glockenton) wird mehrmals dargeboten, ohne dass Futter folgt. Der zunächst heftige Speichelfluss wird bei jeder Darbietung schwächer. Schließlich hört er ganz auf. Nach einer Erholungsphase wird der bedingte Reiz erneut dargeboten. Die bedingte Reaktion erfolgt jetzt wieder, jedoch deutlich abgeschwächt. Im Gehirn des Hundes wird eine neue Assoziation hergestellt und als Engramm gespeichert (»Auf den Glockenton folgt doch kein Futter«). Beide Engramme bestehen offenbar einige Zeit nebeneinander, wobei das zweite Engramm möglicherweise die Abrufung des ersten hemmt. Erst mehrfache Wiederholung des Extinktionsversuches führt zu einem völligen Verschwinden der bedingten Reaktion. Die erlernte Reiz-Reaktions-Verbindung wurde damit gelöscht (extingiert). Das Lernen einer bedingten Reaktion ist also reversibel. Extinktion ist ein aktiver neuer Lernvorgang. Sie muss vom **Vergessen**, einem passiven Verlust von Gedächtnisspuren im Laufe der Zeit, unterschieden werden.

Durch Verknüpfung neutraler Reizsituationen mit folgenden positiven oder auch negativen Erfahrungen können verschiedenste Reiz-Reaktions-Verbindungen (Assoziationen) erlernt werden.

7.3.3 Operante Konditionierung (bedingte Aktion)

Bei der Operanten Konditionierung wird ein spontan gezeigtes Verhalten durch nachfolgende Belohnung in seiner Häufigkeit erhöht. Man bezeichnet sie auch als »**Lernen am Erfolg**«.

- ◆ **Vorbedingung:** Sie ist nur bei entsprechender **Lernmotivation** des Lebewesens möglich.
- ◆ **Nullphase:** Ein Tier zeigt im Rahmen von Appetenz-, Erkundungs-/Neugier- oder Spielverhalten eine spontane, nicht zielgerichtete Verhaltensweise (neutrale Aktion).
- ◆ **Lernphase:** Auf die spontane Aktion folgt eine **Belohnung** (Verstärkung). Es kann sich dabei um eine direkte Belohnung (**positive Verstärkung** z. B. durch Futtergabe oder Lob) oder eine indirekte Belohnung (**negative Verstärkung** durch Beseitigung einer unangenehmen Situation) handeln. In allen Fällen führt die Verstärkung dazu, dass die zu Beginn spontane Aktion häufiger und/oder mit größerer Intensität auftritt. Sie wird zur **bedingten** (erlernten) Aktion. Im Gehirn des Lebewesens wird eine Assoziation (Verknüpfung) zwischen der neutralen Aktion und dem Folgen einer Verstärkung hergestellt und gespeichert.

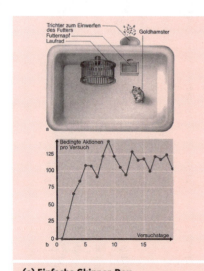

(a) Einfache Skinner-Box
(b) Lernkurve des Goldhamsters im Skinner-Box-Versuch. Der Goldhamster erhielt jedesmal Futter, wenn er in das Laufrad stieg und es einmal drehte.

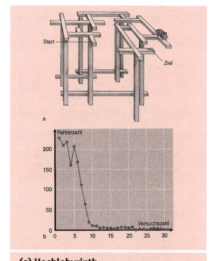

(a) Hochlabyrinth
(b) Lernkurve eines Goldhamsters im Labyrinthversuch. Am Ziel lag Futter.

7 Verhaltensbiologie

◆ **Kannphase:** Das Lebewesen setzt die bedingte Aktion zielgerichtet ein, um die Belohnung zu erhalten. Dies lässt sich in **Lernkurven** erkennen
  – an einer gleichbleibend hohen Zahl bedingter Aktionen im **Skinner-Box-Versuch** (→ Abbildung Seite 162 unten links);
  – an einer gleichbleibend niedrigen Fehlerzahl im Labyrinthversuch (→ Abbildung Seite 162 unten rechts);
  – an einer gleichbleibend hohen Rate an Richtigwahlen im Musterwahlversuch (in der Regel > 75 %).

Extinktionsphase (Löschungsphase): Folgt auf die bedingte Aktion mehrfach hintereinander keine Belohnung, so kommt es zur Abnahme der Häufigkeit oder Intensität der bedingten Aktion. Die erlernte Aktion-Belohnungs-Verknüpfung wird durch einen neuen Lernprozess gelöscht (extingiert). Auch **Bestrafung** kann die Auftrittshäufigkeit einer Aktion verringern.

7.3.4 Weitere Lernformen

Habituation (reizspezifische Ermüdung, Gewöhnung): Mehrmaliges Auslösen einer angeborenen Verhaltensweise durch den gleichen Reiz führt zur Abnahme der Reaktionshäufigkeit oder -intensität. Diese Abnahme ist vielfach streng reizspezifisch. Sie ist z. B. auf einen ganz bestimmten Ton bezogen. Andere Töne vermögen das Verhalten weiterhin auszulösen. Wenn dieses Phänomen nicht durch Adaptation (Anpassung) der Rezeptoren oder durch Muskelermüdung, sondern **durch erfahrungsbedingte Reduktion der Handlungsbereitschaft oder Veränderung des AAM** hervorgerufen wird, bezeichnet man es als Habituation. Die Abschwächung der Reaktion gegenüber einem Reiz, der sich in ähnlichen Situationen als bedeutungslos erwiesen hat, erspart dem Lebewesen unnötige Aktivitäten.

Prägung: Prägung umfasst alle Lernprozesse, die folgende Kennzeichen aufweisen:
◆ Sie sind an eine zeitlich eng begrenzte **sensible Phase** in der Verhaltensentwicklung eines Individuums gebunden.
◆ Sie führen zu **dauerhaften,** in vielen Fällen irreversiblen Lernergebnissen.
Lage und Dauer der jeweiligen sensiblen Phase sind artspezifisch (artspezifische Lerndisposition; → Seite 159).
Prägungslernen ist schnell und effektiv. Die Prägung erfolgt dabei jeweils nur für einen spezifischen Bewegungsablauf (**motorische Prägung**) oder auf ein bestimmtes Objekt (**Objektprägung**). Der enge zeitliche und inhaltliche Rahmen ist genetisch vorgegeben. Belohnung und Strafe spielen keine Rolle.

Beispiele für Prägung sind: Nachfolgeprägung (z. B. bei einem Entenküken die Festlegung des Objektes, dem es nachfolgt), sexuelle Prägung (z. B. Prägung auf den Sexualpartner bei Vögeln), Gesangsprägung (Gesangslernen bei vielen Singvögeln), Biotop- und Nahrungsprägung.

Beobachtungslernen (Nachahmung): Wird eine komplexe Handlung eines Artgenossen nach ihrer Wahrnehmung vollständig kopiert, so spricht man von Beobachtungslernen. Voraussetzung für Beobachtungslernen ist eine **hohe Aufmerksamkeit** des beobachtenden Lebewesens. Kopieren auch Tiere nachfolgender Generationen das Verhalten, so kommt es zur **Bildung von Traditionen**. Vorteile dieser Lernform: Negative wie positive Erfahrungen müssen nicht von allen Tieren gemacht werden. Die Fehlerrate beim Erwerb neuer Verhaltensweisen wird reduziert. Auch Jungtieren steht z. B. von den Eltern durch Erfahrung erworbenes Verhalten direkt zur Verfügung. Nachahmung ist bei Tieren objektgebunden. Sie müssen das nachzuahmende Verhalten konkret sehen bzw. hören. Beim Menschen reicht auch die objektunabhängige Weitergabe von Informationen in Form einer verbalen Beschreibung aus.

Abstraktion und Generalisation: Abstraktion bedeutet das Erkennen unveränderter, gleicher Eigenschaften/Merkmale an verschiedenen Objekten oder in verschiedenen Situationen. **Generalisation** bedeutet die Anwendung dieser Erkenntnis auf neue Situationen (Verallgemeinerung).

Beim Menschen führen Abstraktion und Generalisation zur Bildung von Begriffen (z. B. Stuhl, Baum, sieben). Bei höheren Wirbeltieren (Säugetieren und Vögeln) führen sie zur Bildung vorsprachlicher, averbaler Begriffe (Gleich-Ungleich-Begriff, Zahlbegriff, Wertbegriff).

Einsichtiges Verhalten (zielbedingtes neukombinatorisches Verhalten); höchste Form des Lernens: Bisher nur beim Menschen und bei Menschenaffen nachgewiesen. Ablauf:
- Das Lebewesen befindet sich in einer neuen, unbekannten Problemsituation.
- Im Kopf erfasst es die Gesamtstruktur (das Gestaltprinzip) der Situation.
- Es bestimmt das Handlungsziel.
- Es spielt mögliche Wege zum Erreichen des Zieles unter Berücksichtigung aller durch die jeweilige Situation vorgegebenen Faktoren im Kopf durch (Probehandeln im Kopf). Dabei korrigiert es falsche Lösungswege. Am Schluss seiner Überlegungen besitzt es einen fertigen Plan zum Erreichen des Zieles.
- Es führt diesen Plan in einem Zug, ohne Phasen von **Versuch-und-Irrtum-Lernen**, aus.

7 Verhaltensbiologie

7.4 Verhaltensökologie und Soziobiologie

Untersuchungsrahmen

Verhaltensökologie wie Soziobiologie gehen den Fragestellungen nach: Welchen Nutzen bringt ein bestimmtes Verhalten dem Tier/Menschen? Welchen Beitrag leistet es zu seiner reproduktiven Fitness? Weshalb hat sich gerade dieses Verhalten im Verlauf der Evolution durchgesetzt (→ Seite 146)?

Um den Beitrag eines Verhaltens zur reproduktiven Fitness eines Tieres oder Menschen abschätzen zu können, müssen dessen Nutzen (Fitnessgewinn) und Kosten (Fitnessverlust) in einer Nutzen-Kosten-Analyse gegenübergestellt werden. Je günstiger das Ergebnis dieser Analyse, desto größer ist der »Fitness-Gewinn«, den das Lebewesen aus dem Verhalten zieht.

Lebewesen können unterschiedliche Strategien verfolgen, um die Nutzen-Kosten-Bilanz ihres Verhaltens zu optimieren (Fitnessmaximierung) und damit individuelle Selektionsvorteile zu erlangen. Diese Strategien sind genetisch programmiert, können jedoch durchaus eine Fülle erlernter und damit flexibler Komponenten beinhalten (→ Seite 149).

Solche Strategien können Gegenstand von Abituraufgaben sein. Sie müssen dann zunächst anhand des Materials analysiert und erläutert werden. In einem zweiten Schritt wird in der Regel ihre Bewertung aus dem Blickwinkel der Verhaltensökologie bzw. Soziobiologie verlangt. Die Strategieanalyse kann sehr unterschiedliche Verhaltensbereiche betreffen. Gängig sind: Nahrungserwerb, Revierbildung, Kommunikation, soziale Verbände, Rangordnungen, Aggression, Paarung und Brutpflege.

Aus Platzgründen können in diesem Band nicht alle vorgenannten Verhaltensbereiche angesprochen werden. Anhand von zwei ausgewählten Beispielen soll deshalb das Grundprinzip einer verhaltensökologisch bzw. soziobiologisch ausgerichteten Verhaltensanalyse aufgezeigt werden.

Wichtige Definitionen

Verhaltensökologie: Wissenschaftszweig, der die Zusammenhänge zwischen Verhalten und ökologischen Umweltbedingungen untersucht

Soziobiologie: Wissenschaftszweig, der das Sozialverhalten von Tieren und Menschen strikt durch Individualselektion und genetischen Eigennutz des Verhaltens erklärt

Individualselektion: die Selektion (natürliche Auslese) greift immer am Phänotyp eines Individuums an; Gegenteil: Gruppenselektion

Gruppenselektion: in der älteren Verhaltensbiologie vertretene Ansicht, dass Selektion auch an einer Gruppe von Organismen ansetzen könnte; im Sinne einer Gruppenselektion wäre Verhalten selektionsbegünstigt, das der Gruppe als Ganzes nutzt (Prinzip der Arterhaltung)

Prinzip der Arterhaltung: heute als überholt geltende Vorstellung, dass das Verhalten eines Tieres bzw. Menschen in erster Linie der Erhaltung der eigenen Art dient

Strategie: komplexes Verhaltensmuster zum Erreichen eines Zieles; jede Strategie beruht auf genetisch fixierten Verhaltenskomponenten, kann aber auch Lernoptionen beinhalten; im Rahmen der Verhaltensevolution stehen bzw. standen verschiedene Strategien in Konkurrenz zueinander; die Selektion bestimmt dabei den Erfolg einer Strategie (reproduktive Fitness; → Seite 148)

Taktik: alternative Verhaltensvariante innerhalb einer Strategie

Sozialverhalten: jede Interaktion zwischen den Mitgliedern eines Sozialverbandes (→ Seite 170)

Soziale Appetenz: angeborene Disposition eines Individuums, Anschluss an einen oder mehrere Artgenossen zu suchen und zu bewahren

Soziale Attraktion: die von Artgenossen bzw. Sozialpartnern ausgehende Anziehungskraft, die die Mitglieder einer Gruppe zusammenführt und zusammenhält

Beispiel 1: Strategien des Nahrungserwerbs bei Karnivoren

Problemaspekte: Aus der Sicht des Karnivoren (Fleischfresser, Räuber) ergeben sich bei der Nahrungsbeschaffung folgende Probleme:
- Aufspüren des Beutetieres
- Ergreifen des (fliehenden) Beutetieres
- Überwältigen des (kämpfenden/sich wehrenden) Beutetieres
- fraßgerechte Aufbereitung des Beutetieres, falls dies z. B. durch eine Schale geschützt ist
- Konkurrenz beim Verzehren der Beute durch Tiere der eigenen Art oder anderer Arten (intraspezifische/interspezifische Konkurrenz; → Seite 180)

Für jeden dieser Problempunkte muss der Karnivore eine Lösungsstrategie verfolgen.

Messen des Erfolges einer Strategie: Den Erfolg einer Strategie im Rahmen des Nahrungserwerbs kann man wie folgt ermitteln: Energiegehalt der gewonnenen Nahrung minus aufgewandte Energie und Zeit zu ihrer Beschaffung = Nettoenergiegewinn pro Zeiteinheit. Man sollte nun entsprechend dem Grundsatz der Fitnessmaximierung erwarten, dass Karnivore beim Nahrungserwerb nur Strategien verfolgen, die ihren Nettoenergiegewinn optimieren.

Tatsächlich findet man hierfür Beispiele.

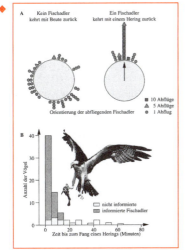

Beispiel 1.1 – Aufspüren der Beute: In Kolonien nistende Fischadler orientieren sich am Beuteerfolg der Artgenossen. Kommt ein Adler mit einem gefangenen Hering in die Kolonie zurück, so fliegen die anderen Adler in die Richtung ab, aus der dieser gekommen ist (Beobachtungslernen; oberer Teil (A) in der Abbildung links). Der Erfolg gibt ihnen recht: Sie stoßen häufig auf den Heringsschwarm, aus dem der erfolgreiche erste Jäger seinen Fisch geholt hat (oberer Teil (A) in der Abbildung links). Damit minimieren sie ihren Energieaufwand für das Suchen der Beute.

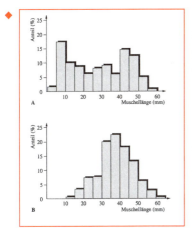

Beispiel 1.2 – Auswahl der Beute: Austernfischer wählen aus dem vorhanden Größenspektrum an Muscheln bevorzugt Muscheln mittlerer Länge aus (Abbildung links; A: vorhandene, B: ausgewählte Muscheln). Ihr Nahrungswahlverhalten lässt sich mit dem Bestreben zur Optimierung ihrer Nettoenergiebilanz erklären: Kleine Muscheln erfordern einen fast gleich hohen Energieeinsatz beim Öffnen wie mittlere, liefern jedoch nur wenig Nahrung. Große Muscheln bieten zwar mehr Nahrung als mittlere, lassen sich jedoch schwerer öffnen. Teilweise brechen Austernfischer den Versuch, eine große Muschel zu öffnen, nach einiger Zeit des vergeblichen Bemühens ab.

Andere Karnivore wählen bevorzugt alte, verletzte oder kranke Tiere als Beute aus. Auch hier ist der Energiegewinn im Verhältnis zum notwendigen Energieeinsatz am höchsten. Das Nahrungsauswahlverfahren der Tiere beinhaltet genetisch festgelegte, aber auch erlernte Elemente. So kann es je nach ökologischen Rahmenbedingungen variiert werden. Möwen stürzen sich z. B. beim Abladen von Müll auf jede

Art von Fressbarem. Die Ursache: Starke intraspezifische Konkurrenz, denn über dem Müllberg kreisen viele weitere Möwen. In solch einer Situation ist es besser, in der Auswahl seiner Nahrung weniger wählerisch zu sein, um überhaupt etwas abzubekommen. Auch kann die Notwendigkeit spezifische lebenswichtige Stoffe wie Vitamine usw. zu erhalten, beim Nahrungserwerb eine Rolle spielen. So wird unter Umständen Nahrung ausgewählt, die keinen optimalen Nettoenergiegewinn bietet (z. B. weil ihre Jagd mit einem hohen Energieeinsatz verbunden ist), dafür aber die benötigten Vitamine enthält.

Evolution von Strategien: Jede Strategie ist das Ergebnis eines evolutionären Prozesses. Wenn sich Strategien im Selektionsprozess behaupten konnten, also nicht durch andere mögliche Strategien verdrängt wurden, bezeichnet man sie als evolutionsstabil. Eine **evolutionsstabile Strategie (ESS)** ist also eine Strategie, zu der es keine denkbare bessere Alternative gibt. Mehrere alternative ESS führen zu gleichen Fortpflanzungserfolgen.

Häufig hängt die optimale Strategie eines Individuums auch davon ab, welche Strategien die übrigen Populationsmitglieder verfolgen. Bestimmte Strategien können nur erfolgreich sein, wenn in einer Population die Zahl ihrer Nutzer zur Zahl der Nutzer anderer Strategien in einem bestimmten Zahlenverhältnis steht. Man bezeichnet solche ESS als **Mischstrategien**.

Teilweise wird durch die genetischen Vorgaben nicht eine bestimmte Verhaltensweise, sondern ein bestimmtes Verhaltensspektrum festgelegt. Je nach Situation kann ein Individuum aus einer Reihe verschiedener alternativer Verhaltensmöglichkeiten (**Taktiken**) diejenige auswählen, die der jeweiligen Situation am besten entspricht. Strategien dieses Typus nennt man **konditionale Strategien**. Eine **konditionale** Strategie ist evolutionsstabil, wenn dank ihrer Flexibilität eine gleich hohe oder höhere Fitness erreicht wird wie durch alternative Strategien mit nur einer möglichen Taktik.

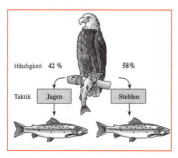

Beispiel 1.3: Weißkopfseeadler ernähren sich in Alaska von Lachsen. Um einen Fisch zu erhalten, kann ein Seeadler 1. **Jagen:** Die Jagd ist energieaufwändig, jedoch in der Regel erfolgreich; 2. **Stehlen:** Seeadlern, die mit einem Fisch zurückkehren, wird ihre Beute streitig gemacht. In vielen Fällen kann man ihnen den Fisch oder einen Teil des Fisches abnehmen. Dies ist weniger kräftezehrend als die Jagd. Allerdings ist der »Beuteerfolg« etwas geringer. Zudem ist Steh-

7 Verhaltensbiologie

len nur möglich, wenn Artgenossen vorhanden sind, die selber jagen. Damit könnte es bei den Seeadlern zwei genetisch fixierte evolutionsstabile Strategien geben:
- **Jagen:** Träger der Gene für diese Strategie jagen ihren Fisch stets selber.
- **Stehlen:** Träger der Gene für diese Strategie stehlen ihren Fisch stets.

In untersuchten Seeadlerpopulationen fand man ein Verhältnis von 42% : 58% zwischen Jägern und Dieben. Bei diesem ermittelten Zahlenverhältnis führen offenbar beide Strategien zu einem annähernd gleichen Ergebnis in der Nutzen-Kosten-Analyse. Damit bieten beide Strategien denselben Fitnessgewinn. Allerdings können sie innerhalb einer Seeadlerpopulation nur im beobachteten (bzw. einem diesem ähnlichen) Zahlenverhältnis auftreten. Würden fast alle Seeadler selber jagen, hätten die stehlenden Seeadler Selektionsvorteile, da sie leicht an Beute gelangen würden. Sie fänden immer einen Schwächeren, dem sie einen Fisch entwenden könnten. Ihre reproduktive Fitness würde sich erhöhen. Würden fast alle Seeadler stehlen, gäbe es bald keine Gelegenheit mehr dazu. Die Folge: Es pendelt sich ein bestimmtes Zahlengleichgewicht zwischen Jägern und Dieben ein (**Mischstrategie**).

Es ist jedoch auch eine dritte Strategie denkbar (und möglicherweise vorhanden):
- **Jagen oder Stehlen:** Träger der Gene für diese Strategie reagieren flexibel. Erblicken sie im hungrigen Zustand einen Artgenossen, der einen Fisch erbeutet hat, so versuchen sie, diesen zu stehlen. Gelingt ihnen dieses nicht oder erblicken sie innerhalb einer gewissen Zeit keinen Artgenossen mit Fisch, das heißt wird ihr Hunger zu groß, so jagen sie selber. Hier entscheiden äußere und innere Faktoren, welche der beiden möglichen Taktiken das Tier verfolgt. Es handelt sich also um eine **konditionale Strategie**.

Diese Strategie würde das statistische Zahlenverhältnis von Jägern zu Dieben nicht verändern.

Beispiel 2: Kooperation in Tierverbänden

Soziale Verbände werden von vielen Tierarten gebildet. Sie können nur für eine gewisse Zeit oder aber dauerhaft bestehen bleiben. Tierverbände, in denen Tiere aufgrund **sozialer Attraktion** (→ Seite 166) zusammenkommen und zusammenbleiben, müssen von zufälligen Tieransammlungen (**Aggregationen**; z. B. Tiere am Wasserloch) unterschieden werden. Es gibt verschiedene Formen sozialer Verbände:

Offene anonyme Verbände
- Mitglieder kennen sich nicht individuell
- keine Rangordnung oder Territorien
- jedes artgleiche Tier kann sich anschließen (Austauschbarkeit der Individuen)
- Beispiele: Fischschwarm, Vogelschwarm

Geschlossene anonyme Verbände
- Mitglieder kennen sich nicht individuell, können sich aber als Verbandsmitglied identifizieren (z. B. verbandsspezifischer Geruch)
- keine Rangordnung, aber Arbeitsteilung
- Anschluss gruppenfremder Tiere wird nicht oder nur unter Widerstand zugelassen
- Beispiele: Staaten bildende Insekten (z. B. Bienen, Ameisen, Termiten)

Individualisierte Verbände
- Mitglieder kennen sich individuell
- Rangordnung und/oder Ausbildung von Revieren
- Zu- und Abwanderung mit Duldung der Gruppe in begrenztem Umfang möglich
- Beispiele: Löwenrudel, Menschenfamilie

Der Zusammenschluss zu einem Tierverband bringt Vorteile wie auch Nachteile mit sich.

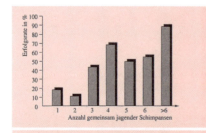

Anteil erfolgreich abgeschlossener Jagden bei verschieden großen Jagdgruppen einer Schimpansenpopulation des Tai-Nationalparks (Elfenbeinküste)

	Kosten an direkter Fitness	Nutzen an direkter Fitness	Nutzen an indirekter Fitness
Kooperation	–	+	und/oder +
nepotistischer Altruismus	+	–	+
reziproker Altruismus	+	+	und/oder +

Nutzen-Kosten-Bilanz für verschiedene Kooperationsformen
(– bedeutet keine Kosten bzw. kein Nutzen; + bedeutet Kosten bzw. Nutzen)

7 Verhaltensbiologie

Vorteile
- Erleichterter Nahrungserwerb. Insbesondere bei Karnivoren finden mehrere Tiere schneller und leichter Nahrungsquellen als Einzelgänger (→ Beispiel »Fischadler«, Seite 167, oben); Gruppenjagd ist häufig effektiver als Einzeljagd (Beispiel; → Abbildung Seite 170 unten links) usw.
- Erfolgreichere Ressourcenverteidigung. Jagdgruppen können ihre Beute leichter gegen Konkurrenten verteidigen als Einzeltiere, Rudel leichter ihr Revier.
- Größere Sicherheit vor Feinden. Gruppen bieten Schutz (Abschreckungseffekt, gegenseitiges Warnen usw.; → Tabelle unten).

Nachteile
- Erhöhte intraspezifische Konkurrenz. Gruppenmitglieder konkurrieren in verstärktem Maße um Nahrung, Nistmaterial, Nistplätze, Reproduktionspartner usw.
- Erhöhtes Infektionsrisiko für ansteckende Krankheiten wie auch Parasiten.
- Auffälligkeit. Eine Gruppe fällt Raubfeinden eher auf als ein Einzeltier.

Neben genetischen Vorgaben (Soziale Appetenz; → Seite 166) bestimmen die konkreten ökologischen Rahmenbedingungen, ob und in welcher Gruppengröße Tiere zusammenleben. Die unten abgebildete Tabelle stellt das Beispiel einer möglichen Nutzen-Kosten-Analyse für verschiedene Gruppengrößen bei unterschiedlichen ökologischen Bedingungen dar. Der zentrale Vorteil der Gruppenbildung ist die Möglichkeit zur **Kooperation** (Zusammenarbeit). Kooperation bedeutet jedoch, den Grundsatz der Fitnessmaximierung zu vernachlässigen. Das kooperierende Tier mindert seine eigene Fitness und stärkt zudem die Fitness anderer Populationsmitglieder. Warum also gibt es Kooperation?

Optimale Gruppengröße (farbig) in einer Umwelt mit vielen bzw. mit wenigen Raubfeinden. Die Zahlen geben jeweils relative Werte der Gefährdung durch Raubfeinde bzw. der Nahrungskonkurrenz an.

	Viele Räuber		Wenig Räuber	
Geringe Gruppengröße	Gefahr	12	Gefahr	6
	Konkurrenz	2	Konkurrenz	2
Mittlere Gruppengröße	Gefahr	10	Gefahr	5
	Konkurrenz	5	Konkurrenz	5
Große Gruppengröße	Gefahr	6	Gefahr	3
	Konkurrenz	8	Konkurrenz	8
Sehr große Gruppengröße	Gefahr	2	Gefahr	1
	Konkurrenz	9	Konkurrenz	9

Beiderseitiger Vorteil: Lebewesen kooperieren, weil beide Partner daraus Vorteile ziehen und/oder ihre Interessen übereinstimmen. *Beispiele:*
- Jagdkooperation im Wolfsrudel
- Brutpflegekooperation bei Paarungspartnern, die gemeinsame Junge großziehen
- Reziproker Altruismus. Mit Altruismus bezeichnet man »uneigennütziges« Verhalten, das für den Altruisten Nachteile mit sich bringt (z. B. Abgabe von Nahrung), für den Nutznießer hingegen Vorteile. Beim reziproken Altruismus verhält sich der Altruist uneigennützig, weil er damit rechnet, vom Nutznießer bei nächster Gelegenheit eine entsprechende Gegenleistung zu erhalten. Vorbedingungen: Partner müssen sich individuell kennen; Kosten dürfen für den Altruisten nicht zu hoch sein; seine Lebenserwartung darf nicht zu gering sein (»Rückerstattungschance« muss bestehen); Altruist darf keine schlechten Erfahrungen mit »Betrügern« gemacht haben.

Verwandtenhilfe: Hier kooperieren Tiere mit Verwandten ohne Aussicht, dass sie eine entsprechende Gegenleistung erhalten (echter, nepotistischer Altruismus). Die Steigerung der indirekten Fitness (→ Seite 148) ist die Belohnung (Prinzip der Verwandtenselektion). Diese ist um so größer, je näher Altruist und Nutznießer verwandt sind (Verwandtschaftskoeffizient Eltern-Kinder 0,5 , Vollgeschwister 0,5, Großeltern-Enkel 0,25). *Beispiele:* Brutpflege und aufopfernde Verteidigung bei staatenbildenden Insekten; Brutpflegehelfer bei Fischen, Vögeln, Säugern.

8 Ökologie

8.1 Übersicht

Die Umwelt der Lebewesen wird von Faktoren der belebten und unbelebten Natur (biotische und abiotische Faktoren) bestimmt. Die Wechselbeziehungen zwischen diesen Faktoren untersucht die Ökologie.

> **Ökologie = Lehre von den Wechselbeziehungen der Lebewesen untereinander und zu ihrer Umgebung.**

Die Gesamtheit der in einem bestimmten abgegrenzten Lebensraum vorkommenden Organismen bilden eine Lebensgemeinschaft, die Biozönose. Der Lebensraum dieser Biozönose wird als Biotop oder Habitat bezeichnet. Seen, Wiesen, Ackerland, aber auch Mauern und Teiche sind mögliche Biotope.

Biotop und Biozönose beeinflussen sich wechselseitig und bilden das **Ökosystem**. Wald, See, Moor und Wüste sind Beispiele für Ökosysteme unterschiedlicher Größenordnungen. Die Gesamtheit der Ökosysteme der Erde ergibt die Öko- oder Biosphäre.

> **Biotop/Habitat = Lebensraum**
> **Biozönose = Lebensgemeinschaft**
> **Ökosystem = Einheit aus Biotop und Biozönose**
> **Ökosphäre (Biosphäre) = Gesamtheit der Ökosysteme der Erde**

Ökologische Fragestellungen können auf unterschiedlichen Ebenen untersucht werden:

- **Individuum:** Steht das einzelne Individuum im Mittelpunkt der Betrachtung, so spricht man von Autoökologie.
- **Population:** Die Wechselwirkungen der Population mit der Umwelt sind Gegenstand der Demökologie.
- **Lebensgemeinschaft:** Die Wechselwirkungen zwischen verschiedenen tierischen und pflanzlichen Lebensgemeinschaften und der Umwelt untersucht die Synökologie.

8.2 Abiotische Faktoren

8.2.1 Temperatur und Tiere

Sämtliche Lebensvorgänge sind temperaturabhängig, da ihnen temperaturabhängige chemische Reaktionen zugrunde liegen. Die individuellen Ansprüche an eine bestimmte Temperatur differieren jedoch ganz erheblich. Man unterscheidet zwei Typen:
- **Wechselwarme (poikilotherme) Organismen:** Bei diesen schwankt die Körpertemperatur mit der Umgebungstemperatur. Wirbellose, Fische, Amphibien, Reptilien aber auch Pflanzen sind wechselwarm.
- **Gleichwarme (homoiotherme) Organismen:** Diese können ihre Körpertemperatur weitgehend unabhängig von der Außentemperatur konstant halten. Vögel und Säugetiere zählen zu den Gleichwarmen.

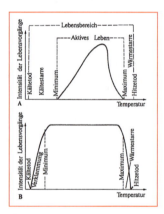

Wechselwarme Tiere: Untersucht man den Einfluss der Außentemperatur auf die Intensität der Lebensvorgänge, so erhält man charakteristische Temperatur-Toleranzkurven. In der Abbildung links sind die Temperatur-Toleranzkurven bei wechsel- und gleichwarmen Tieren aufgezeigt. Kardinalpunkte dieser Kurven sind Minimum, Optimum und Maximum. Im Bereich zwischen Minimum und Optimum beobachtet man, dass die Lebensprozesse bei einer Temperaturerhöhung um 10 °C um das Zwei- bis Dreifache beschleunigt werden. Man spricht von der **RGT-Regel** (Reaktionsgeschwindigkeits-Temperatur-Regel). Bei Temperaturen oberhalb des Maximums zeigen Tiere keine aktiven Lebensäußerungen mehr (Wärmestarre). Weiterer Temperaturanstieg führt zum Hitzetod. Die Begriffe Kältestarre und Kältetod bezeichnen die vergleichbaren Vorgänge unterhalb des Temperaturminimums. Die **Temperatur-Toleranzgrenzen** der Lebewesen sind genetisch determiniert. Ihre Breite unterscheidet sich zum Teil erheblich. Tiere mit engen Toleranzen bezeichnet man als **stenök.** Beispielsweise benötigen Riffkorallen Jahresdurchschnittstemperaturen von mindestens 23,5 °C. **Euryöke** Tiere zeigen einen weiten Toleranzbereich.

Gleichwarme Tiere: Diese besitzen – im Vergleich zu wechselwarmen – deutlich größere Aktivitätsmöglichkeiten, da sie weitgehend unabhängig von der Außentemperatur sind. Sie können dadurch nahezu sämtliche Lebensräume der Erde besiedeln. Dieser Vorteil wird jedoch durch einen hohen Energieverbrauch und einen damit ver-

8 Ökologie

bundenen hohen Nahrungsbedarf erkauft. Absinkende Außentemperaturen führen zu Wärmeverlusten, die von Gleichwarmen mit verschiedenen Gegenmaßnahmen (Muskelzittern, Aufstellen der Haare, Einrollen) beantwortet werden. Längere Kälteperioden können von einigen Tieren durch die **Winterruhe** bzw. den **Winterschlaf** überbrückt werden. Bei der Winterruhe (Eichhörnchen, Dachs, Bär) wird durch eingeschränkte Bewegung an geschützten Orten der Energieverbrauch verringert. Die Körpertemperatur wird jedoch – im Gegensatz zum Winterschlaf (Igel, Hamster, Fledermäuse) – nicht abgesenkt. Steigende Außentemperaturen lösen dagegen Kühlungsmechanismen wie Schwitzen oder Hecheln aus. Bei Wechselwarmen fehlen derartige Einrichtungen, um auf Abweichungen von der Vorzugstemperatur (Präferendum) zu reagieren.

Klimaregeln: Für gleichwarme Tiere lassen sich die folgenden Zusammenhänge zwischen dem Klima und der Tiergestalt formulieren:

! **Bergmann'sche Regel: Individuen einer Art oder naher verwandter Arten sind in kalten Gebieten größer als in warmen.**

Beispiel: Der große Kaiserpinguin (Körpergröße 125 cm, Gewicht ca. 40 kg) lebt in der Antarktis, der Galapagospinguin (50 cm; 2,2 kg) auf Höhe des Äquators. Physiologisch wird die Bergmann'sche Regel so erklärt, dass große Tiere im Verhältnis zum Körpervolumen eine relativ geringe Körperoberfläche besitzen. Das Volumen eines Körpers steigt mit wachsender Größe in der dritten Potenz, die Oberfläche nur mit der zweiten Potenz. In kühlen Regionen ist eine kleine Oberfläche von Vorteil, da hierüber der Wärmeaustausch mit der Umwelt erfolgt. Voraussetzung ist jedoch ausreichend Nahrung.

! **Allen'sche Regel: Bei verwandten Arten gleichwarmer Tiere sind Körperanhänge wie Ohren oder Schwänze in kalten Klimazonen kürzer als in warmen.**

Auch diese Regel wird durch die oben genannten Zusammenhänge verständlich: Große Körperanhänge haben eine relativ große Oberfläche und kühlen daher schnell aus. In warmen Regionen dienen daher z. B. große Ohren der Wärmeregulation.

8.2.2 Wasser und Tiere

Wassertiere

Der Wasserhaushalt dieser Tiere wird durch den osmotischen Wert des umgebenden Mediums bestimmt:

- **Isoosmotisch:** Bei marinen Wirbellosen wie Muscheln und Würmern entspricht die Konzentration der Körperflüssigkeit der des umgebenden Wassers.
- **Hypoosmotisch:** Die Flüssigkeiten innerhalb des Körpers weisen eine niedrigere Konzentration als das umgebende Wasser auf. Dies führt zu einem konstanten Wasserverlust bei den betroffenen marinen Knochenfischen. Durch Trinken von Meerwasser und gleichzeitiges Ausscheiden der aufgenommenen Salze über die Kiemen gleichen diese Fische den Wasserverlust aus.
- **Hyperosmotisch:** Bei Süßwassertieren und Wirbeltieren des Meeres ist die Konzentration der Körperflüssigkeit höher als die des umgebenden Mediums. Durch aktive Wasserausscheidung wird dem osmotischen Wassereinstrom entgegengewirkt und das Ionenmilieu der Tiere konstant gehalten.

Landtiere

Auch für diese Tiere ist ein konstanter osmotischer Wert der Körperflüssigkeit notwendig. Dem Wasserverlust durch Verdunstung und Ausscheidungsprodukte (Kot, Harn) steht ein Gewinn durch Trinken und die Wasseraufnahme über die Haut entgegen. Eine besondere Situation besteht bei wüstenbewohnenden Tieren. Sie decken ihren Wasserbedarf hauptsächlich durch die Wassersynthese bei der Zellatmung (Oxidationswasser).

Um den Wasserverlust möglichst gering zu halten, haben **Trockenlufttiere** unterschiedliche Mechanismen entwickelt. Wachsüberzüge aus Chitin bei Insekten, Horn und Haarbildungen bei Säugern, Vögeln und Reptilien und Schleimüberzüge bei Schnecken sind wirksame Mechanismen des Verdunstungsschutzes. **Feuchtlufttieren** wie Amphibien und Nacktschnecken fehlt ein solcher Schutz. Sie können nur in einer Umgebung mit hoher Luftfeuchtigkeit überleben oder dürfen sich nur kurzfristig vom Wasser entfernen.

8 Ökologie

8.2.3 Wasser und Pflanzen

Pflanzen reagieren unterschiedlich auf den abiotischen Faktor Wasser:
- **Wechselfeuchte Pflanzen:** Bei Moosen und Flechten variiert der Wassergehalt mit der Feuchtigkeit der Umgebung. Geringe Luftfeuchtigkeit führt zur Austrocknung der Pflanzenkörper. Der Stoffwechsel wird heruntergefahren und die Pflanzen gehen in einen Ruhezustand über. Bei hoher Luftfeuchtigkeit erfolgt Wasseraufnahme über Quellung. Die Lebensvorgänge werden aktiviert.
- **Eigenfeuchte Pflanzen:** Der Wassergehalt dieser Pflanzen ist weitgehend unabhängig von der aktuellen Luftfeuchtigkeit. Der Wasserverlust über Transpiration wird durch wachsartige Überzüge des Pflanzenkörpers eingeschränkt. Eine kontrollierte Wasserabgabe erfolgt über die Spaltöffnungen.

Je nach dem Wasserangebot zeigen Pflanzen charakteristische ökologische Anpassungserscheinungen:
- **Wasserpflanzen (Hydrophyten)** mit fehlenden oder, bei Schwimmblättern, auf der Wasseroberfläche liegenden Spaltöffnungen. Die Schwimmblätter besitzen große Interzellularen, die den Auftrieb erleichtern.
- **Feuchtpflanzen (Hygrophyten)** mit oft herausgehobenen Spaltöffnungen, dünner Cutikula und großen Interzellularen. Diese Merkmale fördern die Transpiration an den Standorten mit hoher Luftfeuchtigkeit (Tropischer Regenwald).
- **Wandlungsfähige Pflanzen (Mesophyten)** sind in gemäßigten Zonen beheimatet und zeigen Merkmale der Feuchtpflanzen und der
- **Trockenpflanzen (Xerophyten):** Blattabwurf oder kleine, überdauernde Blätter, oft versenkte Spaltöffnungen und verdickte Epidermis bzw. Cutikula sind Merkmale, die die Transpiration einschränken.

Sukkulenten wie Kakteen und bestimmte Wolfsmilchgewächse zeigen eine besondere Anpassungserscheinung: Sie speichern das Wasser im Stamm bzw. den Blättern.

8.2.4 Licht und Tiere

Der Einfluss des Lichtes auf Tiere und Menschen ist vielfältig:
- **Fortpflanzungsverhalten:** Bei vielen Vögeln wächst mit zunehmender Tageslänge das Volumen der Keimdrüsen. Paarungsverhalten und Brutphase werden so ausgelöst.
- **Vitamin D-Bildung:** Bei Säugern ist längerwelliges UV-Licht für die Bildung von Vitamin D erforderlich. Dieses Vitamin ist unter anderem für die Knochenbildung bedeutsam. Lichtmangel hat eingeschränkte Vitamin D-Bildung mit Knochenerweichung (Rachitis) zur Folge.
- **Vogeluhr:** Bei Singvögeln löst eine artspezifische morgendliche Helligkeit den spezifischen Gesang aus (→ Abbildung rechts).
- **Innere Uhr und circadiane Rhythmik:** Tiere, aber auch Menschen, verfügen über eine so genannte innere Uhr, die biologische Aktivitäten steuert und beeinflusst (endogene Rhythmik). Die Wach- und Schlafphasen von Vögeln sind ein typisches Beispiel. Sie zeigen einen 24 Stunden-Wechsel, die circadiane Rhythmik (lat.: circa = etwa, *dies* = Tag). Im Laborversuch wird diese Rhythmik auch bei Dauerlicht beibehalten, sie verschiebt sich nur um einige Stunden. Unter natürlichen Bedingungen kommt dem Licht somit die Funktion eines Taktgebers für die innere Uhr zu.

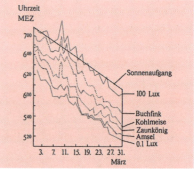

»Vogel-Uhr«: Singbeginn verschiedener Vogelarten in Abhängigkeit von der Lichtintensität

8 Ökologie

8.2.5 Licht und Pflanzen

Licht liefert die Energie für die Fotosynthese und beeinflusst pflanzliche Differenzierungs- und Anpassungserscheinungen:

Kurz- und Langtagspflanzen

Die Anlage der Blüten wird bei vielen Arten durch die Tageslänge bestimmt. Kurztagspflanzen blühen nur, wenn eine bestimmte kritische Tageslänge nicht überschritten wird, bei Langtagspflanzen muss diese überschritten werden. Daneben gibt es auch tagneutrale Pflanzen.
Beispiele:
Kurztag: Mais, Hirse, Reis, Soja
tagneutral: Erbse, Sonnenblume
Langtag: Zwiebel, Senf, Karotte, Kopfsalat

Sonnen- und Schattenblätter

Beide Typen unterscheiden sich in ihrer Morphologie und ihrer Fotosyntheseleistung: Sonnenblätter verfügen über ein ausgeprägtes, meist mehrlagiges Blattgewebe mit zahlreichen Chloroplasten. Schattenblätter besitzen hingegen eine zarte Epidermis und einen hohen Chlorophyllgehalt bei geringer Blattdicke. Diese zeigen im Vergleich zu Sonnenblättern niedrigere Lichtkompensationspunkte und geringe Lichtsättigungen, das heißt sie erreichen bereits bei niedrigen Lichtintensitäten eine positive Fotosynthesebilanz, die maximale Syntheserate fällt jedoch im Vergleich zu Sonnenblättern gering aus ($\rightarrow$ Seite 34).

Lichtkompensationspunkt und Lichtsättigung (Beispiele):

	Kompensationspunkt (Kilolux)	Lichtsättigung (Kilolux)
Sonnenkräuter	1,0 – 2,0	50 – 80
Schattenkräuter	0,2 – 0,5	5 – 10
Sonnenblatt	1,0 – 1,5	25 – 50
Schattenblatt	0,3 – 0,6	10 – 15

Sonnenpflanzen und Schattenpflanzen

Manche Pflanzen benötigen zu einer guten Entwicklung volles Sonnenlicht, andere leben bevorzugt im Schatten- oder Halbschatten. Hinsichtlich Morphologie und Fotosyntheseleistung ergeben sich ähnliche Unterschiede wie bei Sonnen- und Schattenblättern.

8.3 Biotische Faktoren

Die Existenz von Lebewesen wird nicht nur von abiotischen Umweltfaktoren, sondern auch in entscheidender Weise von anderen Organismen bestimmt. Die Wechselbeziehungen zwischen Organismen kann man in zwei Gruppen einteilen:
- innerartliche (intraspezifische) Faktoren und
- zwischenartliche (interspezifische) Faktoren.

8.3.1 Intraspezifische Faktoren

Individuen einer Art können in unterschiedlichen Wechselbeziehungen zueinander stehen:
- **Sexualpartner:** Unterschiedliche artspezifische Signale dienen dem Auffinden des Sexualpartners. Neben optischen und akustischen (Färbungen, Muster, Balzgesänge) sind hier chemische Signale (Sexuallockstoffe) zu nennen. Bleibt die Partnerbeziehung nach der eigentlichen Paarung erhalten, so spricht man von Dauerehen (z. B. bei Graugänsen), andernfalls liegen Saisonehen (z. B. bei Stockenten) vor.
- **Gruppenangehörige sozialer Verbände:** Kennen sich die Mitglieder einer größeren Tiergruppe nicht, so liegt ein anonymer Verband vor (Vogelschwarm, Staaten bildende Insekten). Er bietet den Mitgliedern den Vorteil eines besseren Schutzes vor Räubern und die Möglichkeit der Arbeitsteilung (Arbeiterinnen, Drohnen und Königin bei Bienen). Kennen sich die Mitglieder persönlich, so spricht man von individualisierten Verbänden (z. B. Wolfsrudel). Innerhalb dieser bildet sich ein komplexes Beziehungsgefüge aus, die Rangordnung. Sie bietet den Vorteil einer wirkungsvollen Verteidigung vor Feinden und den Schutz von Ressourcen, sie erhöht jedoch auch die Konkurrenzsituation (→ Seite 170 f.).
- **Konkurrenten:** Individuen einer Art können um Geschlechtspartner, Raum und Nahrung miteinander konkurrieren. Bei vielen Tieren führt dieser intraspezifische Konkurrenzdruck zur Aufteilung des Lebensraumes in Territorien. Die Revierbildung ist dann häufig mit innerartlicher Aggression verknüpft (Revierkämpfe).

8.3.2 Interspezifische Beziehungen

Individuen verschiedener Arten zeigen unter anderem die folgenden Beziehungsmöglichkeiten:
- Konkurrenz
- Räuber-Beute-Beziehungen
- Parasitismus
- Symbiose

8 Ökologie

Konkurrenz: Die Lebewesen einer Biozönose stehen in Konkurrenz um Nahrung, Raum und sonstige Ressourcen. Der Konkurrenzkampf fällt dabei um so deutlicher aus, je ähnlicher die gemeinsamen Ansprüche an die Umwelt sind. Auf längere Sicht kann sich nur eine von zwei konkurrierenden Arten durchsetzen, die andere stirbt aus.

! **Konkurrenzausschlussprinzip oder Gause-Volterra'sches Prinzip:**
Arten mit gleichen ökologischen Ansprüchen
können nicht gemeinsam existieren

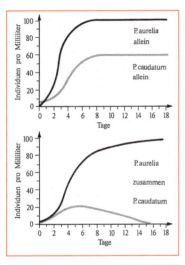

Beispiel: Zwei verschiedene Arten von Pantoffeltierchen werden in Kultur gehalten (→ Abbildung links, obere zwei Kurven). Diese ernähren sich gemeinsam von Bakterien. Werden die beiden Arten isoliert gehalten, so zeigen sie die typischen Wachstumskurven. In gemeinsamer Kultur konkurrieren beide um die Nahrung. Die schneller wachsende Art verdrängt die andere Art. Die Konkurrenzsituation kann nur vermieden werden, wenn unterschiedliche Ansprüche an die Umwelt entwickelt werden. Es müssen unterschiedliche **ökologische** Nischen (→ Seite 187) besetzt werden.

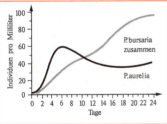

Beispiel: (→ Abbildung links) Paramecium aurelia und P. bursaria können gemeinsam in einer Kultur koexistieren. Paramecium bursaria ernährt sich bevorzugt von Bakterien am Boden des Gefäßes, P. aurelia von Bakterien an der Oberfläche.

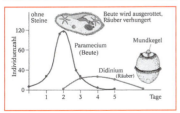

Räuber-Beute-Beziehungen: Räuber ernähren sich von ihrer Beute. Werden beide im Laborversuch zusammengeführt, so sterben sie nach kurzer Zeit aus. Der Räuber rottet die Beute aus und verhungert anschließend (→ Abbildung links). In der Natur bildet sich zwischen Räuber und Beute jedoch häufig ein komplexes ökologisches Zusammenspiel, das die Koexistenz beider erlaubt. So haben die Beutetiere beispielsweise verschiedene Tarn- und Warnmechanismen entwickelt (→ Seite 201), um dem Räuber zu entgehen.

Parasitismus: Ähnlich wie bei der Räuber-Beute-Beziehung lebt hierbei ein Individuum auf Kosten des anderen. Der Parasit tötet jedoch seinen Wirt nicht, er schädigt ihn auf vielfältige Art und Weise, etwa durch seine Nahrungsaufnahme, Ausscheidungen oder Gewebezerstörung.

Parasitismus = wechselseitige Beziehung zwischen zwei verschiedenen Organismen zum einseitigen Vorteil des Parasiten auf Kosten des Wirtes

Parasiten zeigen oft charakteristische Anpassungserscheinungen an ihren Lebensraum bzw. Wirt. Hierzu gehören die Reduktion von Sinnes- und Bewegungsorganen (z. B. Flügellosigkeit bei Läusen) und die Veränderung der Körpergestalt.

Die Vielzahl der Parasiten lässt sich nach unterschiedlichen Kriterien ordnen:
- Ektoparasiten leben auf der Oberfläche des Wirtes, z. B. Flöhe, Läuse.
- Endoparasiten leben im Körperinneren, z. B. Bandwürmer, Leberegel, Spulwurm.
- Fakultative (temporäre) Parasiten schmarotzen nur zeitweise, z. B. Stechmücken.

Viele Parasiten sind streng wirtsspezifisch: Humanparasiten (z. B. Syphiliserreger), Zooparasiten (z. B. Lungenwürmer) und Phytoparasiten finden sich jeweils bei Mensch, Tier bzw. Pflanze.

Sonderformen des Parasitismus sind
- Pflanzengallen. Dies sind geschwulstartige Bildungen des pflanzlichen Wirtes, die durch Einwirkungen von Tieren, Bakterien oder Pilzen verursacht werden. Der Parasit nutzt diese Abwehrmaßnahme für seine Zwecke, indem er z. B. Larven in die Gallen legt.
- Pflanzliche Parasiten. Dies sind ursprünglich Pflanzen, die jedoch teilweise (Halbparasit, z. B. Mistel) oder gänzlich (Vollparasit, z. B. Mehltau) die benötigten Mineralien, Nährstoffe und Wasser vom Wirt beziehen.

Die Evolutionsgeschwindigkeit der Parasiten ist im Allgemeinen geringer als die des Wirtes, da ihre Umwelt (z. B. Fell, Blut) länger stabil bleibt. Verwandte Tiergruppen weisen daher häufig die gleichen Parasiten auf.

8 Ökologie

Symbiose: Bei dieser interspezifischen Beziehung wird keiner der beiden Partner geschädigt, sie profitieren wechselseitig voneinander:

> **Symbiose = Zusammenleben artverschiedener Lebewesen zum wechselseitigen Nutzen**

- **Beispiel 1:** Flechten sind Symbiosen zwischen einer fotosynthetisierenden Alge und einem Pilz. Die Alge liefert Kohlenhydrate und Sauerstoff, der Pilz Wasser, CO_2 und Mineralien. Ihre wechselseitige Abhängigkeit ist so stark, dass man sie zu einer eigenen Pflanzengruppe zusammenfasst.

- **Beispiel 2:** Mykorrhiza nennt man die Symbiose zwischen höheren Pflanzen und Pilzen. Bei der ektotrophen Mykorrhiza dringen Pilzhyphen zwischen die Zellen der Wurzelrinde von Bäumen ein, bei der endotrophen Form wachsen sie in die Zellen der Wurzelrinde von z. B. Orchideen hinein. Durch die Pilzhyphen wird die aktive Wurzeloberfläche der Pflanze vergrößert. Die Pflanze beliefert den Pilz mit Fotosyntheseprodukten.

Symbiosen lassen sich nach unterschiedlichen Kriterien ordnen:
- **Obligate Symbiosen:** Diese sind für wenigstens einen der Partner lebensnotwendig (Mutualismus).
  Beispiel: Bestimmte Blütenpflanzen können aufgrund anatomischer Besonderheiten ausschließlich von einer Tierart bestäubt werden.
- **Fakultative, gelegentliche Symbiosen**
  Beispiel: Die Putzsymbiose zwischen bestimmten Vögeln (Madenhackern) und Huftieren.
- **Endosymbiosen:** Ein Partner lebt im Inneren des anderen.
  Beispiel: Bakterien im Darm von Wiederkäuern.
- **Ektosymbiosen**
  Beispiel: Seeanemonen leben auf dem Schneckenhaus, das Einsiedlerkrebse tragen. Die Anemone wird vom Krebs transportiert und hat Anteil an seinen Nahrungsresten, der Krebs wird durch die Nesselkapseln der Anemone geschützt.

Einseitiges Nutznießertum: Bei dieser interspezifischen Beziehung hat nur ein Partner einen Nutzen, der andere wird jedoch nicht wie beim Parasitismus geschädigt.
Beispiel: Aasgeier profitieren von den Beuteresten der Raubtiere.

8.4 Populationsökologie

Untersucht die Autoökologie die Beziehungen einzelner Lebewesen zu ihrer Umwelt, so richtet die Populationsökologie das Blickfeld auf eine Gruppe artgleicher Individuen, die Population:

 Population = Gruppe artgleicher Individuen, die zur gleichen Zeit in einem abgegrenzten Raum (Biotop) leben und sich untereinander fortpflanzen

8.4.1 Populationswachstum

Populationen sind dynamische Systeme. Ihre Individuenzahl ändert sich durch Vermehrung und Tod ständig. Ein Wachstum findet naturgemäß nur dann statt, wenn die Geburtenrate (Natalitätsrate) größer als die Sterberate (Mortalitätsrate) ist. Man unterscheidet zwei Wachstumsformen:

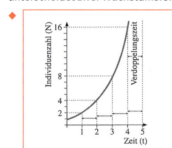

♦ **1. Exponentielles Wachstum:** Bei gleichbleibender Vermehrungsrate und dem Fehlen von Faktoren, die das Wachstum der Population einschränken könnten, wächst diese um einen gleichbleibenden Prozentsatz. Dies ist häufig dann möglich, wenn Tiere bzw. Pflanzen neue Lebensräume konkurrenzlos besiedeln können. Nimmt die Geburtenrate stärker zu als die Sterberate, so steigt auch die Vermehrungsrate und die Verdopplungszeiten werden zunehmend kürzer. Dieses **superexponentielle** Wachstum ist typisch für menschliche Populationen in Entwicklungsländern.

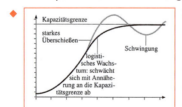

♦ **2. Logistisches Wachstum:** Populationen können nicht dauerhaft unbegrenzt wachsen. Als Folge steigender Individuenzahlen wirken intraspezifische Faktoren (z. B. Konkurrenz um Nahrung und Raum). Die Geburtenrate sinkt, die Sterberate steigt. Das Wachstum verlangsamt sich (**Sättigungsphase**). Nimmt die Populationsdichte weiter zu, so hört das Wachstum auf (**Stationäre Phase**). Geburtenrate und Sterberate sind nun gleich groß. Die Population hat ihre **Kapazität K** erreicht. Darunter versteht man die unter den gegebenen Umweltbedingungen maximale Populationsgröße einer Art. Häufig schwankt die Populationsgröße um diese Kapazitätsgrenze. Diese Schwankungen werden als **Massenwechsel** bezeichnet.

8 Ökologie

K- und r-Strategen: Organismen zeigen beim Populationswachstum verschiedene Strategien:
- K-Strategen (K = Kapazität) setzen auf geringe Vermehrungsraten, lange Generationsdauer und Sicherung der Nachkommen durch Brutpflege. Die spezifische Umweltkapazität wird erreicht. Sie finden sich in Lebensräumen mit relativ konstanten Umweltbedingungen (Meer, Urwälder). *Beispiele*: Wale, Tiger.
- r-Strategen (r = Rate der Vermehrung) zeigen hohe Vermehrungsraten und eine kurze Generationsdauer. Sie erreichen nur selten den K- Wert und finden sich in Lebensräumen mit schwankenden Umweltbedingungen. Erhöhungen der Umweltkapazitäten können sie durch rasches Populationswachstum nutzen. *Beispiel*: Wasserflöhe in periodisch austrocknenden Wassertümpeln.

8.4.2 Regulation der Populationsdichte

Dichteabhängige Faktoren	Dichteunabhängige Faktoren
Intraspezifische Konkurrenz: Nahrungsmenge Gedrängefaktor Revierbildung Tierwanderung Kannibalismus	Klima: Licht Temperatur Feuchte Wind Boden Nahrungsqualität
Artspezifische Feinde: Räuber Parasiten	Nichtspezifische Feinde: Räuber, die andere Beute bevorzugen
Ansteckende Krankheiten	Nichtansteckende Krankheiten

Die Populationsdichte wird von unterschiedlichen Faktoren beeinflusst. Je nachdem, ob diese von der Individuenzahl der Population abhängig sind oder nicht, unterscheidet man dichteabhängige und dichteunabhängige Faktoren.

Dichteunabhängige Faktoren: Populationsschwankungen können durch Klimaeinflüsse und interspezifische Konkurrenz verursacht werden. Diese Schwankungen treten ein, gleichgültig ob in der Ausgangspopulation eine hohe oder niedrige Dichte herrscht. So wird z. B. in extrem kalten Wintern eine bestimmte Anzahl von Meisen erfrieren, unabhängig von der Populationsgröße.

Dichteabhängige Faktoren: Mit der Zunahme der Individuenzahl wächst auch die Bedeutung dichtebegrenzender Faktoren. Die Nahrung wird knapp, die Anzahl artspezifischer Feinde wächst an, sozialer Stress kommt hinzu. Die Geburtenrate nimmt ab, die Sterberate steigt.
Beispiel: Feldmäuse vermehren sich innerhalb von wenigen Jahren oft explosionsartig. Bei anhaltendem Populationswachstum führt der **Gedrängefaktor** zu Störungen des Hormonsystems mit sinkender Fortpflanzungsfähigkeit der Weibchen. Kannibalismus kommt hinzu. In der Folge bricht die Population zusammen. Einige Tiere über-

leben und bauen die Population neu auf. Wiederholt sich dieser Massenwechsel, so entstehen **Populationswellen**.

Räuber-Beute-Beziehungen: Zu den dichteabhängigen Faktoren zählt auch das Wechselspiel zwischen artspezifischem Fressfeind (Räuber) und seiner Beute. Bewohnen beide den gleichen Lebensraum und ernährt sich der Räuber primär von dieser Beute, so führt eine Zunahme der Beutetiere auch zur Vermehrung der Räuber. Gleicht die Vermehrungsrate der Beuteart diese Verluste nicht aus, so wird die Beute dezimiert. Der entstehende Nahrungsmangel beim Räuber verringert unter anderem dessen Fruchtbarkeit und erhöht die Anfälligkeit für Parasiten und Krankheiten. Die Räuberpopulation verringert sich und die Beuteart kann sich wieder vermehren. Es entstehen fortgesetzte Populationswellen zwischen Räuber und Beute.

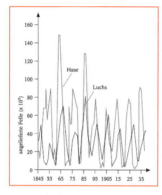

Beispiel: Die Räuber-Beute-Beziehung zwischen Luchs und Schneeschuhhase in Kanada zeigt die typischen Populationswellen. Die Anzahl der Tiere wurde auf der Basis von Fellen ermittelt, die Fallensteller kanadischen Pelzhandelsgesellschaften lieferten. Es gilt jedoch folgende Einschränkung: In Gebieten, in denen der Luchs ausgerottet wurde, zeigen die Hasen dennoch die charakteristischen Populationswellen. Verantwortlich sind dann andere dichteregulierende Faktoren wie z. B. Nahrungsmangel. Der Luchs kontrolliert also nicht die Hasenpopulation, sondern diese kontrolliert sich selbst und die Luchspopulation.

Lotka-Volterra-Regeln: Eine idealisierte Modellvorstellung der Räuber-Beute-Beziehungen lieferten **Lotka und Volterra**:

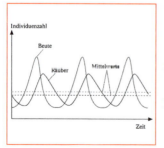

1. Die Individuenzahlen von Räuber und Beute schwanken periodisch. Die Maxima für die Räuber folgen phasenverschoben denen für die Beute.
2. Langfristig bleiben die Mittelwerte beider Populationen konstant.
3. Eine Ursache, die Räuber und Beute gleichermaßen dezimiert, vergrößert die Beutepopulation und vermindert die des Räubers.

Die ersten beiden Regeln werden am Beispiel von Hase und Luchs deutlich. Die dritte Regel ist für die Praxis wichtig. Sie lässt sich am Beispiel von Marienkäfer (Räuber) und

Schildlaus (Beute) erläutern. Durch Anwendung von Insektiziden (z. B. DDT) versuchte man die schädlichen Schildläuse anhaltend zu dezimieren. Das Insektizid traf jedoch auch die Marienkäfer. Nach Wegfall der chemischen Bekämpfung wuchs daher entsprechend der 3. Regel die Zahl der schädlichen Schildläuse zunächst schneller als die der Marienkäfer. Durch den zunächst aufgetretenen Nahrungsmangel (fehlende Beute) wurden die Marienkäfer nämlich zusätzlich dezimiert.

8.5 Ökologische Nische

Einfache Definition: Jeder Organismus besitzt ein Spektrum **ökologischer Potenzen** (Fähigkeiten, die Ressourcen der Umwelt zu nutzen) und **Toleranzen** (Fähigkeiten, Umweltbedingungen in bestimmten Grenzen zu ertragen). Aus diesem Mosaik der ökologischen Fähigkeiten eines Organismus ergeben sich seine **Umweltansprüche**.

> ! Man bezeichnet die Gesamtheit der ökologischen Potenzen/Toleranzen und der daraus resultierenden Umweltansprüche eines Organismus als dessen ökologische Nische.

Im übertragenen Sinne spricht man auch vom »Beruf« eines Organismus. Die ökologische Nische ist **charakteristisch** für eine Art. In einem Ökosystem liegen die abiotischen und biotischen Faktoren in einer Fülle unterschiedlichster Kombinationen vor. Damit stellt ein Ökosystem eine Vielzahl unterschiedlicher Existenzangebote für Organismen bereit. Man bezeichnet diese auch als **ökologische Planstellen**. Jede noch unbesetzte, freie ökologische Planstelle kann nun von einem Organismus mit entsprechendem Potenz-/Toleranzmuster besetzt werden. Besetzt ein Organismus eine ökologische Planstelle, so spricht man von **Einnischung**. Der Organismus »übt also seinen Beruf aus«. Mit dem Begriff **Standort** (**Habitat**) wird dagegen der Ort bezeichnet, an dem ein Organismus lebt, seine »Adresse«.

Komplexe Definition: Viele Ökologen sehen die oben vorgestellte Definition als zu starr und einseitig an. Lebewesen nehmen nicht einfach einen bestimmten, ihnen angebotenen Platz im Ökosystem ein. Vielmehr beeinflussen sie ihrerseits die Umwelt. Sie entnehmen ihr Nährstoffe und geben Stoffe an die Umwelt ab. Sie verändern aktiv das Biotop und die Biozönose. Damit stehen sie mit ihrer Umwelt in vielfältiger Wechselwirkung.

> ! Diese Wechselwirkungen und Abhängigkeiten zwischen Organismus und Umwelt werden nach der erweiterten Definition als ökologische Nische bezeichnet.

8.6 Ökosysteme

8.6.1 Kennzeichen von Ökosystemen

Ein Ökosystem stellt ein komplexes **Netz von Wechselwirkungen** zwischen den **abiotischen** Faktoren eines bestimmten Biotops und der dieses bevölkernden **Biozönose** dar.

Es ist ein **offenes System**. Stoffe, Lebewesen und Energie können von außen in das System eingebracht werden (z. B. Nährstoffeintrag durch Niederschlag, Zuwanderung von Tieren, Sonneneinstrahlung). Es können jedoch auch Stoffe und Lebewesen das System verlassen (z. B. Nährstoffverluste durch abfließendes Wasser).

Ein natürliches bzw. naturnahes Ökosystem besitzt bis zu einem gewissen Grad die **Fähigkeit zur Selbstregulation**: Innerhalb eines Ökosystems gibt es Stoffkreisläufe, die über längere Zeit gesehen trotz Zu- und Abflüssen zu annähernd konstanten Verhältnissen der abiotischen Parameter führen (**Fließgleichgewicht**). Zwischen den Organismen der Biozönose bestehen vielfältige Beziehungen, die dazu führen, dass auch die Biozönose langfristig gesehen trotz Zu- und Abgängen eine weitgehend stabile Zusammensetzung hat (**biozönotisches Gleichgewicht**). Die Zahl der Arten und der Individuen in einem Ökosystem bleibt in der Regel innerhalb gewisser Grenzen (natürliche Schwankungsbreite) konstant.

Viele Ökosysteme befinden sich jedoch heute nicht mehr in ihrem natürlichen Zustand, da der **Mensch in vielfältiger Weise verändernd in sie eingegriffen hat**. Dies hat oftmals zu einem Verlust ihrer Selbstregulationsfähigkeit geführt.

Beispiele für Ökosysteme
- natürliche und naturnahe aquatische Ökosysteme (Gewässer-Ökosysteme) wie z. B. Korallenriff, Wattenmeer, See, Teich, Fluss
- natürliche und naturnahe terrestrische Ökosysteme (Land-Ökosysteme) wie z. B. Moore, Tropischer Regenwald, Mitteleuropäische Wälder, Savannen, Tundra
- urban-industrielle Ökosysteme

8.6.2 Struktur eines Ökosystems

In jedem Ökosystem lassen sich vier Grundkomponenten unterscheiden:
- **Abiotische Umwelt:** Licht, Wärme, Wasser, Nährsalze, CO_2, O_2 usw.
- **Produzenten (Erzeuger):** Dies sind Lebewesen, die organische Substanzen (Biomasse) aus anorganischem Material aufbauen. Zu ihnen zählen neben den autotrophen Bakterien nur die Fotosynthese betreibenden Pflanzen. Im Wasser handelt es sich bei diesen vor allem um Algen, an Land um höhere grüne Pflanzen. Von der Biomasse, die die Produzenten aufbauen, leben alle anderen Organismen eines Ökosystems.
- **Konsumenten (Verbraucher):** Sie ernähren sich von lebender organischer Substanz. Zu ihnen zählen pflanzenfressende Tiere (*Herbivore*), fleischfressende Tiere (*Karnivore*) und pflanzliche wie tierische **Parasiten**. Herbivoren und Karnivoren sind über **Nahrungsketten** miteinander verbunden. Entsprechend der Stellung in einer solchen Nahrungskette werden sie als Primär-, Sekundär- oder Tertiärkonsumenten bezeichnet. Das Endglied einer Nahrungskette nennt man Endkonsument. Beispiel einer Nahrungskette: Gras (Produzent) ⇒ Kaninchen (Primärkonsument, Herbivore) ⇒ Fuchs (Sekundärkonsument, Karnivore) ⇒ Habicht (Tertiärkonsument, Karnivore, Endkonsument). Pflanzenfresser verzehren in der Regel nicht nur eine Pflanzenart und Fleischfresser ernähren sich zumeist von unterschiedlichen

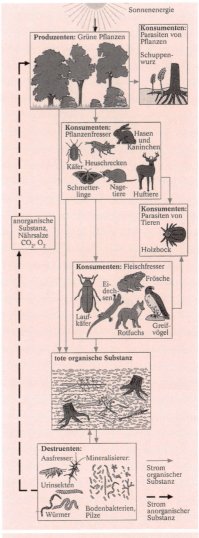

Funktionelle Gliederung eines mitteleuropäischen Waldökosystems

Beutetieren. Damit sind verschiedene Nahrungsketten miteinander zu einem komplexen **Nahrungsnetz** verwoben. Es gibt Tierarten, die sowohl Pflanzen- als auch Fleischfresser sind.

- **Destruenten (Reduzenten, Zersetzer):** Sie bauen tote organische Substanz (Tierleichen, Laub usw.) zu einfachen anorganischen Stoffen ab. Man unterscheidet **Abfallfresser** (*Saprovoren*) wie z. B. Würmer oder Insektenlarven, die sich von Streu, Aas usw. ernähren, selber aber noch wieder organisches Material ausscheiden, und **Mineralisierer** (Bakterien, Pilze usw.), die das organische Material zu anorganischen Verbindungen abbauen. Die anorganischen Stoffe stehen dann den Produzenten zur Verfügung, womit der Stoffkreislauf im Ökosystem geschlossen ist.

8.6.3 Energiefluss und Produktivität in Ökosystemen

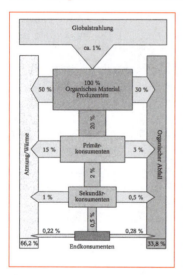

Jedes Ökosystem erhält einen Energieeintrag (Input) in Form von Sonnenstrahlung. Doch nur 1 % der die Erdoberfläche erreichenden Strahlung wird für die **Bruttoprimärproduktion**, die Bildung neuer Biomasse per Fotosynthese, genutzt. 50 % der neugebildeten organischen Substanz wird von den Produzenten selbst veratmet, also für die Aufrechterhaltung ihrer Lebensprozesse genutzt bzw. in nicht weiter verwertbare Wärme überführt. Die verbleibenden 50 % werden als **Nettoprimärproduktion** bezeichnet. Sie werden für den Aufbau neuer Pflanzenmasse verwendet. Bis zum Ende des Pflanzenlebens fallen im Schnitt 30 % der ursprünglichen Bruttoprimärproduktion als organischer Abfall an (Laub, Holz usw.). 20 % werden von Primärkonsumenten gefressen. Auch die Primärkonsumenten weisen Energieverluste auf. Sie geben nur noch 2 % der ursprünglichen Bruttoprimärproduktion an die Sekundärkonsumenten weiter, die nur noch 0,5 % an die Endkonsumenten weiterreichen (in der Abbildung am Beispiel eines Buchenwaldes dargestellt).

Die Energieweitergabe von einem Glied der Nahrungskette zum nächsten ist also durch beständige Verluste gekennzeichnet. Sie stellt eine Einbahnstraße dar. Deshalb bezeichnet man sie, im Gegensatz zu den Stoffkreisläufen (→ Seite 191), auch als **Energiefluss**. Damit ist ein Ökosystem prinzipiell auf Energieinput von außen angewiesen.

8 Ökologie

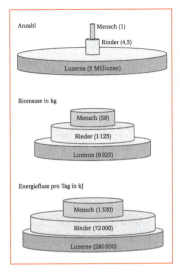

Die Beziehungen zwischen den Gliedern einer Nahrungskette lassen sich grafisch in Form **ökologischer Pyramiden** darstellen (Abbildung links):

Zahlenpyramiden: Hier wird die Anzahl der Individuen jeder Nahrungsstufe auf einer bestimmten Fläche zu einem bestimmten Zeitpunkt angegeben.

Biomassenpyramiden: Hier wird die Biomasse der Einzelorganismen auf einer bestimmten Fläche zu einem bestimmten Zeitpunkt summiert.

Energiepyramiden: Sie stellen den Energiefluss durch die Nahrungskette dar. Dazu wird die **Produktivität** (Zuwachs an Biomasse pro Zeiteinheit) der einzelnen Stufen einer Nahrungskette erfasst.

8.6.4 Stoffkreisläufe in Ökosystemen

Allgemeines: Anorganische Stoffe durchlaufen im Ökosystem einen beständigen Kreislauf. Sie werden in der Nahrungskette in Form verschiedener Verbindungen von Stufe zu Stufe weitergereicht. Durch Ausscheidung oder Mineralisierung toten organischen Materials gelangen sie wieder in den abiotischen Bereich. Nun können sie erneut von den Lebewesen aufgenommen werden. Kreisläufe existieren sowohl für **Makronährstoffe** wie Kalium, Calcium oder Stickstoff als auch für **Spurenelemente** wie Jod, Eisen oder Kupfer.

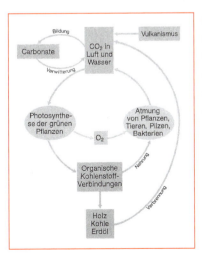

Beispiel: Für alle Organismen stellt Kohlenstoff einen Grundbaustein dar. Der Kohlenstoffkreislauf (Abbildung links) weist außer dem **Hauptkreislauf** (CO_2 – Fotosynthese – organische Verbindungen – Atmung/Gärung – CO_2) zwei **Nebenkreisläufe** auf: So kann Kohlenstoff für längere Zeit in Kalkgesteinen (Carbonaten) oder fossilen Brennstoffen gebunden sein und damit aus dem Hauptkreislauf ausscheiden. Durch Verwitterung der Carbonate bzw. Verbrennung fossiler Brennstoffe kehrt er jedoch wieder in diesen zurück.

8.6.5 Gefährdung von Ökosystemen

Fast alle Ökosysteme sind heute durch Einflussnahme des Menschen verändert, sogar teilweise in ihrer Stabilität und Selbstregulationsfähigkeit gefährdet. Neben direkten Eingriffen (z. B. Abholzung) sind es zunehmend auch indirekte anthropogene (vom Menschen verursachte) Eingriffe, die zu Störungen in Ökosystemen führen.

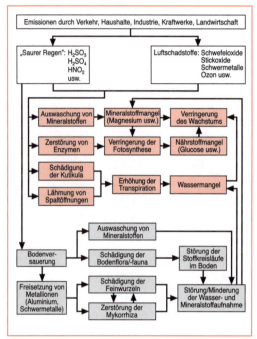

Die Abbildung links stellt die Folgen eines solchen indirekten Eingriffes für das Ökosystem »Mitteleuropäischer Wald« dar (farbig: Blattorgane, grau: Boden/Wurzeln):

Der Mensch produziert eine Vielzahl von Schadstoffen. Ihr Eintrag über Luft und Wasser (»Saurer Regen«) führt zu Schäden an den Pflanzen.

Diese sind zunächst häufig geringfügig, können sich jedoch im Laufe der Zeit summieren. Zudem stellt auch bereits eine geringe Schädigung die betroffenen Pflanzen unter Stress. Sie sind dann nicht mehr bzw. in geringerem Umfang in der Lage, natürliche Stressfaktoren (UV-Strahlung, Frost, hohe Temperaturen, Trockenheit, Schädlinge usw.) zu verkraften.

9 Evolution

9.1 Evolutionstheorien

1. Die Lehre von der Artkonstanz: Sie geht von der Unveränderlichkeit der Lebensformen aus und lehnt daher den Evolutionsgedanken ab. Für das Christentum mit der biblischen Schöpfungsgeschichte bildete sie lange Zeit die vorherrschende Lehrmeinung. Kreationisten legen auch heute die biblische Schöpfungsgeschichte wörtlich aus und lehnen eine Evolution der Lebewesen ab.

2. Die Evolutionslehre: Die Veränderlichkeit der Lebewesen, ihre Verwandtschaft und ihr gemeinsamer Ursprung sind Grundelemente des Evolutionsgedankens. Verschiedene Theorien liefern Erklärungsansätze für diesen Artenwandel. Sie werden bis heute weiterentwickelt.

9.1.1 Die Lehre von der Artkonstanz

Carl von Linné (1707–1778). Der schwedische Naturforscher schuf ein hierarchisch gegliedertes System, mit dem die Vielzahl verschiedener Pflanzen und Tiere geordnet werden konnte. Es basierte auf dem Prinzip abgestufter anatomischer Ähnlichkeiten. Noch heute gilt die von ihm konzipierte binäre Nomenklatur, wonach jede Art eindeutig durch ihren Gattungsnamen und ihren Artnamen charakterisiert werden kann. Für Linné war sein System der Versuch, die göttliche Schöpfungsordnung zu erfassen.

George de Cuvier (1769–1832). Bei der Erforschung geologischer Schichten fand Cuvier zahlreiche Fossilien, die in den verschiedenen Gesteinsschichten deutlich voneinander getrennt lagen. Diese unterschieden sich von heutigen Lebewesen und zwar um so mehr, je älter die Schichten waren. Er nahm an, dass die Tiere jeder Gesteinsschicht durch immer wiederkehrende Naturkatastrophen umgekommen sein mussten. Auf jede dieser Katastrophen folgte die göttliche Neuschöpfung von Arten (**Katastrophentheorie**). Das Fehlen von Übergangsformen zwischen verschiedenen ausgestorbenen Tierarten war für ihn ein zentrales Argument gegen einen Artenwandel.

9.1.2 Lamarck und die Vererbung erworbener Eigenschaften

Jean Baptiste de Lamarck (1744–1829) legte die erste in sich widerspruchsfreie Evolutionstheorie vor. Er ging – wie später **Darwin** – von einem kontinuierlichen Artenwandel und der Abstammung heutiger Lebewesen von früheren Formen aus. Die Kernpunkte seiner Theorie sind:

- **Veränderliche innere Bedürfnisse der Lebewesen:** Änderungen der Umwelt rufen veränderte innere Bedürfnisse hervor. Der Organismus ändert daraufhin aktiv sein Verhalten und nutzt bestimmte Organe seines Körpers stärker oder weniger stark.
- **Gebrauch stärkt Organe, Nichtgebrauch schwächt sie:** Der häufige Gebrauch eines Organs führt zu dessen Entwicklung und Stärkung, Nichtgebrauch schwächt es und führt zum Verschwinden des Organs (1. Naturgesetz).
- **Erworbene Eigenschaften sind erblich:** Die durch Gebrauch bzw. Nichtgebrauch von Organen individuell erworbenen Eigenschaften werden weitervererbt (2. Naturgesetz).

> Die Vorfahren der Giraffen hatten kurze Hälse und kurze Beine. Eine Umweltveränderung führte zur Nahrungsknappheit.
> ⇩
> Die Tiere hatten das innere Bedürfnis Nahrung zu finden.
> ⇩
> Die Tiere streckten daraufhin ihren Hals und ihre Beine um an die Blätter höher gelegener Bäume zu gelangen.
> ⇩
> Durch dieses dauernde Strecken der Gliedmaßen wurden die Beine und der Hals etwas länger.
> ⇩
> Die so erworbene Eigenschaft der verlängerten Gliedmaßen wurde auf die Nachkommen vererbt. Die Wiederholung dieses Vorganges in folgenden Generationen führte zur heutigen Giraffengestalt.

Beispiel: Entstehung der Giraffengestalt

9.1.3 Darwin und die Theorie der natürlichen Zuchtwahl

Charles Darwin (1809–1882) war ebenfalls vom evolutionären Wandel der Lebewesen überzeugt. Er lieferte jedoch eine eigene kausale Erklärung des Evolutionsgeschehens. Dabei wurde er durch das **Aktualitätsprinzip** des Geologen **Charles Lyell** mit beeinflusst. Dieses Prinzip beruht auf der Annahme, dass die Naturgesetze, die heute wirksam sind, auch in der Vergangenheit wirksam waren. Darwin übertrug dieses Prinzip auf die Biologie: Heute wirksame Faktoren des Artenwandels, wie er sie unter anderem bei der Züchtung von Haustieren beobachtete, mussten auch für die Veränderungen der Lebewesen in der Vergangenheit Gültigkeit besitzen.

Darwin beobachtete bei der Haustierzucht
- **Variabilität:** Individuen einer Art zeigen individuelle, in Bezug auf die meisten Merkmale erbliche Unterschiede (Varietäten).
- **Nachkommenüberschuss:** Alle Lebewesen erzeugen mehr Nachkommen als überleben.
- **Auslese:** Aus den vielen Varianten wählt der Züchter die aus, die ihm am geeignetsten erscheinen. Diese werden zur Weiterzucht verwendet.

9 Evolution

Darwin wandte diese Beobachtungen auf die Evolution an. Auch hier gibt es die Faktoren der erblichen **Variabilität** und des **Nachkommenüberschusses**. Die Rolle des Züchters, der ausliest, wird von der Natur übernommen (**natürliche Zuchtwahl, Selektion**). Er zog daraus die folgenden Schlussfolgerungen:

- Die Individuen stehen miteinander in einem Kampf ums Dasein (**»struggle for life«**).
- In diesem Kampf kommt es zum Überleben des am besten Angepassten (**»survival of the fittest«**); die übrigen gehen durch die natürliche Zuchtwahl zugrunde.
- Über viele Generationen kommt es so zur Änderung der Arten.

Die Vorfahren der heutigen Giraffen zeigen geringfügige, erbliche Unterschiede in der Länge ihrer Hälse und Vordergliedmaßen.
⇩
Zwischen den Tieren herrscht Konkurrenz um die Nahrung. Die Tiere mit den längeren Gliedmaßen gelangen besser an die Blätter höherer Bäume. Im Kampf ums Dasein besitzen sie einen Selektionsvorteil.
⇩
Die Tiere mit den längeren Gliedmaßen bringen entsprechend mehr Nachkommen hervor. Die übrigen werden durch diese natürliche Zuchtwahl zurückgedrängt.
⇩
Treten unter diesen Nachkommen mit längeren Gliedmaßen Tiere mit noch längeren Beinen und Hälsen auf, so wiederholt sich der Vorgang.

Beispiel: Entstehung der Giraffengestalt

9.1.4 Vergleich beider Theorien

Sowohl die Theorie Lamarcks wie die Selektionstheorie Darwins gehen von einem Artenwandel aus. Die Bedeutung der Umwelt und die Rolle des Individuums sind jedoch verschieden: Die Grundaussage Lamarks von der Vererbung erworbener Eigenschaften ist aus heutiger Sicht nicht haltbar. Zwar kennt man Änderungen des äußeren Erscheinungsbildes infolge von Umwelteinflüssen (Modifikationen), diese individuell erworbenen Eigenschaften werden jedoch nicht weitervererbt.

	Lamarck	Darwin
Umwelt	Sie löst beim Individuum **innere Bedürfnisse** nach Veränderung aus	Sie **wählt** aus den Varietäten die am besten geeigneten aus
Individuen	Diese passen sich **aktiv** an die Umwelt an.	Diese werden **passiv** von der Umwelt angepasst.

9.1.5 Synthetische Theorie

Die Synthetische Theorie der Evolution basiert auf den Grundgedanken **Darwins** der Überproduktion von Nachkommen, der erblichen Variabilität (Mutationen) und Selektion. Sie wird durch eine Vielzahl neuer Erkenntnisse verschiedener Forschungsgebiete der Biologie, insbesondere der Molekularen Genetik und Populationsgenetik, erweitert. Dabei findet eine Schwerpunktverlagerung statt: Nicht das Individuum steht im Zentrum der Überlegungen, sondern die Population und der Genpool. Evolution wird als Veränderung des Genpools einer Population verstanden.

> **Population** = Gruppe von Individuen, die zur gleichen Zeit in einem abgegrenzten Raum (Biotop) leben und sich untereinander fortpflanzen
> **Genpool** = Gesamtheit der Allele einer Population

Die Synthetische Theorie nennt folgende Faktoren, die Evolution ermöglichen:
- Mutation
- Rekombination
- Gendrift
- Selektion
- Isolation

9.1.6 Systemtheorie der Evolution

Lange Zeit glaubte man, mit der Selektionstheorie klassischen Zuschnitts (Darwinismus, synthetische Theorie) den Endpunkt der Theorienbildung in der Evolutionsforschung erreicht zu haben. In jüngerer Zeit hat aber auch dieser Ansatz durch die Systemtheorie (**Riedl, Wuketits**) Veränderungen erfahren. Sie basiert ebenfalls auf dem Grundgedanken der Selektion, erweitert und ergänzt jedoch dieses Prinzip und liefert so ein umfassenderes Erklärungskonzept.

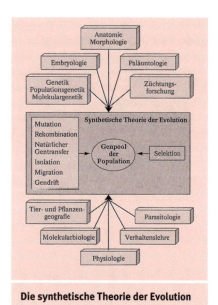

Die synthetische Theorie der Evolution

9 Evolution

Wesentliche Elemente der Systemtheorie sind:

- **Vernetzte Strukturen und Rückkopplung:** Lebensvorgänge laufen nicht nach dem Muster linearer Kausalitäten (A $\Rightarrow$ B $\Rightarrow$ C $\Rightarrow$ usw.) ab. Es liegt stattdessen ein komplexes System von Wechselwirkungen vor. Lebewesen werden nicht nur von einseitigen Außenbedingungen gesteuert, sondern sie wirken auf diese Außenbedingungen selbst ein. Beispielsweise veränderten und verändern Organismen durch ihre Stoffwechselvorgänge (z. B. bei der Fotosynthese) die Zusammensetzung der Atmosphäre und bewirkten bzw. bewirken dadurch selbst eine Veränderung der Umwelt.

- **Innere Selektion:** Selektion findet nicht nur durch die Umwelt statt (äußere Selektion), sondern durch innere Mechanismen, die im Organismus selbst liegen. Hierbei handelt es sich um anatomisch, physiologisch und biochemisch feststellbare Strukturen, die gewissermaßen das Binnenmilieu eines Organismus bilden. Die Symmetrie und die Musterbildung von Lebewesen (z. B. die Sonnenblumenblüte mit den Proportionen des goldenen Schnittes) sind Beispiele für diese inneren Gestaltungsgesetze. Auch da, wo durch äußere Selektion keine evolutive Entwicklungsrichtung vorgegeben ist, wird eine solche Richtung durch innere Faktoren diktiert.

Lebewesen sind demnach Systeme, die sich ständig selbst verbessern bzw. in verschiedene Richtungen weiterentwickeln. Sie sind nicht passiv, sondern primär aktiv. Evolution wird als Systemoptimierungsprozess verstanden, bei dem immer komplexer werdende Regelkreise ineinandergreifen.

9.2 Evolutionsfaktoren

9.2.1 Rekombination

Eine Population sich geschlechtlich (sexuell) fortpflanzender Individuen weist eine enorme genetische Vielfalt auf. Diese Vielfalt ist unter anderem die Folge von Rekombinationen.

Rekombination = Neukombination von Erbanlagen bei sexueller Fortpflanzung

Rekombination wird verursacht durch:
- zufällige Verteilung väterlicher und mütterlicher Chromosomen während der Meiose (interchromosomale Rekombination; → Seite 44)
- Crossing-over während der Meiose (intrachromosomale Rekombination; → Seite 44)
- zufällige Auswahl von Ei- und Samenzelle während der Befruchtung (3. Mendel'sche Regel; → Seite 46)

Rekombination führt zwar nicht zur Bildung neuer Allele, wohl aber zu neuen Allelkombinationen und damit zu Individuen mit neuen Merkmalskombinationen. Lebewesen, die sich ungeschlechtlich fortpflanzen, besitzen diese Möglichkeit der Rekombination nicht. Die Entwicklung der Sexualität bildete daher einen bedeutsamen evolutionären Schritt.

9.2.2 Mutation

Treten in einem Genpool neue Gene bzw. neue Allele auf, so sind diese Folge von Mutationen.

Mutation = sprunghafte Veränderung des Erbmaterials
Mutante = Träger einer Mutation
Mutationsrate = Anzahl der Mutationen pro Gen und Generation

Mutationen entstehen spontan. Durch mutagene Agentien (Strahlung, Chemikalien) können sie künstlich erzeugt werden. Mutationen sind ungerichtet und nicht als spezielle Antworten auf bestimmte Umweltfaktoren zu verstehen.

Mutationrate: Sie liegt bei etwa 10^{-7} (Bakterien) bis 10^{-6} (Vielzeller) pro Gen und Generation. Trotz dieser niedrigen Rate ist wegen der hohen Gesamtzahl an Genen die Wahrscheinlichkeit für das Auftreten von Mutationen relativ hoch. Mithilfe des **Koloniezähltests** (→ Abbildung Seite 199) lässt sich die Mutationsrate bei Bakterien expe-

9 Evolution

rimentell bestimmen. Dazu ermittelt man die Anzahl resistenter Bakterien (= Mutanten) auf einem Nährboden mit Antibiotikum und setzt sie in Relation zur Bakteriengesamtzahl. Letztere wird ermittelt, indem man die Ausgangslösung schrittweise verdünnt und dann die Bakterienzahl auf einem Nährboden ohne Antibiotikum auszählt. Multiplikation mit dem Verdünnungsfaktor führt dann zur Gesamtanzahl.

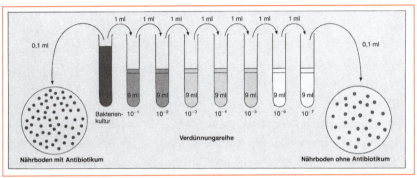

9.2.3 Gendrift

Die Veränderung des Genpools einer Population kann durch einen weiteren zufallsabhängigen Evolutionsfaktor verursacht werden, die Gendrift:

> **Gendrift = Veränderungen von Genhäufigkeiten durch zufällige Auswahl von Genotypen**

Die zufällige Auswahl einzelner Genotypen ist durch die folgenden Faktoren möglich bzw. von diesen abhängig:

- **Geringe Populationsgröße:** Gendrift spielt insbesondere in kleinen Populationen eine Rolle. Hier manifestiert sich der Zufall. Beispielsweise kann es vorkommen, dass der einzige Träger eines bestimmten Allels zufällig besonders viele Nachkommen hat oder auch ganz ohne Nachkommen stirbt. Eine deutliche Änderung des Genpools ist die Folge.
- **Katastrophen** (Waldbrände, Überschwemmungen, Wirbelstürme etc.): Einzelne Individuen überleben zufällig diese Ereignisse. Die Folge ist eine Verringerung der Populationsgröße und eine Änderung des Genpools.
  Beispiel: Bei den Einwohnern eines Pazifikarchipels tritt das Allel für totale Farbenblindheit ungewöhnlich häufig auf. Das Archipel wurde im 18. Jahrhundert von einem Wirbelsturm heimgesucht, der die Population stark dezimierte. Unter den rund 30 Überlebenden waren zufälligerweise gehäuft Träger des entsprechenden

Allels. Eine drastische Veränderung der Genhäufigkeit im Vergleich zur Ausgangspopulation war die Folge.
- **Der Gründereffekt:** Einige Gründerindividuen einer großen Stammpopulation besiedeln einen neuen Lebensraum.
Beispiel: Die Inseln des Galapagos-Archipels wurden von Vögeln besiedelt, die durch Wirbelstürme vom südamerikanischen Festland hierher verschlagen wurden. Die derart ausgewählten Individuen bringen nur eine zufällige Auswahl von Genen aus dem Genpool der Stammpopulation mit. Die Genhäufigkeit der neuen Population hat sich gegenüber der Ausgangspopulation deutlich verändert.

9.2.4 Selektion

Die Evolutionsfaktoren Rekombination, Mutation und Gendrift sind Zufallsfaktoren. Sie bilden das Rohmaterial, an dem die Selektion ansetzt. Die Selektion gibt dem Evolutionsgeschehen eine Richtung. Sie prüft, welches Individuum in einer gegebenen Umwelt mehr oder weniger angepasst ist und sich fortpflanzt. Begünstigt sind die Individuen mit der größeren **Fitness**, das heißt der Fähigkeit, mehr Nachkommen als andere zu erzeugen. Selektion wird also als statistische Größe aufgefasst:

> **!** Selektion = Veränderung der Genhäufigkeiten einer Population als Folge unterschiedlicher Fitness bestimmter Individuen in einer gegebenen Umweltsituation

Ursachen dieser unterschiedlichen Fitness sind:
- unterschiedliche Lebenserwartung
- unterschiedliche Fortpflanzungsrate
- unterschiedliche Fähigkeit einen Geschlechtspartner zu finden
- unterschiedliche Generationsdauer

Selektionsfaktoren: Hierunter versteht man Umwelteinflüsse, die eine unterschiedliche Fitness der Individuen bewirken.

Abiotische Selektionsfaktoren: (Faktoren der unbelebten Natur)
Beispiele:
- Temperatur (Bergmann'sche Regel; → Seite 175)
- Gifte (Resistenzbildung bei Bakterien)
- Wind (flügellose Insekten auf stürmischen Inseln, → Abbildung rechts)

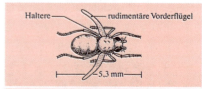

Flugunfähige Fliege der Kerguelen-Inseln

9 Evolution

Biotische Selektionsfaktoren (Faktoren der belebten Umwelt)
Beispiele:
- **Fressfeinde und Beute:** Lebewesen haben Strategien entwickelt, um sich vor Feinden zu schützen: **Tarnung.** Der weiß-graue Birkenspanner, eine Insektenart, ist durch seine gefleckten Flügel auf Birkenrinde gut getarnt. In Industriegebieten mit starker Luftverschmutzung werden die hellen Formen des Birkenspanners jedoch auf dunklen Rinden gut erkannt und gefressen. Dunkle Mutanten, die durch Melaninbildung in den Flügeln entstanden sind, besitzen hier einen Selektionsvorteil. Sie sind besser getarnt (Industriemelanismus). Weitere Formen der Tarnung sind die Gestaltsauflösung durch optische Zerlegung der Körperumrisse (Somatolyse, z. B. durch die Streifung der Körperoberfläche bei Zebra und Giraffe) sowie die Nachahmung bestimmter Gegenstände (Mimese). **Warnung.** Durch auffällige Färbungen, Bänderungen und Zeichnungen warnen wehrhafte, ungenießbare oder giftige Tiere ihre potentiellen Feinde. Bei der Scheinwarntracht (Mimikry) haben harmlose Tiere die Warntracht wehrhafter Tiere nachgeahmt.
- **Parasiten:** Ein klassisches Beispiel ist das Vorkommen der Malariaerreger und die Verbreitung des Sichelzellgens. Homozygote, erkrankte Träger des Sichelzellgens (ss) sterben früh an der Sichelzellenanämie (→ Seite 60). Im Blut heterozygot Erkrankter (Ss) können sich die Erreger nicht ausbreiten. In Malariagebieten besitzen diese daher einen Selektionsvorteil. Trotz starker Selektion gegen das Sichelzellgen verschwindet das entsprechende Allel in diesen Gebieten nicht.
- **Konkurrenten:** Stellen zwei nahe verwandte Arten ähnliche Ansprüche an ihren Lebensraum, so kann sich auf lange Zeit nur eine davon durchsetzen, die andere wird verdrängt (Konkurrenzausschlussprinzip; → Seite 181). Diese Konkurrenz kann durch Einnischung (ökologische Nische; → Seite 187) vermindert bzw. aufgehoben werden. Im Überlappungsgebiet zweier konkurrierender Arten werden dabei vorhandene Unterschiede hervorgehoben um die Konkurrenzsituation zu mindern (Kontrastbetonung).

Selektionstypen: Den Einfluss, den die Umwelt durch die Selektionsfaktoren auf eine Population ausübt, bezeichnet man als Selektionsdruck. Dieser kann in unterschiedlicher Weise wirken:
- **Richtende oder transformierende Selektion:** Einseitiger Selektionsdruck auf eine Population führt zur Veränderung des Genpools in Richtung auf eine bessere Anpassung. Hält dieser Druck über mehrere Generationen an, so führt dies zur Veränderung, zum Wandel der Population.

Beispiel: Die Wuchshöhe eines Grases variiert stark. Beweidung führt dazu, dass höher wachsende Gräser gefressen werden. Nach einigen Generationen starker Beweidung hat sich die Population in Richtung auf kleinere Formen gewandelt.

- **Stabilisierende Selektion:** Ist eine Population gut an einen Lebensraum angepasst, so werden extreme Varianten eliminiert. Die Selektion verhindert einen Wandel.
Beispiel: Die Körpergröße einer Vogelpopulation variiert um einen Mittelwert. Extreme Umweltbedingungen wie Stürme selektieren im Besonderen die kleinsten und größten Tiere. Die Variabilität wird zugunsten der Durchschnittsform verringert.
- **Spaltende oder disruptive Selektion:** Sind Teile einer Population unterschiedlichen Bedingungen ausgesetzt, so entwickeln sich diese verschieden. Die Population zerfällt in Teilpopulationen.
Beispiel: Die häufigsten Varianten einer Insektenart werden von Vögeln bevorzugt gefressen, da sie auf diese Form geprägt worden sind. Die weniger häufigen Formen entwickeln sich dann am stärksten.

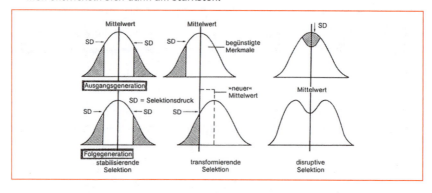

9.2.5 Hardy-Weinberg-Gleichgewicht

Voraussetzungen: Die Mathematiker **Hardy und Weinberg** berechneten die Veränderungen der Allelhäufigkeiten in Populationen. Sie gingen von einer »idealen« Population aus, in der folgende Bedingungen herrschen:

- sehr große Population, das heißt die in kleinen Populationen bedeutsamen Zufallsereignisse (Gendrift; → Seite 199) spielen keine Rolle
- **Panmixie,** das heißt alle Individuen können sich beliebig paaren (»jeder kann mit jedem«)
- keine Mutation
- keine Migration, das heißt es finden keine Zu- und Abwanderungen aus der Population statt
- keine Selektion

9 Evolution

Mathematische Herleitung: Eine Population soll aus 810 schwarzen Mäusen (Genotyp AA), 180 grauen Mäusen (Aa) und 10 weißen Mäusen (aa) bestehen. Die Population weist folglich insgesamt 2000 Allele auf. Das Allel A findet sich in schwarzen (je 2x) und grauen Mäusen (je 1x).

- Die Häufigkeit p des Allels A liegt also bei: $p = \frac{(810 \cdot 2) + 180}{2000} = 0{,}9$
- Die Häufigkeit q des Allels a beträgt: $q = \frac{180 + (2 \cdot 10)}{2000} = 0{,}1$
- Für die Allelhäufigkeit der Ausgangspopulation gilt also die Beziehung: $p + q = 0{,}9 + 0{,}1 = 1$

Die Tiere sollen sich nun unter der Annahme einer Idealpopulation vermehren: Damit beispielsweise erneut eine schwarze Maus (AA) entsteht, müssen Eizelle und Spermazelle das Allel A enthalten. Die Wahrscheinlichkeit dafür, dass aus der Population mit 2000 Allelen eine Eizelle das Allel A enthält, beträgt $p = 0{,}9$. Gleiches gilt für die Spermazelle. Die Gesamtwahrscheinlichkeit für die Bildung des AA-Tieres ergibt sich aus dem Produkt der Einzelwahrscheinlichkeiten: $p \cdot p = p^2 = 0{,}9 \cdot 0{,}9 = 0{,}81$. Entsprechend lassen sich die übrigen Wahrscheinlichkeiten ermitteln.

- Genotypenhäufigkeit der F_1-Generation: $p^2 + 2pq + q^2 = 0{,}81 + 0{,}18 + 0{,}01 = 1$
- Allelhäufigkeiten in der F_1-Generation: $p = \frac{0{,}81 + 0{,}18}{2} = 0{,}9$ und

  $q = \frac{0{,}18}{2} + 0{,}01 = 0{,}1$

Ein Vergleich von Ausgangsgeneration und F1-Generation zeigt, dass sich die Allelhäufigkeiten nicht geändert haben. Auch die Genotypenhäufigkeiten zeigen in den Folgegenerationen keine Veränderungen. Die Formulierung dieser **Hardy-Weinberg-Regel** lautet:

> **!** In einer Idealpopulation bleibt die Allelhäufigkeit und die Genotypenhäufigkeit eines Genpools konstant.
> **Mathematische Formulierung:**
> Allelhäufigkeit: $\qquad p + q = 1$
> Genotypenhäufigkeit: $p^2 + 2pq + q^2 = 1$
> bzw. $\qquad\qquad\qquad p^2 + 2pq + q^2 = \text{konstant}$

Diese Regel ist gleichbedeutend mit der Feststellung, dass es unter den oben genannten Voraussetzungen keine Evolution geben kann, da Evolution als Veränderung des Genpools verstanden wird. Man kann daraus schließen, dass Evolution stets dann stattfindet, wenn die Voraussetzungen einer Idealpopulation **nicht** gelten.

Anwendung der Hardy-Weinberg-Regel: Die Frage nach dem biologischen Sinn dieser Regel ist berechtigt, setzt sie doch gerade Faktoren voraus, die in natürlichen Populationen nicht anzutreffen sind. Dennoch kann man sie näherungsweise auch in natürlichen Populationen für einzelne Allele anwenden. Dies gilt insbesondere dann, wenn die Population sich im Gleichgewicht befindet und eine hinreichende Größe besitzt. Die Regel wird daher häufig bei dominant-rezessiven Erbgängen benutzt, um den Anteil heterozygoter Individuen (Aa) zu ermitteln, die phänotypisch von dominant homozygoten (AA) nicht zu unterscheiden sind.

Beispiel: Albinismus ist eine autosomale rezessive Erbkrankheit, die mit einer Häufigkeit von 1 : 40 000 auftritt. Für die homozygot rezessiven Individuen gilt:

$$aa = q^2 = \frac{1}{40\,000} \Rightarrow q = \sqrt{\frac{1}{40\,000}} = 0{,}005$$

Hardy-Weinberg-Regel: $p + q = 1 \Rightarrow p = 1 - q = 1 - 0{,}005 = 0{,}995$

Die Genotypenhäufigkeit der Heterozygoten (Aa) beträgt somit: $2pq = 0{,}00995$, das heißt etwa 1 % in der Bevölkerung sind heterozygote Träger des rezessiven Allels.

9.2.6 Isolation und Artbildung

Überblick: Die bisher besprochenen Evolutionsfaktoren können allenfalls einen Artenwandel (richtende Selektion; → Seite 201) bewirken, nicht jedoch die Artenneubildung. Diese wird durch den Evolutionsfaktor **Isolation** verursacht. Unter dem Begriff Isolation werden die Faktoren zusammengefasst, die eine gleichmäßige Durchmischung des Genpools einer Population (Panmixie; → Seite 202) verhindern. Die dermaßen voneinander getrennten Individuen bzw. Teilpopulationen können sich in unterschiedliche Richtungen entwickeln. Neue Rassen oder Arten können sich bilden (→ Artdefinition).

Die Artenneubildung ist auf zwei grundsätzlich verschiedenen Wegen möglich:

1. **Allopatrische Artbildung:** Eine Population wird räumlich in zwei Teile zerrissen. Die Tochterpopulationen entwickeln sich in geografisch getrennten Arealen unterschiedlich (**geografische Isolation**). Sind die Unterschiede zwischen diesen so groß, dass keine fruchtbaren Nachkommen mehr möglich sind, so liegt eine **reproduktive Isolation** (**Fortpflanzungsisolation**) vor und neue Arten sind entstanden.
2. **Sympatrische Artbildung:** Einzelne Individuen einer Population werden durch Mutation schlagartig von der Restpopulation reproduktiv isoliert. Die Artenneubildung findet also innerhalb eines Verbreitungsgebietes ohne vorherige geografische Isolation statt.

9 Evolution

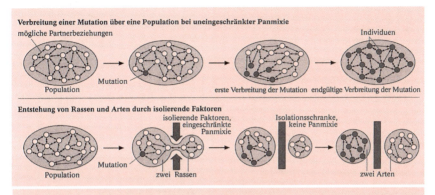

Schematische Darstellung der allopatrischen Artbildung

> **Isolation** = Unterbindung der Panmixie zwischen Individuen oder Populationen einer Art. Man unterscheidet:
> - **Geografische Isolation** = räumliche Trennung von Populationen, die dazu führt, dass der Genfluss innerhalb einer Population unterbunden wird
> - **Reproduktive Isolation** (Fortpflanzungsisolation) = Individuen zweier Populationen paaren sich nicht mehr, obwohl sie nicht (mehr) räumlich getrennt sind.
>
> **Art** (Spezies): Man unterscheidet zwei Definitionen:
> - **Biologische Artdefinition** = Eine Art ist eine sich wirklich oder potentiell fortpflanzende natürliche Population, die von anderen reproduktiv isoliert ist.
> - Merkvers: »Alles was sich schart und paart gehört zu einer Art«.
>
> Diese Artdefinition versagt bei allen sich ungeschlechtlich fortpflanzenden Individuen sowie bei Fossilien. Man benutzt hier die
> - **Morphologische Artdefinition** = Eine Art ist die Gesamtheit der Individuen, die in allen wesentlichen Merkmalen untereinander und mit ihren Nachkommen übereinstimmen.
>
> **Rasse** (Unterart, Subspezies) = Population einer Art, die sich in wenigstens einem homozygoten Merkmal von der Restpopulation unterscheidet

9.2.7 Allopatrische Artbildung

Ablauf: Die Auftrennung des Genpools erfolgt hierbei durch geografische Isolation (Separation). In den isolierten Arealen (gr. *allos* = anderer, fremd; gr. *patris* = Heimat) sind dann vor allem drei Evolutionsfaktoren wirksam:

- **Gendrift:** Die Gründerindividuen eines neu besiedelten Areals tragen nur eine zufällige Auswahl des Genpools der Stammpopulation.
- **Mutation und Rekombination:** In den isolierten Populationen finden diese Zufallsereignisse unabhängig von der Stammpopulation statt.
- **Selektion:** Die Umweltbedingungen und damit die abiotischen und biotischen Selektionsfaktoren unterscheiden sich im isolierten Areal zumeist von denen im Ausgangsgebiet.

Ist der Genfluss zwischen dem isolierten Areal und dem Stammgebiet für lange Zeit unterbunden, so häufen sich genetische Unterschiede an. Es bilden sich zunächst lokale Rassen. Weitere Trennung kann dann über eine reproduktive Isolation zur Artenneubildung führen.

Geografische Isolation: Es sind verschiedenen Mechanismen bekannt:

1. **Klimatische Veränderungen** (Vereisung, Versteppung, Wüstenbildung) können dazu führen, dass ein zunächst zusammenhängendes Siedlungsgebiet einer Art in Teilgebiete getrennt wird.
   Beispiel: Die Stammpopulation der europäischen Krähen wurde durch das Vordringen der Gletscher in eine westliche und östliche Population getrennt. Es bildeten sich lokale Rassen (Nebelkrähe und Rabenkrähe). Nach dem Rückzug der Gletscher trafen beide Teilpopulationen im Bereich der Elbe wieder aufeinander und bildeten dort gemeinsam Nachkommen (Bastardierungszone). Nebelkrähe und Rabenkrähe sind folglich verschiedene Rassen einer Art.
   Zwillingsarten sind verschiedene Arten mit ähnlichem Aussehen (z. B. Nachtigall und Sprosser). Die Evolutionsfaktoren in den isolierten Arealen führen hier zur reproduktiven Isolation, ohne dass sich der Phänotyp dabei wesentlich ändert.
2. **Große Entfernungen** zwischen den Randbereichen eines zusammenhängenden Verbreitungsgebietes schränken den Genfluss ein.
   Beispiel: Die verschiedenen Möwenrassen und -arten des Polargebietes stammen wahrscheinlich von einer asiatischen Stammpopulation ab, die sich kreisförmig von hier um den Polarkreis verbreitete. Dabei bildeten sich allmählich verschiedene Rassen aus. Dort, wo die Endglieder der Rassenketten wieder aufeinander treffen, bilden sich keine Bastarde mehr. Neue Arten sind entstanden (→ Abbildung Seite 207).

9 Evolution

Verbreitung der Möwenrassen und -arten

3. Tektonische Veränderungen (Kontinentaldrift) und **Änderungen des Meeresspiegels** können zu unüberwindbaren Barrieren führen.
Beispiele: Die Ablösung Australiens vom damaligen Festlandsblock ermöglichte eine unabhängige Evolution. So konnten sich die Beuteltiere Australiens zu zahlreichen neuen Arten entwickeln, während die Festlandsarten der Beuteltiere durch Konkurrenz mit den neu auftretenden Säugetieren ausstarben.

Das mehrmalige Verschwinden der Landbrücke zwischen Asien und Nordamerika im Bereich der heutigen Aleuteninseln bildete einen wirksamen Isolationsmechanismus. Dieser war für die Evolution der europäischen Pferdearten von zentraler Bedeutung.

Reproduktive Isolation: Der wesentliche Schritt zur Artenneubildung ist dann erreicht, wenn sich Individuen zweier Populationen nicht mehr miteinander fortpflanzen, obwohl sie die Möglichkeit dazu hätten. Man unterscheidet, je nach dem Zeitpunkt, zu dem die reproduktive Isolation wirksam wird, zwei Formen:

1. Progame Isolation. Die Isolation ist soweit fortgeschritten, dass es zu keiner Paarung zwischen den Sexualpartnern kommt. Es gibt verschiedene Formen:
- **Ethologische Isolation:** Artspezifische Verhaltensweisen wie Balzrituale, Balzgesänge, Sexuallockstoffe und optische Signale können sich soweit unterscheiden, dass eine reproduktive Isolation vorliegt. *Beispiele*: unterschiedliche Farbmuster von Möwenaugen, Froschrufe, Pheromone bei Insekten.
- **Zeitliche und räumliche Isolation:** Unterschiedliche Paarungszeiten und -orte verhindern eine mögliche Paarung. *Beispiele*: verschiedene Biotope bei Haus- und Wanderratte, tag- bzw. nachtaktive Enten.
- **Mechanische Isolation:** Unterschiede in der Form und Größe der Geschlechtsorgane können ein wirksamer Isolationsmechanismus sein. *Beispiel*: Blütenbau bei Pflanzen, die nur von bestimmten Insekten bestäubt werden können.

2. Metagame Isolation: Es findet zwar eine Paarung und eventuell Befruchtung statt, die Nachkommen sind jedoch nicht lebensfähig oder anderweitig benachteiligt. Man unterscheidet:

- **Keimzellenmortalität:** Artfremde Spermien führen zum Anschwellen der weiblichen Geschlechtsorgane und damit zum Absterben der Spermien.
  Beispiel: Drosophila-Arten.
- **Zygotenmortalität:** Der Isolationsmechanismus setzt hier eine Stufe später ein. So kommt es zwar zur Zygotenbildung, die weitere Entwicklung ist jedoch gestört.
  Beispiel: Stechapfel-Pflanzen bilden nach Befruchtung keine Samen.
- **Bastardsterilität:** Hierbei werden zwar Nachkommen gebildet, diese sind jedoch steril. *Beispiel:* Maultier/Maulesel.
- **Bastardunterlegenheit:** Es werden zwar fertile Nachkommen gebildet, diese können jedoch im Mittel weniger eigene Nachkommen zeugen als die Ausgangsarten.

9.2.8 Sympatrische Artbildung

In seltenen Fällen ist eine Artenneubildung auch ohne vorherige geografische Isolation möglich. Einzelne Individuen werden durch Genommutation (Polyploidisierung) sofort von anderen reproduktiv isoliert und bilden somit den Ausgangspunkt für eine neue Art:

Störungen des normalen Meioseablaufes und die Fähigkeit zur Selbstbefruchtung sind die Voraussetzung für die Polyploidisierung. Die sympatrische Artbildung findet sich daher im wesentlichen nur bei Pflanzen.

Beispiel 1: Der Ausfall bzw. die Störung der Meiose führt bei einer diploiden Pflanze (AA) zu diploiden Keimzellen. Bei anschließender Selbstbefruchtung entstehen tetraploide, fertile Individuen (AAAA). Diese sind von den diploiden reproduktiv isoliert, da mögliche triploide Bastarde (AAA) steril sind. Drei homologe Chromosomen lassen sich nicht gleichmäßig auf zwei Zellen verteilen. Polyploide Pflanzen sind zumeist vitaler als die diploiden, da sie über eine breitere genetische Variabilität und Anpassungsfähigkeit verfügen. Man findet sie daher gehäuft an extremen Standorten (Küstenbereiche, Hochgebirge). Diese Form der Vervielfältigung des Chromosomensatzes einer Art nennt man **Autopolyploidie**.

Beispiel 2: Sind bei der Polyploidisierung verschiedene Arten beteiligt, so liegt **Allopolyploidie** vor. Die Kreuzung zweier nahe verwandter, diploider Arten (AA x BB) führt zum diploiden Nachkommen (AB). Dieser ist steril, da die Chromosomensätze A bzw. B nicht homolog sind. Der erneute Ausfall der Meiose bei der Keimzellenbildung und

9 Evolution

anschließende Selbstbefruchtung führen zum tetraploiden Organismus (AABB). Die Pflanze ist fertil und zugleich von der Ausgangsart reproduktiv isoliert, da mögliche Bastarde (AAB oder BBA) steril sind. Die heutigen Getreidesorten Dinkel und Weizen (AABBDD, hexaploid) sind Beispiele für alloploide Pflanzen.

9.2.9 Ökologische Isolation und adaptive Radiation

Eine besondere Form der Artneubildung liegt dann vor, wenn sie durch ökologische Isolation verursacht wird. Führt diese dann zur Aufspaltung einer Stammart in zahlreiche neue Arten, so liegt adaptive Radiation vor.

> **Ökologische Isolation** = sympatrisch lebende Individuen sind aufgrund unterschiedlicher ökologischer Einnischung voneinander isoliert
> **Adaptive Radiation** = Aufspaltung einer Population in viele verschiedene Rassen oder Arten (Radiation) als Folge der Anpassung (Adaption) an verschiedene ökologische Nischen

Beispiel: Auf dem Galapagos-Archipel findet man eine Vielzahl verschiedener Finkenarten, die nur dort vorkommen (Endemiten) und die auf eine Stammart zurückzuführen sind. Der Archipel liegt ca. 900 km vom südamerikanischen Festland entfernt und ist vulkanischen Ursprungs. Die hier lebenden 14 Finkenarten (Darwinfinken) unterscheiden sich unter anderem in der Schnabelform. Die verschiedenen Schnabelformen sind

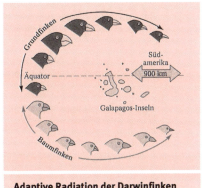

Adaptive Radiation der Darwinfinken

Ausdruck unterschiedlicher Nahrungsquellen und verschieden besetzter ökologischen Nischen. Beispielsweise ernähren sich die Grundfinken mit ihren dicken Schnäbeln hauptsächlich von Sämereien, während der Laubsängerfink mit kurzem, dünnen Schnabel nur Insekten verzehrt.

Die einzelnen Phasen der adaptiven Radiation bei Darwinfinken erklärt man sich modellhaft wie folgt:
1. **Gründung der Stammpopulation:** Einige körnerfressende Bodenfinken wurden zufällig durch Stürme vom Festland auf das Archipel verschlagen (Gründerindividuen). Da sie auf dem noch unbesiedelten Archipel keine Konkurrenten vorfanden, konnten sie sich stark vermehren.

2. **Geografische Isolation:** Einige Finken gelangten auf Nachbarinseln. Der Genfluss zur Stammpopulation wurde unterbunden.
3. **Einnischung:** Auf den Nachbarinseln herrschten andere ökologische Bedingungen. Mit zunehmender Individuenzahl entwickelte sich im Laufe der Zeit ein starker innerartlicher Konkurrenzdruck. Durch Einnischung wird dieser Druck gemindert. Die Populationen werden an unterschiedliche Nahrungsquellen angepasst, die Schnabelformen verändern sich.
4. **Radiation:** Kehren Individuen der Nachbarinseln zur Ausgangspopulation zurück, so können sie aufgrund unterschiedlicher Ansprüche an die Umwelt nebeneinander existieren, ohne sich zu vermischen (ökologische Isolation). Eine neue Art hat sich gebildet. Zwischenartlicher Konkurrenzdruck mit Kontrastbetonung (→ Seite 201) führt zu weiterer Nahrungsspezialisierung und damit zu verstärkter Einnischung. Nie trifft man auf einer Insel zwei Arten mit gleichen Schnabelformen (Konkurrenzausschlussprinzip). Wiederholung der Phasen 2 und 3 führte zur heute bekannten Artenzahl.

Adaptive Radiation kann stets dann stattfinden, wenn
- ein neues, noch unbewohntes Areal besiedelt wird, in dem zahlreiche ökologische Nischen frei bzw. unbesetzt sind.
- ökologische Nischen durch den Untergang einer großen systematischen Gruppe frei werden (z. B. Sauriersterben).
- neue ökologische Nischen durch die Evolution anderer Lebewesen entstehen (Co-Evolution).

So führte die Evolution der Blütenpflanzen vor ca. 150 Mio. Jahren zu einer explosionsartigen Evolution und Vermehrung der Insekten.

9 Evolution

9.3 Indizien und Belege für die Evolution

Aus den verschiedenen Bereichen der Biologie gibt es eine Fülle von Indizien und eindeutigen Belegen für den Ablauf der Evolution.

9.3.1 Analogie und Homologie

Es gibt zwei Formen von Ähnlichkeit:

> **Homologie** = Ähnlichkeit, die auf Übereinstimmung im Bauplan von Organen beruht
> **Analogie** = Ähnlichkeit, die auf Funktionsgleichheit beruht

Analogie: Sie ist Folge der Anpassung an ähnliche Umweltbedingungen (konvergente Entwicklung). Analogie erlaubt keine Aussagen zur Stammesverwandtschaft.
Beispiel: Maulwurf und Maulwurfsgrille besitzen ähnliche Vorderbeine, die zum Graben im Erdreich geeignet sind. Die Vorderextremitäten zeigen jedoch nur eine äußere Übereinstimmung, die als Folge gleicher Umweltanforderung zu verstehen ist. Der Grundbauplan von Säugern und Insekten ist jedoch völlig verschieden. So besitzt die Grille ein Außenskelett aus Chitin, der Maulwurf ein knöchernes Innenskelett.

Homologie: Sie beruht auf gemeinsamer Erbinformation und damit gemeinsamer Abstammung. Unterschiedliche Umwelt kann zu unterschiedlichen Funktionen und unterschiedlichem Aussehen bei gleichem Grundbauplan führen.
Beispiel: Die Vorderextremitäten von Maulwurf und Fledermaus haben unterschiedliches Aussehen und unterschiedliche Funktion. Beide lassen jedoch denselben allgemeinen Grundbauplan der Wirbeltierextremität erkennen (→ Abbildung).

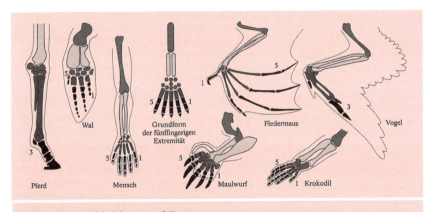

Homologie bei Wirbeltierextremitäten

Homologiekriterien: Anhand dieser Kriterien kann entschieden werden, ob Homologie vorliegt:

1. **Kriterium der Lage:** Organe verschiedener Lebewesen sind homolog, wenn sie nach Zahl und Anordnung einem gemeinsamen Bauplan zugeordnet werden können.
2. **Kriterium der Kontinuität:** Körperteile oder Organe sind trotz verschiedener Funktionen homolog, wenn sie sich durch Zwischenformen verbinden lassen, die sich untereinander mithilfe des Kriteriums der Lage homologisieren lassen.
   Beispiel: Die Griffelbeine der Pferde sind funktionslose, rückgebildete Mittelhandknochen. Fossile Zwischenformen der auf mehreren Zehen laufenden Vorfahren zeigen eine schrittweise Reduktion der Zehen.
3. **Kriterium der spezifischen Qualität:** Komplex gebaute Organe sind dann homolog, wenn sie in zahlreichen Einzelheiten des Baues übereinstimmen.
   Beispiel: Der Schneidezahn des Menschen und die Hautschuppe des Hais.

9.3.2 Rudimente und Atavismen

Rudimente: Morphologisch-anatomische Hinweise auf die Verwandtschaft und Abstammung der Lebewesen liefern neben homologen Organen auch Rudimente.

> **Rudiment** = funktionsloses, rückgebildetes Organ
>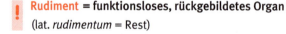
> (lat. *rudimentum* = Rest)

Beispiel: Bartenwale besitzen im Körperinneren funktionslose Reste des Beckengürtels und des Oberschenkelknochens. Sie zeigen, dass Bartenwale von vierfüßigen Vorfahren abstammen.

Atavismus: In seltenen Fällen treten bei einzelnen Individuen rudimentäre Organe in einer weniger stark zurückgebildeten Form auf. Man versteht derartige Atavismen als Merkmale früherer Ahnenformen und erklärt ihre Bildung dadurch, dass normalerweise abgeschaltete genetische Information wieder realisiert wird.

> **Atavismus** = Rückschlag zum Aussehen eines Vorfahren
> (lat. *atavus* = Großvater)

Beispiel: Das Steißbein des Menschen besteht aus drei oder vier verkümmerten Wirbelknochen. Es sind seltene Fälle bekannt, bei denen dieses Rudiment schwanzartig verlängert ist.

9 Evolution

Hinweise auf die stammgeschichtliche Verwandtschaft

- ◆ Homologe Bildungen:
  - Mundwerkzeuge und Vorderextremitäten verschiedener Insekten
  - primäres Kiefergelenk niederer Wirbeltiere und Gehörknöchelchen bei Säugern
  - Federn und Fischschuppen
- ◆ Rudimente
  - Restbehaarung, Steißbein, Weisheitszähne beim Menschen
- ◆ Atavismen
  - zusätzlicher Huf beim Pferd
  - zusätzliche Brustwarzen, Ganzkörperbehaarung, Reste von Kiemenspalten beim Menschen

9.3.3 Homologie von Embryonalstadien

Die Embryonalstadien heute lebender Tiere und Pflanzen zeigen häufig Organisationsmerkmale von stammesgeschichtlich älteren Lebewesen. Diese Tatsache kann man nur mit der Abstammung der Lebewesen voneinander erklären.

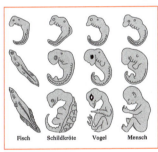

Fisch   Schildkröte   Vogel   Mensch

Beispiel: Die frühen Entwicklungsstadien von Fisch, Reptil, Vogel und Mensch weisen bemerkenswerte Übereinstimmungen im äußeren und innere Aufbau auf (→ Abbildung links). Die gemeinsame Abstammung und die Entwicklungslinie der Wirbeltiere vom Fisch zum Säuger werden hier dokumentiert.

Ernst Haeckel formulierte 1866 unter anderem auf der Basis dieses Embryonenvergleiches folgende

! **Biogenetische Grundregel:** Die Keimesentwicklung (Ontogenese) ist eine kurze, unvollständige Rekapitulation der Stammesentwicklung (Phylogenese).

Diese ursprüngliche Formulierung der Regel hat im Laufe der Zeit zahlreiche Modifizierungen erfahren. Nicht vollständige Organe stammesgeschichtlicher Vorfahren werden in der Embryonalphase realisiert, sondern nur deren Anlagen. Menschliche Embryonen bilden keine Kiemenspalten und Kiementaschen aus, wie man sie bei Fischembryonen findet, sondern nur die Anlagen hierzu. Jeder Embryo zeigt daneben auch Strukturen, die ausschließlich für seine derzeitige Lebensweise notwendig sind.

9.3.4 Biochemische Homologie

Vergleicht man Moleküle verwandter Tier- und Pflanzengruppen, so zeigt sich auch hier eine abgestufte Ähnlichkeit. Die dabei deutlich werdenden Übereinstimmungen sind Ausdruck einer gemeinsamen Abstammung.

Aminosäuresequenzanalyse: Der Vergleich eines Proteins, das bei verschiedenen Lebewesen mit gleicher Funktion vorkommt, zeigt
- Übereinstimmungen zahlreicher Aminosäurepositionen. Sie sind Ausdruck des gemeinsamen Ursprungs.
- Abweichungen in einigen Positionen. Verantwortlich sind Mutationen, die zu Veränderungen einzelner Aminosäurepositionen führen, ohne die Funktion des Proteins zu ändern.

Nimmt man an, dass diese Mutationen im Laufe der Zeit mit gleicher Häufigkeit entstanden sind, so lassen sich auf der Basis der Sequenzunterschiede biochemische Stammbäume erstellen. Je mehr Aminosäure-Unterschiede, desto mehr Mutationen haben seit der stammesgeschichtlichen Trennung der Lebewesen stattgefunden.

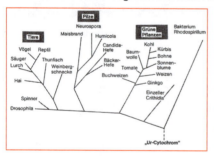

Beispiel: Das Protein Cytochrom c ist ein Enzym, das in allen Mitochondrien der Lebewesen vorkommt. Mehr als 1/3 aller Aminosäurepositionen stimmen bei allen Organismen überein. Die Länge der Striche in der Abbildung ist proportional zu der Zahl der Veränderungen der Aminosäuren durch Mutationen.

Präzipitinreaktion: Immunologische Verfahren erlauben es, den Grad der Ähnlichkeit verschiedener Proteine genau festzustellen. Bei der Serumreaktion vergleicht man das Blut des Menschen mit dem anderer Säuger. Drei Arbeitsschritte finden statt:
1. **Herstellung des Antiserums:** Einem Kaninchen wird menschliches Blutserum injiziert. Das Immunsystem des Kaninchens reagiert mit der Bildung von Antikörpern (→ Seite 83 f.) gegen die menschlichen Proteine. Hieraus wird das Antiserum gewonnen.
2. **Reaktion mit menschlichem Serum:** Die Mischung des Antiserums mit menschlichem Blutserum führt zur charakteristischen Antigen-Antikörperreaktion. Es bildet sich ein Niederschlag, das Präzipitat.
3. **Reaktion mit anderen Blutseren:** Das Antiserum des Kaninchens wird mit den Seren anderer Säuger vermischt. Die Präzipitinreaktion fällt unterschiedlich stark aus. Bei

9 Evolution

Schimpansenblut werden z. B. nur 85 % der Proteine gefällt. Die restlichen 15 % sind schimpansenspezifische Proteine, für die vom Kaninchen keine Antikörper gebildet wurden.
Mit zunehmender stammesgeschichtlicher Distanz nimmt auch der Grad der Ausfällung ab. Die Menge unterschiedlicher Proteine ist Folge unterschiedlich vieler Mutationen, die sich seit der Trennung der Entwicklungslinien ergeben haben. Sie sind ein Maß für die Verwandtschaft der untersuchen Arten. So zeigen Gorilla und Orang-Utan 64 % bzw. 42 % Ausfällung, während es beim Pferd 2 % und beim Vogel 0 % sind.

Basensequenzanalyse: Eine unmittelbare Bestimmung des Verschwandtschaftsgrades erfolgt durch direkten Vergleich der Basensequenzen. DNA-Doppelstränge werden durch Erwärmen voneinander getrennt (Schmelzen der DNA). Fügt man einsträngige DNA verschiedener Lebewesen zusammen, so paart sich diese an komplementären Abschnitten (Hybridisierung). Die Hybridisierung ist um so vollständiger, je größer die Übereinstimmung der Sequenzen ist. So findet zwischen Rhesusaffe und Mensch zu 85 % und zwischen Maus und Mensch zu 20 % Hybridisierung statt.

9.3.5 Paläontologie und Fossilien

Die verschiedenen Homologien liefern lediglich Indizien für die Evolution. Mit den Fossilien liegen eindeutige Beweise für die Existenz von Lebewesen vergangener Erdepochen vor.

> **Fossilien** = Überreste und Spuren von Lebewesen früherer erdgeschichtlicher Epochen
> **Paläontologie** = Lehre von den Fossilien

Methoden der Altersbestimmung: Um den Verlauf der Evolution nachvollziehen zu können, muss das Alter der Fossilien bekannt sein. Man unterscheidet zwei Verfahren:
Relative Altersbestimmung: Das Alter eines Fossils wird anhand der geologischen Schicht abgeschätzt, in der man es gefunden hat. Dabei geht man von der Überlegung aus, dass Sedimentgesteine um so älter sind, je tiefer sie in einer bestimmten Schichtabfolge liegen. Meist arbeitet man mit Leitfossilien (→ Seite 216).
Absolute Altersbestimmung: Das eigentliche Alter wird anhand des Anteils radioaktiver Isotope des Fossils bestimmt. Zwei Methoden sind von Bedeutung:

- **Radiocarbonmethode:** Viele Elemente bestehen aus Atomsorten mit unterschiedlicher Neutronenzahl und somit unterschiedlicher Atommasse. In ihrem chemischen Verhalten unterscheiden sich diese Isotope nicht. Beim Kohlenstoff (Carboneum) ist neben dem stabilen Isotop mit der Massenzahl 12 (^{12}C) auch das instabile ^{14}C-Isotop bekannt. Es zerfällt unter Abgabe von radioaktiver Strahlung. Nach 5740 Jahren ist die Hälfte aller ursprünglichen Atome zerfallen (**Halbwertszeit**). Neubildung und Zerfall von ^{14}C stehen in der Atmosphäre in einem stabilen Gleichgewicht. Während der Fotosynthese nehmen Pflanzen $^{14}CO_2$ auf. Mit der Nahrung gelangt das ^{14}C-Isotop auch in tierische und menschliche Körper. Stets liegt ein annähernd gleicher Anteil an ^{14}C im Körper vor. Nach dem Tod des Lebewesens beginnt die Kohlenstoffuhr zu ticken. Es wird kein $^{14}CO_2$ mehr aufgenommen, das vorhandene ^{14}C zerfällt jedoch fortlaufend. Die Radiocarbonmethode kann nur zur Altersbestimmung relativ kurzer Zeiträume (ca. 50 000 Jahre) herangezogen werden.

- **Kalium-Argon-Methode:** Für weiter zurückliegende Zeiträume benutzt man diese Methode. Bei ihr wird nicht das Alter des Fossils direkt bestimmt, sondern das der Gesteine, in dem das Fossil gefunden wurde. Das Element Kalium (K) ist Bestandteil vieler Gesteine. ^{40}K zerfällt mit einer Halbwertszeit von 1,3 Milliarden Jahren. Dabei entstehen Calcium 40 (^{40}Ca) und Argon 40 (^{40}A). Argon entweicht bei der Gesteinsbildung aus flüssiger Lava vollständig, sodass sämtliches Argon, das man später misst, aus dem Zerfall von ^{40}K stammen muss. Mit dem Erstarren der Lava beginnt die Kalium-Argon Uhr zu ticken. Das Verhältnis $^{40}Ar/^{40}K$ ist zu diesem Zeitpunkt Null. Je älter das Gestein, desto mehr Argon enthält es. Aus dem Verhältnis $^{40}Ar/^{40}K$ wird das Alter des Gesteins und damit das des Fossils bestimmt.

Fossilien besonderer Bedeutung:
- **Leitfossilien:** für bestimmte Erdzeitalter charakteristische Fossilien; *Beispiel*: Trilobiten (Dreilappkrebse) als Leitfossilien für das Devon und spätere Phasen des Erdaltertums
- **Lebende Fossilien:** heute vorkommende (rezente) Lebensformen, die in entlegenen Gebieten (Tiefsee, Inseln etc.) eine stabilisierende Selektion erfahren haben und daher im Wesentlichen unverändert geblieben sind. *Beispiel*: Der Quastenflosser Latimera aus der Tiefsee des Indischen Ozeans mit knöchernen Flossen, die eventuell eine kurzfristige Bewegung an Land ermöglichten. Von diesem leiten sich möglicherweise die Urlurche und damit die Vierfüßler ab.
- **Brückentiere** (**Mosaikformen**): Tiere, die Merkmale verschiedener Tiergruppen tragen und somit mosaikartig zusammengesetzt sind. *Beispiele*: Der Urvogel Archaeopteryx mit Merkmalen von Reptilien (Krallen an Vorder- und Hinterextremitäten, Schwanzwirbelsäule) und solchen von Vögeln (Federn, Flügel, Vogelschädel). Das australische Schnabeltier als Brückentier zwischen Reptilien und Säugern. Es legt Eier, nährt die Jungen aber aus Brust- und Bauchdrüsen.

9.4 Evolution des Menschen

Evolutionsbiologische Aussagen zur Herkunft des Menschen ergeben sich durch den Vergleich menschlicher Merkmale mit denen verwandter Lebewesen und durch seine Fossilgeschichte.

9.4.1 Stellung im zoologischen System

Die vielfältigen Lebewesen werden im zoologischen System nach abgestufter Ähnlichkeit geordnet. Der Mensch wird folgendermaßen eingeordnet:

- ◆ **Stamm der Wirbeltiere**, da er ein knöchernes Innenskelett aufweist
- ◆ **Klasse der Säugetiere**, mit Merkmalen wie dem Säugen der Nachkommen, Haarkleid und gleichbleibender Körpertemperatur
- ◆ **Ordnung der Primaten** (**Herrentiere**). Typische Merkmale der Primaten sind:
  - nach vorn gerichtete Augen, die räumliches Sehen ermöglichen
  - Greifhände und Greiffüße ohne Krallen
  - geringe Nachkommenzahl und lange Abhängigkeit der Jungen von der Mutter
  - stark entwickeltes Großhirn
  - fehlende Spezialisierung

Die weitere Aufteilung zeigt folgendes Schema

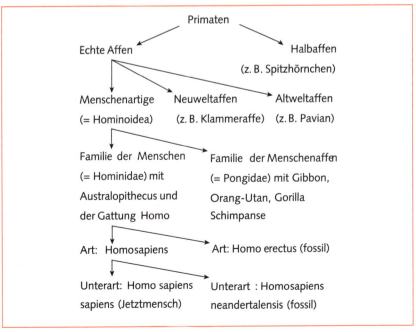

9.4.2 Vergleich von Menschen und Menschenaffen

Anatomisch morphologische Merkmale

Menschen und Menschenaffen zeigen folgende gemeinsame Merkmale:
- Verbreiterter Brustkorb und die zum Rücken verbreiterten Schulterblätter. Sie ermöglichen eine größere Beweglichkeit der Arme und sind Voraussetzung für die Fortbewegung als **Hangelkletterer**.
- Fehlen eines Schwanzes und Bildung eines Steißbeins
- übereinstimmende Zahnformeln mit Backenzähnen, die das charakteristische Muster mit fünf Höckern (Dryopithecus-Muster) aufweisen

Die anatomischen Unterschiede sind vielfältig und als Ausdruck der aufrechten Körperhaltung und der Fortbewegung auf zwei Beinen (Bipedie) beim Menschen zu verstehen:

- Die **Wirbelsäule** ist beim Menschen am oberen Beckenrand scharf nach hinten geknickt. Eine zweite und dritte federnde Einbiegung im Brust- und Halsbereich ermöglichen erst dem Menschen die vollkommene Aufrichtung des Oberkörpers.
- Das **Becken** des Menschen ist stark verbreitet und verkürzt und bildet die Eingeweideschüssel. Durch die Lage der Gelenkpfanne können Becken und Oberschenkel und damit der gesamte Oberkörper eine senkrechte Linie bilden.

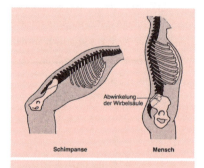

Wirbelsäule und Becken

- Der **Schädel** des Menschen ruht direkt auf der senkrecht stehenden Wirbelsäule. Das Hinterhauptsloch, durch welches das Rückenmark in den Schädel gelangt, liegt etwa in der Mitte der Schädelbasis. Bei den Menschenaffen mit ihrer vorn übergebeugten Körperhaltung muss der Schädel durch starke Nackenmuskulatur gehalten werden, das Hinterhauptsloch liegt weiter hinten.

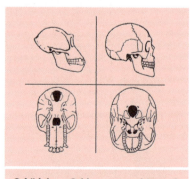

Schädel von Schimpanse und Mensch

- Die **Schädelform** zeigt beim Menschenaffen die typischen kräftigen Überaugenwülste, die weit vorspringende Schnauze (Prognathie) und ein fliehendes Kinn.

9 Evolution

- Das **Volumen und Gewicht des Gehirnschädels** des Menschen übertreffen mit 1450 g das der Menschenaffen (Schimpanse 400 g, Gorilla 500 g).
- Die **Zahnreihen** stehen beim Menschenaffen in U-Form und zeigen in jedem Kiefer eine Lücke (Diastema). Sie bieten beim Schließen des Kiefers Platz für die kräftigen Eckzähne. Beim Menschen fehlen überragende Eckzähne und Zahnlücke. Die Zahnreihe gleicht einer Parabel.
- Die **Füße** des Menschen zeigen nicht mehr den Greiffuß der Affen, sondern einen Standfuß, der das gesamte Körpergewicht trägt.
- Die **Hände** des Affen werden beim Hangeln zum Haken gekrümmt, sodass der kurze Daumen funktionslos ist. Der verlängerte menschliche Daumen kann jedem der anderen Finger gegenübergestellt werden, sodass ein Präzisionsgriff möglich ist.

Cytologisch-biochemische Merkmale

Die **Karyogramme** verschiedener Primaten zeigen Ähnlichkeiten in der Chromosomenanzahl und Gestalt. Menschenaffen besitzen 48, Menschen 46 Chromosomen. Ihre Feinstruktur weist die größte Übereinstimmung auf.

Der **DNA-Vergleich** verschiedener Primaten erfolgt über die DNA-Hybridisierung (Basensequenzanalyse; → Seite 215). Die gebildete Hybrid-DNA wird hierzu erwärmt. Je weniger Nucleotide sich paaren können, desto niedriger die Schmelztemperatur. Als Maß für die Übereinstimmung dient der $T_{50}H$-Wert. Dies ist die Temperatur, bei der noch 50 % der Hybridstränge ungetrennt vorliegen. Der Delta $T_{50}H$ Wert gibt die Differenz zwischen der Schmelztemperatur reiner DNA des Menschen und dem $T_{50}H$-Wert der Hybrid-DNA an. Je größer dieser Wert ist, desto geringer die Übereinstimmung:

Mensch	Gibbon	Orang-Utan	Gorilla	Schimpanse
	5,2 K	3,6 K	2,4 K	1,8 K

Die **Aminosäuresequenzen** zeigen ebenfalls eine abgestufte Übereinstimmung. Beim Vergleich der ß-Kette des Hämoglobins verschiedener Primaten zeigt sich völlige Übereinstimmung zwischen Mensch und Schimpanse. Zum Gorilla findet man einen Aminosäureaustausch und zum Orang-Utan drei Änderungen.

Der **Präzipitin-Test** (→ Seite 214) zeigt beim Schimpansen 85 % Ausfällung, für den Gorilla 64 %, beim Orang-Utan 42 % und beim Pavian 29 %.

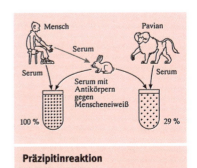

Präzipitinreaktion

9.4.3 Stammbaum des Menschen

Anhand von Fossilfunden versucht man die Entwicklung von frühen, vormenschlichen Lebewesen bis zum heutigen Menschen zu rekonstruieren. Der abgebildete Stammbaum gibt die derzeitige Vorstellung wieder. Die Darstellung hat sich in der Vergangenheit immer wieder geändert und wird sich auch in Zukunft bei neuen Fossilfunden vermutlich ändern. Die Entwicklung des Menschen lässt sich in drei große Abschnitte unterteilen:

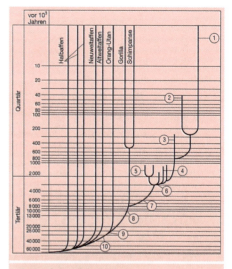

Stammbaum des Menschen
1 Homo sapiens sapiens
2 Homo sapiens neanderthalensis
3 Homo erectus
4 Homo habilis
5 Australopithecus robustus
6 Australopithecus africanus
7 Australopithecus afarensis
8 Ramapithecus
9 Proconsul
10 Aegyptopithecus

1. **Die vormenschliche (subhumane) Phase:** Von kleinen, im Baum lebenden Greifkletterern führt die Entwicklung zu den ersten Hominoiden, der Stammgruppe von Menschen und Menschenaffen. Diese primitiven, unspezialisierten Menschenaffen waren ebenfalls noch Greifkletterer. Sie lebten aber bereits zum Teil auf dem Boden.
Vertreter dieser Phase: Aegyptopithecus, Proconsul, Ramapithecus.

2. **Das Tier-Mensch-Übergangsfeld (TMÜ):** Die in der vorherigen Phase eingeleitete Entwicklung vom Baum- zum Bodenleben setzt sich fort. Mit dem Wechsel vom Wald in die Savanne ist die Entwicklung des aufrechten Ganges verbunden. Er ermöglicht in freiem Gelände eine bessere Übersicht. Die Hände werden nicht mehr zur Fortbewegung benötigt und sind nun frei für den Gebrauch von Werkzeugen.
Vertreter: Australopithecus.

3. **Die menschliche (humane) Phase:** Der Mensch nimmt nun zunehmend Einfluss auf die eigene Entwicklung. Geräte und Werkzeuge werden vorausschauend hergestellt, das Feuer genutzt. Mit der fortschreitenden Entwicklung des Großhirns wird der Mensch zum denkenden, sprechenden und kulturschaffenden Lebewesen.
Vertreter: Homo habilis und Homo erectus (Frühmenschen), Homo sapiens (Altmensch), Homo sapiens sapiens (Jetztmensch).

9 Evolution

	Gruppe/Vertreter	Alter (ca.)	Merkmale	
Vormenschliche Phase	Stammgruppe der Tier- und Menschenaffen: ◆ Aegyptopithecus (Afrika)	35 Mio.	◆ kleine Greifkletterer, auf Bäumen lebend	
	Hominoide (Stamm-gruppe von Menschen und Menschenaffen): ◆ Proconsul (Afrika) ◆ Ramapithecus (Asien, Afrika)	14 Mio. 10 – 8 Mio.	◆ Greifkletterer mit zum Teil hangelnder Fortbewegung ◆ zum Teil auf dem Boden lebend ◆ affenähnliches Gebiss	
Tier-Mensch-Übergangsfeld	Erste Hominide: Australopithecus ◆ afarensis ◆ africanus ◆ robustus (alle Afrika) (»Lucy« als berühmtester Fund A. afarensis)	4 – 3 Mio. 3 – 2 Mio. 3 – 1 Mio.	◆ aufrechter Gang ◆ Mosaik von Merkmalen des Menschen und der Menschenaffen ◆ menschenähnliches Gebiss ◆ affenähnliche Schnauze ◆ kleine Weibchen und große Männchen (Geschlechts-dimorphismus) ◆ Gehirnvolumen 400–500 ml	
Menschen	Frühmenschen: Homo habilis	1,8 Mio. – ?	◆ einfache Steinwerkzeuge ◆ Gehirnvolumen 600–800 ml	
	Homo erectus ◆ erectus (Java) ◆ heidelbergensis (Europa) ◆ pekinensis (Asien)	1,6 Mio. – 400 000	◆ aufrechter Gang ◆ Sammler und Jäger ◆ Höhlenbewohner ◆ benutzt Feuer ◆ Gehirnvolumen 750–1259 ml	
	Altmenschen: Homo sapiens ◆ steinheimensis ◆ neandertalensis (Asien, Afrika, Europa)	400 000 – ?	◆ komplexe Werkzeug-herstellung ◆ Höhlenbewohner mit Jagdkult und Totenbe-stattung ◆ Gehirnvolumen 1200–1750 ml	
	Jetztmenschen: Homo sapiens ◆ sapiens (weltweit)	ab 100 000	◆ schlanker, hoher Körperbau ◆ künstlerische Tätigkeit ◆ Gehirnvolumen 1350–1700 ml	

Stichwortverzeichnis

A

Absorptionsspektrum ... 36
Abstraktion ... 164
Acetylcholin ... 130
Actinfilamente ... 134
Adäquater Reiz ... 114
Adenosintriphosphat (ATP) ... 25
Adrenalin ... 109
AIDS ... 90
Aktionspotential ... 123
Albinismus ... 76
Allen'sche Regel ... 175
Alles-oder-Nichts-Reaktion ... 123
Allopatrische Artbildung ... 206
Aminosäuren ... 16
Aminosäuresequenzanalyse ... 214
Analogie ... 211
Angeborenes Verhalten ... 149
Angelmann-Syndrom ... 79
Antigen-Antikörper-Reaktion ... 84
Appetenzverhalten ... 153
Artbildung ... 204
Artkonstanz ... 193
Axonhügel ... 120

B

B-Lymphozyten ... 86
Bakterien ... 20
Bakteriophagen ... 20
Bergmann'sche Regel ... 175
Biogenetische Grundregel ... 213
Biotop/Habitat ... 173
Blastomere ... 99
Blastula-Stadium ... 100
Bluterkrankheit ... 76
Blutgruppen ... 77
Boten-RNA (mRNA) ... 61

C

Calvin-Zyklus ... 39
Centromer ... 41
Chemische Synapse ... 126
Chromosomen ... 41
Chromosomenaberrationen ... 79
Chromosomenanomalien ... 78
Chromosomenmutationen ... 66
Circadiane Rhythmik ... 178
Citronensäurezyklus ... 30
Coeloblastula ... 100
Coelom ... 102
Cosubstrate ... 25

D

Deletion ... 78
Dendriten ... 120
Diffusion (Permeation) ... 26
Dihybrider Erbgang ... 46
Diplo-Y-Syndrom ... 80
Disaccharide ... 14
Discoblastula ... 100
DNA ... 18
Dominante Erbgänge ... 74
Doppelhelix ... 19
Down-Syndrom ... 80
Dreipunktanalyse ... 53
Drosophila-Genetik ... 48
Duplikation ... 78

E

Effektor ... 114
Eigenreflexe ... 152
Ein-Gen-ein-Enzym-Hypothese ... 59
Ein-Gen-ein-Polypeptid-Hypothese ... 60
Einsichtiges Verhalten ... 164
Eizelle ... 98
Ektoderm ... 101
Embryo-Splitting ... 113
Embryogenese ... 97
Embryotransfer ... 113
Emerson-Effekt ... 37
Endplattenpotential ... 130
Endproduktrepression ... 68
Energietransport durch ATP ... 25
Engelmann'scher Bakterienversuch ... 36
Engramm-Bildung ... 132
Enzyme ... 22
Erbe-Umwelt-Problem ... 149
Erlerntes Verhalten ... 159
Erregendes postsynaptisches Potential (EPSP) ... 129
Erregung ... 114
Erregungsleitung ... 121
Eukaryotische Zelle ... 21
Expressivität ... 76

F

Fetalentwicklung ... 97
Fette ... 15
Fortpflanzung ... 92
Fossilien ... 216
Fotosynthese ... 33
Fotosysteme ... 37
Fremdreflexe ... 152
Furchung ... 99

Stichwortverzeichnis

G

Gameten	94
Gärungen	30
Gastrulation	100
Gedächtnis	132
Gehirn	144
Gen- oder Punktmutationen	67
Gendrift	199
Generalisation	164
Genetische Beratung	81
Genetischer Code	63
Genetischer Fingerabdruck	77
Genkartierung	52
Genklonierung	70
Genkopplung	50
Genmutationen	66
Genommutationen	66
Gentechnik	69
Gliazellen	121
Glucoseabbau	28
Glycolyse	29
Gründereffekt	200

H

Habituation	163
Handlungsbereitschaft	155
Hardy-Weinberg-Gleichgewicht	202
Hemizygotie	49
HI-Virus	90
Homologie	211
Homöotische Gene	107
Hormondrüsen des Menschen	110
Hormone	109
Humangenetik	73

I

IES-Asymmetrie	119
Immunantwort	87
Immunbiologie	83
Immunglobulin	84
In-vitro-Fertilisation (IVF)	112
Inhibitorisches postsynaptisches Potential (IPSP)	129
Instinkthandlungen	153
Instinktive Endhandlung	154
Instinktmodelle	156
Interchromosomale Rekombination	44
Intermediärer Erbgang	47
Interphase	42
Inversion	78
Isogamie	94
Isolation	204
Isolationsexperimente	105

K

K- und r-Strategen	185
Kaspar-Hauser-Experimente	150
Katzenschreisyndrom	79
Keimzellen	94
Kerntransfer	113
Klassische Konditionierung	160
Klinefelter-Syndrom	80
Klonung	113
Kohlenhydrate	14
Kompetitive Hemmung	24
Komplementsystem	88
Kooperation	170
Kopplungsbruch	51
Kreuzungsanalyse	52
Kreuzungsexperimente	150

L

Leerlaufhandlung	157
Lerndisposition	159
Lernen	159
Lichtsinnesorgane	140
Lipide	15

M

Membranaufbau	26
Membranpotential	121
Mendel'sche Regeln	45
Mesoderm	101
Mitose	42
Monohybrider Erbgang	45
Monosaccharide	14
Monosomie	79
Motorische Endplatte	130
Muskelfasern	134
Muskelkontraktion	133, 135
Mutation	198
Myelinscheide	121
Myofibrillen	134
Myosinfilamente	135

N

Nabelschnurpunktion	82
Nacktsamer	96
Nastien	115
Nervengifte	131
Nervennetz	143
Nervenzelle	120
Neugierverhalten	160
Neuralrohr	101
Neuromuskuläre Synapse	130
Neurula	102

Stichwortverzeichnis

Neurulation 102
Nichtkompetitive Hemmung 24
Nondisjunktion 44, 79
Nucleinsäuren 18
Nucleosid 19
Nucleotid 19
Nutznießertum 183

O

Ökologische Nische 187
Ökosphäre 173
Ökosystem 173
Ökosysteme 188
Operante Konditionierung 162
Operon-Modell 67
Oxidative Phosphorylierung 31

P

Paläontologie 215
Parasitismus 182
Parthenogenese 96
Pawlow'sche Hundeversuche 160
Peptidbindung 16
Peripheres Nervensystem 143
Polymerasekettenreaktion 58
Polymorphismen 77
Polypeptide 109
Polysaccharide 15
Population 173
Prägung 163
Präimplantationsdiagnostik (PDI) 112
Prinzip der doppelten Quantifizierung ... 154
Proteinbiosynthese 66
Proteine 16

R

Ranvier'sche Schnürringe 121
Räuber-Beute-Beziehungen 181, 186
Reflex 151
Regulationskeime 104
Reize 114
Reiz-Erregungs-Transduktion 138
Reiz-Reaktions-Verbindungen 161
Rekombination 70, 198
Replikationsgabel 57
Reproduktionsbiologie 112
Restriktionsenzyme 69
Rezeptor 114, 127
Rezessive Erbgänge 74
Reziprozität 49
Ribosomen 64
Rück- oder Testkreuzung 49
Rückenmark 144

Rudimente 212
Ruhepotential 122

S

Saltatorische Erregungsleitung 126
Schlüsselreiz 154, 155
Schwann'sche Zellen 121
Sinnesorgane 137
Sinneszellen 137
Skinner-Box 162
Stammbaum des Menschen 220
Stammbaumanalysen 73
Steuergene 107
Strickleiternervensystem 143
Substratinduktion 67
Symbiose 183
Sympatrische Artbildung 208
Synaptische Endknöpfchen 120
Systemtheorie der Evolution 196

T

T-Helferzellen 87
T-Lymphozyten 86
Taxis 153
Totipotenz 97
Transfer-RNA (tRNA) 61
Transformationsexperimente 54
Transmitter 127
Transplantationsexperimente 105
Tropismen 115

V

Vegetative Nervensystem 144
Viren 20

W

Wachstumsbewegungen 116
Wasserstofftransport und Elektronentransport durch NAD 25
Willkürliches Nervensystem 144

X

X-chromosomale Erbgänge 74
X-chromosomale Vererbung 49

Z

Z-Streifen 134
Zelldifferenzierung 97
Zellinteraktion 104
Zellzyklus 41
Zentralnervensystem 143